한 권의 책으로 기초부터 파워블로거까지 쉽게 배우자

NAVERblog

소셜 네트워크시대
나만의 블로그 만들기

3rd Edition

이창현 지음

스마트 에디터 3.0으로 글쓰기
누구나 파워블로거가 될 수 있다.
한 권의 책으로 따라 하며 블로그 완성

블로그의 기초부터 고급까지 꼼꼼한 설명
누구나 쉽게 따라 하는 쉬운 설명
따라 하기만 해도 내 블로그가 뚝딱!
저자의 노하우 대방출
스마트폰으로 블로그 관리

- 좋은 책·알찬 내용 -
가메출판사

3판을 생각하면서

2010년 1월 어느 날, 이 책은 내 블로그로 보내진 하나의 쪽지로 시작되었다.

"블로그를 잘 운영하시네요~ 저도 창현님처럼 깔끔하게 블로그를 운영하고 싶은데 어떻게 하면 될까요?"

나는 그분에게 내가 블로그 운영했던 팁을 나누어 주었다. 그렇게 나누었던 블로그 운영 방법을 내 블로그에 올렸다. 당시에는 블로그를 운영하는 사람도 많지 않고, 운영방법을 알려주는 사람도 거의 없었다. 이렇게 올린 글을 보고 방문자들이 늘어났다. 이렇게 방문해 준 사람들이 응원과 감사의 댓글을 남겨주었다.

글이 많아지자 어느 한 명의 방문자가 책으로 나왔으면 좋겠다는 댓글을 남겨주었다. 나는 그렇게 쓴 글을 모아 출판사에 출간을 제안했고, 이 책을 출간하게 되었다.

그렇게 블로그는 평범하던 나를 작가라는 사람으로 성장시켜주었다. 블로그를 통해 더 좋은 포스트를 계속해서 올렸다. 내 글을 보고 강의요청이 들어왔다. 그렇게 나는 블로그를 통해서 강의하는 강사도 되었다. 한번은 방송국에서 포스트를 보고 강사 섭외도 들어와서 방송 출연하는 기회도 얻을 수 있었다. 지금은 블로그에 올린 글을 보고 전국의 청소년들에게 강의할 기회를 얻어 전국을 다니고 있다.

나는 블로그를 통해 작가도 되었고, 블로그를 통해 강사도 되었다. 나는 블로그를 이렇게 정의했다.

"블로그는 꿈을 이뤄주는 도구"

블로그를 통해 제 꿈이 이뤄졌듯이, 당신의 꿈도 이뤄지기를 바라는 마음으로 세 번째 개정판을 썼습니다.

2016년 가을 어느 날
이창현

목차

Part 1 블로그 이해하기

01	블로그 시작에 앞서	7
02	블로그의 장점	10
03	블로그 왜 하는가?	12
04	설치형 블로그 vs 가입형 블로그	14
05	블로그 서비스 사이트	16
06	블로그 유형	21
07	블로그 마케팅	29

Part 2 네이버 블로그 꾸미기

01	블로그 가입하기	33
02	블로그 시작하기	36
03	프로필 꾸미기	40
04	레이아웃 설정하기	46
05	스킨 변경하기	52
06	리모콘 꾸미기	57
07	나만의 타이틀 만들기	64
08	움직이는 타이틀 만들기	72
09	아이템 설정하기	77
10	블로그 카테고리 설정	83
11	상단 메뉴 설정하기	88
12	프롤로그 설정하기	96
13	블로그 앱 설치하기	104
14	모바일 표지 설정하기	108

Part 3 스마트 에디터로 포스팅하기

01	스마트 에디터의 구성	115
02	스마트 에디터 글쓰기 툴	119
03	포토업로더로 사진 올리기	127
04	동영상 올리기	138
05	지도 입력하기	144
06	스마트 에디터 첨부 기능	149
07	글감첨부 하기	153
08	글 장식 & 글 양식 사용하기	156

Part 4 스마트 에디터 3.0으로 포스팅하기

01	스마트 에디터 3.0	163
02	스마트 에디터 3.0으로 글쓰기	166
03	사진을 사용하여 포스팅하기	172
04	글쓰기 도구 첨부하기	180
05	스마트폰으로 포스팅하기	192

Part 5 파워블로거의 포스트 작성기법

01	나만의 주제로 공략하라!	197
02	단락 & 이미지 & 컬러를 입혀라!	201
03	제목은 검색되도록 지어라	204
04	태그를 달아라!	207
05	멀티미디어를 활용하라!	209
06	이슈를 집중하라!	212
07	바로가기를 만들어라!	218
08	API로 포스트 작성하기	223
09	사진 서명 달기	226
10	꾸준히 써라!	231

Part 6 파워블로거 되기

- 01 통계 - 내 블로그 바로 알기 235
- 02 댓글과 이웃 맺기 241
- 03 지식iN을 활용하기 244
- 04 네이버 포스트 활용하기 248
- 05 내 블로그에 광고 달기 255
- 06 블로그에 위젯 달기 259
- 07 나만의 도메인 가지기 267
- 08 포털 사이트에 내 블로그 등록하기 271
- 09 내 블로그 순위 알아보기 276

Part 7 Q&A

- 01 연속 사진 Q&A 283
- 02 사진 업로드 Q&A 286
- 03 프롤로그 Q&A 288
- 04 대표이미지 Q&A 290
- 05 타이틀 텍스트 Q&A 292
- 06 반복 타이틀 Q&A 294
- 07 블로그 폐쇄 Q&A 297
- 08 블로그 용량 Q&A 299
- 09 SNS에 포스트 연동 Q&A 302
- 10 공지사항 Q&A 304
- 11 댓글 Q&A 305
- 12 서로이웃 받지 않기 Q&A 307
- 13 포스트 검색 Q&A 309

Part 1

블로그 이해하기

 블로그 시작에 앞서

우리는 소셜네트워크 시대에 살아가고 있다. 많은 소셜네트워크 서비스가 존재하고 있다. 그중 하나인 블로그는 포털사이트를 통해 자주 접해 보았다. 자신이 블로그를 운영하지 않아도 블로그의 도움을 받아 보았을 것이다. 블로거들은 자신 생각을 말하고 자신이 갔던 음식점의 맛 평가, 메뉴판, 인테리어, 친절함, 장소의 위치에 대한 후기를 남기기도 한다. 우리가 흔히 사용하는 스마트폰, 컴퓨터, 디카, 캠코더 등 많은 디지털기기도 비교분석하여 자신의 블로그에 이야기 한다. 패션, 브랜드, 여행, 컴퓨터 프로그램, 교육, 애니메이션, 연예인, 소설, 요리, 상품 등 블로그에는 다양하고 유익한 정보가 있다. 인터넷이 정보의 바다라면 블로그는 바닷속의 진주다.

블로그는 웹(web) 로그(log)의 줄임말인 web+log의 합성어이다. web은 인터넷을 말하고 log는 항해·운항·비행 등의 일지를 말한다. 우리말로 풀이하면 웹상의 일지(일기)라는 뜻으로 시작되었다. 블로그는 1997년 미국에서 탄생했다. 블로그는 새로 쓰는 글이 맨 위로 올라가는 일지 형식으로 되어 있어 이런 이름이 붙여졌다. 블로그는 인터넷상의 워드프로세서라고 생각하면 이해하기 쉽다. 자신의 관심사에 따라 일기·칼럼·기사 등을 자유롭게 사용할 수 있다. 이러한 블로그는 SNS(Social Network Service) 중 하나이며 개인의 웹사이트(홈페이지)이다.

블로그는 개인출판, 개인방송, 커뮤니티까지 다양한 형태를 취하는 일종의 1인 미디어의 역할을 한다. 특히 미국에서 9.11 테러 때 블로그를 이용해 1인 미디어 역할로 주목받게 되었다. 이라크 전쟁에서도 블로그에 올린 글로 인해 전 세계에 이라크의 심각성을 알렸다. 블로그는 1인 미디어의 역할을 함으로써 사람들에게 알려졌다.

처음에 나왔던 블로그는 단순히 글(text)만을 사용하는 웹페이지(web page)였지만, IT 기술의 발달로 멀티미디어(사진, 음악, 플래시, 동영상)를 사용할 수 있게 되었다. 블로그는 대부분 무료로 사용할 수 있다. 블로그는 인터넷 홈페이지 제작과 관련된 지식이 없어도 자신만의 유용한 웹페이지로 만들 수 있다는 장점이 있다.

우리나라에서는 2001년 12월 최초의 블로그 사용자들의 모임인 '웹로그인 코리아'가 생겼으며 이후 싸이월드(cyworld)의 미니홈피가 인기를 끌면서 대중화되었다. 미니홈피는 엄연히 말하면 블로그는 아니라 할 수 있지만, 자신만의 웹 페이지를 가지는 것을 본격화시킨 사건임이 틀림없다. 미니홈피에 이어서 네이버, 다음 등에서 블로그 서비스를 지원하기 시작했다. 설치형 블로그인 태터툴즈, 텍스트큐브 등이 관심을 끌면서 블로그는 급속도로 대중에게 알려지기 시작했다. SK커뮤니케이션즈의 이글루스나 다음커뮤니케이션의 티스토리처럼 블로그 서비스만 제공하는 인터넷 사이트도 생겼다. 2007년 이후 블로그는 일종의 유행처럼 일어나 많은 대중이 사용한다. 사용자들 속에 '파워블로그'라고 불리는 영향력을 가진 블로그들도 등장하기 시작했다. 이들은 자신의 글을 통해 많은 사람에게 영향을 주고 서로 소통하게 되었다.

블로그의 힘이 강해지는 몇 가지 이유가 있다. 웹페이지를 만들 때는 HTML(Hyper Text Markup Language)로 작성해야 한다. 인터넷에 글을 적거나 웹 페이지를 편집할 때 원래 HTML을 사용하는 방법을 익혀야 운영할 수 있다. 하지만 블로그는 웹페이지에 비해 쉽게 사용할 수 있는 장점이 있다. 블로그에 글을 적는 것은 일종의 워드프로세서의 작업과 같다. 워드프로세서를 사용하는 사람이라면 손쉽게 블로그에 글을 적을 수 있다. 웹페이지를 만들 때는 주소(도메인)가 있어야 하며 용량도 제한된다. 하지만 블로그는 용량의 제한도 없을 뿐만 아니라 주소도 만든 사이트에서 제공된다. 웹페이지는 검색엔진에 개별 등록을 해야 하고 사람들의 홈페이지 방문이 쉽지 않다. 그러나 블로그는 자신이 등록한 포스트가 자동으로 검색엔진을 통해 쉽게 검색되어 다른 사람들이 쉽게 찾아올 수 있는 장점이 있다.

블로그에 올리는 글이 다른 사람에게 검색된다고 겁낼 필요는 없다. 블로그에 올라오는 대다수 글은 '오늘의 저녁 밥상', '이런 여자 친구가 있었으면 좋겠다.', '오늘 봤던 영화 리뷰', '강추 OOO식당', '읽은 책' 등 누구나 일상에서 경험할 수 있는 사소한 일이나 생각을 정리한 것들이다. 블로그에는 자신의 이야기뿐 아니라 스포츠 선수 이야기, 연예인 이야기, 뉴스에 대한 자신의 의견, 읽었던 책 리뷰, 영화 추천 등 다른 사람의 이야기까지 다양한 주제로 글을 쓸 수 있다.

블로그를 통해 자신만의 일상, 세상에 전하고 싶은 정보, 일상에서 알게 된 지식을 담아 사람들과 세상과 소통해 보자!

미니 사전

블로거(blogger)
- 블로그를 운영하는 사람, 넓은 의미로 블로그 웹 서핑을 하는 사람

파워블로거(powerblogger)
- 하루 방문자 수가 많으며 다른 사람에게 큰 영향력을 주는 블로거

블로깅(blogging)
- 블로그를 탐색, 댓글 및 자신의 블로그를 꾸미는 과정, 블로그에 글을 쓰는 과정까지 블로그에 대한 모든 활동

포스트(post)
- 블로그에 올라온 글

포스팅(posting)
- 글을 쓰고 있는 행동 준비과정 등 글을 쓰는 과정

 ## 블로그의 장점

많은 사람들이 검색을 통해 블로그에 연결된다. 사람들은 여행에 대한 정보, 상품 리뷰, 요리하는 방법, 책에 대한 지식 등 다양한 정보들을 블로그에서 얻을 수 있다. 많은 사람이 블로그를 운영하고 정보로 이용하고 있다. 블로그 마케팅이라는 말까지 나올 만큼 블로그의 전성시대가 되었다. 그렇다면 왜 블로그에 이런 관심이 쏠렸을까?

90년 중반 대한민국에 인터넷이라는 새로운 미디어가 나타났다. 그러면서 많은 사람이 인터넷에 자신의 홈페이지를 만드는 것을 꿈꾸었다. 그래서 웹 문서를 만들기 위해 사용하는 프로그래밍 언어의 한 종류인 HTML(HyperText Markup Language)를 익혀야만 했다. 프로그래밍을 한 번이라도 해 본 사람은 알겠지만, 프로그래밍은 상당히 어렵고 힘든 작업이다. 도메인, 계정, 트래픽 등 많은 작업을 요구했기에 많은 사람은 자신의 홈페이지 만들기를 어려워했다. (필자도 만들던 중 포기했었다.)

그러던 중 Daum에 〈카페〉가 생기면서 90년대 말 많은 사람들이 카페를 개설하기 시작했다. 카페는 특별한 프로그래밍 언어를 몰라도 쉽게 만들 수 있다. 사람들을 카페를 통해 묶어주는 역할을 하며 동창회, 동기회, 친목카페, 정보카페 등 다양한 카페들이 생기기 시작했다. 그 당시는 대한민국은 〈카페〉 열풍이 일어났다. Daum뿐만 아니라 Naver, 싸이월드 〈클럽〉 등과 같은 형태로 다양한 사이트에서 제공되기 시작했다.

2000년대 초·중반 싸이월드의 〈미니홈피〉가 개설되면서 초·중·고·대학생은 물론 직장인들까지 미니홈피에 열광했다. 싸이월드에는 "도토리"라는 사이버머니가 사용되기도 했다. 카페가 많은 사람의 공간이라면 미니홈피는 개인의 공간이다. 자신의 미니홈피에서 스킨, 음악, 글꼴 등을 자유자재로 바꿀 수 있다. 사진을 올리는 공간은 자신의 사진첩이 되어 방문하는 사람들과 자신의 옛 모습, 즐거웠던 추억을 공유하는 커뮤니티 공간이 되었다. 싸이월드가 성공으로 이끈 핵심적인 기능은 〈1촌 맺기〉다. 흔히 1촌은 부부 사이를 지칭하는 말이지만 그만큼 가까운 관계를 나타내며 친구, 연인끼리 1촌을 맺어 서로의 미니홈피를 파도(링크)타게 되며 확장되었다.

2000년대 중반 드디어 미니홈피와 대적할 블로그라는 새로운 미디어에 주목하기 시작했다. 미니홈피가 사진 중심, 지인 중심으로 운영되었다면 블로그는 사진뿐만 아니라 멀티미디어를 사용할 수 있게 되었다. 블로그에 쓴 글은 검색을 통해 많은 사람이 방문하는 오픈형 개인 공간이 되었다. 블로그는 지인뿐만 아니라 검색을 통해 다양한 사람들을 연결해 준다.

블로그의 특징에 대해서 알아보자.

먼저, **블로그는 쉽다**. HTML 언어를 몰라도 사용할 수 있으며 가입만으로, 버튼 클릭만으로도 블로그를 개설할 수 있다. 계정과 도메인이 자동으로 부여되기 때문에 무척 간단하게 만들 수 있다. 블로그는 사용자가 자유자재로 꾸밀 수 있다. 사진이나 동영상을 올리는 방법은 누구나 탐색기에서 파일을 찾아 쉽게 올릴 수 있다. 블로그는 아이부터 어른까지 남녀노소 누구나 사용할 수 있다.

두 번째는 **1인 미디어의 역할을 한다**. 블로그는 개인이 내는 꾸미지 않은 목소리로 많은 사람에게 소식을 알릴 수 있다. 블로그는 주관적이고 진솔한 매체의 역할을 하고 있다. 기존 매체보다 신속하고 빠르게 소식을 전달한다. 살람팍스(Salam Pax)라는 필명으로 이라크인들은 바그다드의 현황을 생생히 블로그에 기록했다. 그의 블로그(dear_raed.blogspot.com)에는 폭탄이 떨어지고 집이 무너지는 모습과 자신들의 감정을 그대로 전달했다. 전 세계의 사람들은 블로그를 보고 전쟁의 심각성을 알았으며 전쟁을 막자는 시위를 하기도 했다. 블로그는 편집되지 않은 개인의 목소리로 빠르게 감정을 전달하는 '1인 미디어' 역할을 한다.

세 번째는 **전 세계의 네트워크로 얽혀져 있다**. 블로그는 카테고리 되어 있다. RSS, 트랙백, 링크 등을 통해 서로 그물망처럼 엮여 다른 사람들에게 영향력을 미치고 있다. 특히 RSS는 Really Simple Syndication, RDF Site Summary, Rich Site Summary의 약자다. 해석이 다양한 이유는 여러 가지 RSS가 사용되고 있기 때문이다. RSS는 쉽게 말해 신문배급소와 같은 역할을 한다. 내가 만약 '창현 일보'를 받고자 구독하면 '창현 일보'에서 작성된 기사로 쓰인 신문이 배달되는 것처럼 RSS 구독을 신청하면 해당 블로그의 글이 RSS를 통해 내 메일이나 알람을 통해 배달되는 원리이다. 트랙백은 역방향 링크를 자동으로 생성하는 블로그의 기능이다. 트랙백은 일종의 댓글이라 할 수 있는데 댓글은 한 줄 내외의 짧은 글을 즉시 남기지만 트랙백은 링크를 통해 자신의 글을 길게 남길 수 있다. RSS, 트랙백, 링크 등의 기능으로 블로그는 다른 블로그와 지속해서 관계가 얽히고 설키어 서로를 연결하는 힘을 가지고 있다.

03 블로그 왜 하는가?

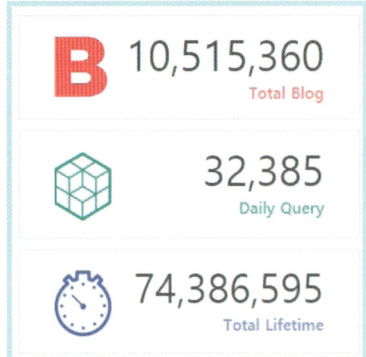

〈출처 : blogchart.co.kr〉

블로그차트(blogchart.co.kr)의 통계를 보면 10,515,360개의 블로그가 개설되어 있다. (2016년 10월) 대한민국 5명 중 1명이 블로그를 만들어 사용하거나 블로그를 개설하여 보유하고 있다. 이렇게 많은 사람이 블로그를 개설하고 사용하는 이유는 무엇일까?

첫 번째는 **정보를 공유하는 소통의 도구**로 블로그를 사용한다. 사람들은 자신이 가지고 있는 정보를 공유하기 위해 블로그를 사용한다. 인터넷을 사용하는 진정한 목적은 바로 정보를 획득하고 나누기 위해 사용한다. 예를 들어 자신만의 요리 레시피를 블로그에 올려 사람들에게 알려주기도 한다. 자신이 사용해본 제품을 리뷰를 통해 제품에 대해 정보 공유를 하기도 한다.

두 번째는 **일상을 기록하는 도구**로 블로그를 사용한다. 블로그의 원래 목적처럼 자신의 일기를 적는 공간으로 사용되어, 미니홈피처럼 자신의 사진을 올릴 수도 있으며 여행, 일상생활을 기록하는 공간이 된다. 자신만의 일기가 다른 사람에게 노출되기를 꺼리는 사람이라면 비공개로 사용할 수도 있다.

세 번째는 **사람을 사귀는 도구**로 블로그를 사용한다. 블로그의 장점은 자신의 글이 다른 블로거에게 노출된다. 자신이 쓴 글을 보고 사람들이 자신의 블로그를 방문할 수 있다. 블로그를 통해 서로 인맥을 사귀는 네트워크로 사용될 수도 있다. 블로그를 통해 사람을 알아가고 이웃 추가도 가능하다. 미니홈피가 지인 중심의 파도타기였다면 블로그는 지인과 타인까지 더 많은 사람과 인맥을 형성할 수 있다.

네 번째는 **정보를 수집하는 도구**로 블로그를 사용한다. 블로그는 정보공유뿐만 아니라 다른 사람의 정보를 모으는 도구로 사용되기도 한다. 포스트가 마음에 들면 자신의 블로그에 스크랩하여 모을 수 있다. (단, 포스트가 스크랩을 허용될 때 가능) 블로거들은 야박하지 않기 때문에 80% 이상의 글은 스크랩할 수 있다. 스크랩하는 방법은 포스트의 오른쪽 아래에 〈이 포스트를…〉라고 된 부분을 클릭하고 블로그에 담기를 클릭하면 자신의 블로그에 다른 사람의 포스트를 수집할 수 있다.

다섯 번째는 **광고를 통한 수입원의 도구**로 블로그를 사용한다. 〈Naver의 애드포스트〉, 〈Daum의 애드핏〉, 〈구글의 애드센스〉 등을 활용하는 방법이다. 블로그의 방문자는 광고를 클릭함으로써 해당 블로그를 운영하는 블로거에게 광고수입을 준다. 블로그의 수입이 자신이 다니고 있는 직장의 월급보다 더 많은 받는 블로거도 생겨났다. 전업 블로거들은 자신 블로그를 통해 수익을 올리고 있다.

여섯 번째는 **회사 홍보와 광고의 도구**로 블로그를 사용한다. 마케팅 도구로 블로그를 사용한다. 대기업, 중소기업, 상점까지 블로그를 통해 알리고 있다. 기존의 홈페이지는 자금이 필요하고 유지관리 하기 위해 많은 투자가 필요했다. 기존의 홈페이지는 사람들을 유입하기 위해 검색엔진이나 광고를 통해야 했기 때문에 비용이 많이 발생한다. 하지만 블로그는 검색엔진에 노출되어 방문자를 유입시킨다. 블로그는 적은 비용으로 홍보와 광고 효과를 얻을 수 있다.

일곱 번째는 **브랜드 확장의 도구**로 블로그를 사용한다. 브랜드를 확장하기에 블로그만큼 좋은 SNS는 없다. 자신이 가지고 있는 정보와 지식을 블로그에 모으고 그것을 포스팅만 하면 자동으로 다른 사람들에게 노출되어 브랜드를 알릴 수 있는 강점을 가지고 있다. 이런 이유로 많은 사람이 자신의 브랜드를 높이기 위해 블로그를 사용하고 있다. 블로그를 통해 자신의 브랜드를 확장한 문성실님(blog.naver.com/shriya)은 평범한 엄마에서 CF스타, 작가, 방송출연 등 활발한 활동을 하게 되었다.

여덟 번째는 **글쓰기 및 글 읽기 도구**로 블로그를 사용한다. 블로그에 자신을 글을 쓸 수 있으며, 더 좋은 점은 자신의 글이 포털 사이트에 검색되어 다른 사람들이 자신의 글을 보게 할 수 있다는 것이다. 블로그에 쓴 글을 토대로 출판할 수도 있다.

필자는 처음에 정보전달을 위해 블로그에 글을 적기 시작했다. 이렇게 쓴 글을 모아 첫 책을 출판했다. 출간된 책이 홍보되면서 강의가 섭외되어 내 브랜드가 서서히 확장되기도 했다. 강의를 다녀온 내용을 포스팅하면 그 글을 보고 다른 곳에서도 강의 섭외 연락이 왔다. 블로그는 나를 홍보하는 좋은 도구였다. 그렇게 8년 동안 블로그를 운영했고, 7권의 책을 출간한 작가가 되었다. 블로그는 내 인생의 전환점이었다.

04 설치형 블로그 vs 가입형 블로그

블로그를 사용할 것인지에 대한 생각을 했다면 본격적으로 블로그를 선택할 차례이다. 블로그 서비스에는 크게 두 가지 형태가 있다. 기본적인 회원 가입만 해도 사용 가능한 **가입형**과 자신이 직접 블로그를 만들어 사용하는 **설치형**으로 나눌 수 있다.

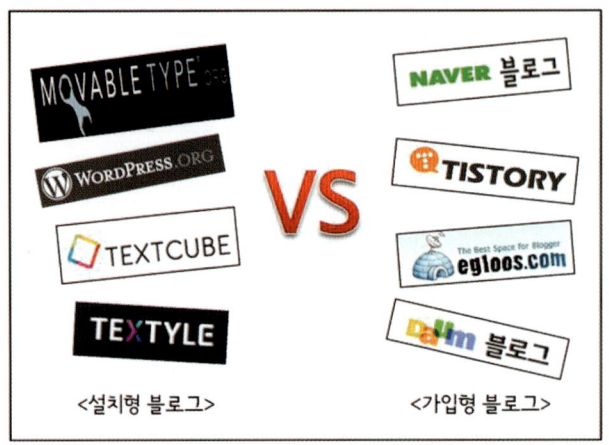

가입형 블로그는 설치형 블로그보다 무척 쉽게 사용할 수 있다. 블로그를 만들 때 회원가입 절차를 거치거나 [블로그 만들기] 버튼을 누르면 자신의 블로그를 가질 수 있을 정도로 쉽게 구성된다.

가입형 블로그의 장점이 쉽고 편리하다면 반대로 설치형 블로그는 쉽지는 않지만 자유로운 맞춤형 블로그라 할 수 있다. 설치형 블로그는 메인화면과 블로그의 레이아웃 구성이 자유롭다. 블로그에 광고를 등록할 수도 있고 사용자가 원하는 대로 꾸밀 수도 있는 자유로움이 있다.

	가입형	설치형
사용법	쉽다	어렵다
운영 비용	무료	프로그램은 무료 (호스팅 비용 부담)
디자인 자유도	낮음	높음
백업 기능	지원 안 함	개별적으로 백업 가능
확장성, 유연성	낮음	높음
트래픽 용량	제한 없음	제한 있는 경우도 있음
플러그인 기능	일부 서비스만 지원	대부분 지원

(※ 서비스업체 따라 차이가 있음)

우리나라의 블로거들은 90% 이상 가입형 블로그를 많이 사용한다. 가입형 블로그에 대해서 자세히 알아보자.

우리나라 가입형 블로그 서비스는 다시 **전문형**, **포털형**, **기업형** 3종류로 구분된다.

전문형은 블로그만 제공되는 사이트를 말하며 우리나라에는 이글루스(www.egloos.com)와 티스토리(www.tistory.com)가 이에 해당한다. 전문형은 가입형 블로그 중 자율성이 높으며 광고, 위젯을 자유롭게 넣을 수 있는 장점이 있다. 하지만 블로그에 처음 입문하거나 컴퓨터에 대해 많이 알지 못하는 사람에게는 어려운 단점이 있다.

포털형은 포털사이트(portal site)에서 제공하는 블로그가 해당한다. 우리나라에는 크게 네이버 블로그(blog.naver.com), 다음 블로그(blog.daum.net) 두 포털 사이트에서 운영하는 블로그가 있다. 포털형의 장점은 해당 사이트에서 이루어지는 검색에 대하여 자신의 블로그의 노출빈도가 높아서 많은 방문객이 발생한다. 포털사이트 메인에 노출되어 방문자가 많이 늘어나는 경우도 있다. 포털형 블로그는 무엇보다도 편리하고 쉽다는 장점이 있다.

기업형은 기업에서 제공하는 블로그를 말하며 우리나라에는 오마이뉴스(blueblog.ohmynews.com), 조선일보(blog.chosun.com), 한겨레신문(part.blog.hani.co.kr) 등 주로 신문을 발행하는 기업의 블로그가 해당한다. 이런 블로그의 특징은 자기 생각을 널리 알리는 블로거들이 활동하고 있다. 이런 블로그는 시민기자의 역할로 1인 미디어 활동을 하고 있다.

우리나라에서는 가입형 블로그를 가장 많이 사용하고 있으며 그 중에도 포털형을 많이 사용하고 있다. 블로그는 자신의 색깔에 맞게, 실력에 맞게, 의도에 맞게 선택해야 한다.

16 | 나만의 블로그 만들기

05 블로그 서비스 사이트

블로그는 크게 설치형과 가입형으로 나뉘며 가입형은 다시 전문형, 포털형, 기업형으로 나뉜다는 것을 살펴보았다. 우리나라에서 가장 많이 사용되는 가입형의 블로그 서비스 사이트에 대해서 알아보고 각각의 장단점을 알아보자.

1) 네이버 블로그 (section.blog.naver.com)

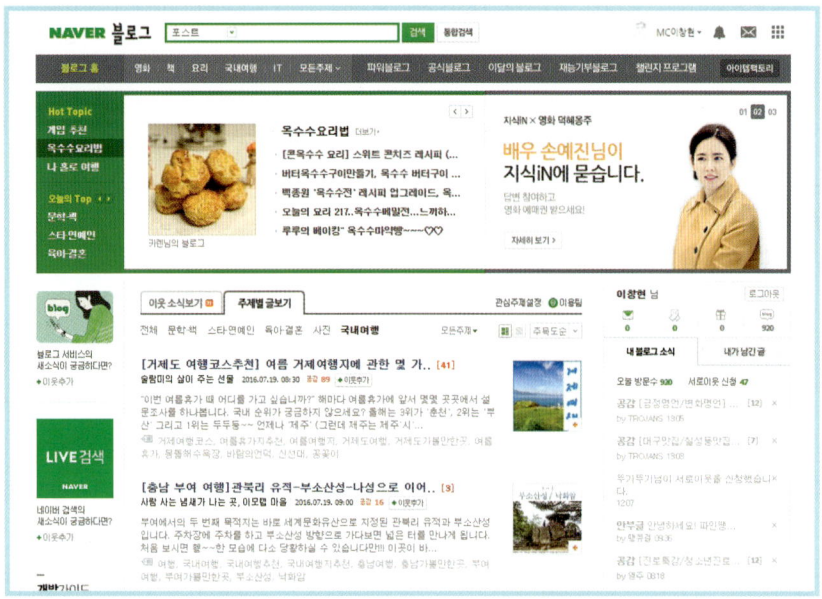

2003년 시작한 〈네이버 블로그〉는 국내에서 가장 많은 블로그가 개설되어 있다. 블로그 차트(blogchart.co.kr) 전체 블로그 중 69.4%가 네이버 블로그로 등록되어 있다. (2016년 10월) 네이버 가입만 하면 자동으로 블로그는 개설된다. 다시 말해 네이버 아이디가 있는 사람은 이미 네이버 블로그가 개설된 것이다.

네이버 블로그의 최대 장점은 블로그 개발 툴을 이용하여 누구나 블로그를 아주 쉽게, 예쁘게 만들 수 있다는 것이다. 실시간으로 블로그를 보면서 디자인을 할 수 있는 "리모콘" 기능이야말로 네이버 블로그의 장점이며, 아이템 팩토리에 공유된 멋진 디자인도 쉽게 공유할 수 있는 장점도 있다. 또한, 포털 사이트 1위인 네이버는 국내 최대의 검색엔진인 만큼 블로그 노출도 많아 다른 포털에 비해 상대적으로 방문자가 많다.

하지만 블로그에 "구글 애드센스"와 같이 광고 수익을 창출하지 못하는 점과 제한된 레이아웃 형태, 외부 링크, 파일 첨부용량 제한 등 자유도 측면의 단점이 있지만, 네이버에서 제공하는 애드포스트의 공개와 위젯 등록이 자유로워지면서 네이버 블로그의 단점을 보완해 가고 있다.

2) 다음 블로그 (blog.daum.net)

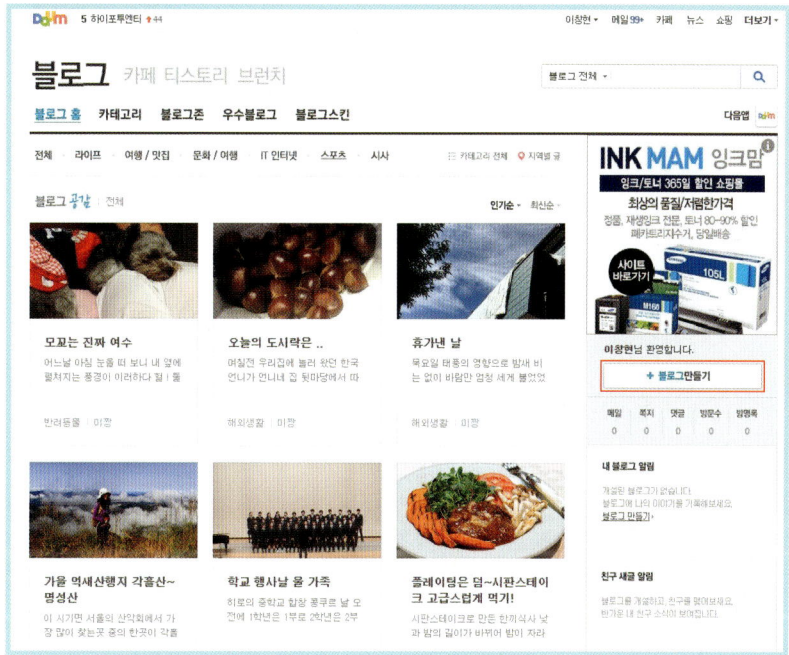

다음 블로그는 [블로그 만들기] 버튼을 통해 만들기가 가능하다. 다음도 네이버 블로그와 같은 포털형으로 쉽게 만들고 관리할 수 있는 장점이 있다. 앨범형, 게시판형 블로그 형으로 블로거가 설정할 수 있다. 네이버 블로그는 자신의 아이디가 블로그의 주소에 해당하지만, 다음 블로그의 주소는 자신이 정할 수 있다. (단, 블로그 주소는 중복되지 않으면 가능) 네이버는 블로그를 비공개로 하거나 삭제할 수 없지만, 다음은 자신의 블로그를 비공개하거나 삭제할 수 있다. 다음 블로그도 포털형으로 검색을 통해 방문자가 유입된다. 네이버에는 일상생활을 그리는 블로그가 많다면, 다음 블로그는 뉴스, 시사 분야에 많은 블로거가 활동하고 있다.

하지만 다음 블로그는 자유도 측면의 단점이 있다. 다음 블로그는 네이버 블로그보다 방문자 유입이 많지 않으며, 블로그의 레이아웃을 변형하는 자유도가 낮다.

3) 티스토리 블로그(www.tistory.com)

전문형인 티스토리는 태터툴즈를 개발하던 태터앤컴퍼니에서 만든 가입형 서비스로 출발했다. 현재는 다음커뮤니케이션에 인수되어 운영되고 있다. 티스토리의 가장 큰 장점은 설치형 서비스를 대부분 제공하고 있어 레이아웃의 자유도가 높다.

티스토리는 레이아웃의 변형, 블로그 페이지의 자율성, 광고 등록 등을 자유롭게 사용할 수 있다. 포털형에 비해 티스토리는 운영하기 조금 어려운 점이 있다. 티스토리는 가입과 함께 초대장을 받아야만 블로그 개설이 되는 형태로 특이한 운영이다. 이러한 운영 방식을 장점으로 보는 사람도 있어, 네이버, 다음 등의 블로그를 운영해본 많은 사람들은 자유를 찾아 티스토리라는 신대륙으로 옮겨가는 블로거들도 있다.

4) 기타 블로그

〈이글루스 블로그〉　　　〈구글 블로그〉

〈오마이뉴스 블로그〉

〈교보문고 북로그〉

국내 가입형 블로그는 네이버와 다음 그리고 티스토리 3강 체제를 구축하고 있다. 그 외 이글루스, 구글 블로그, 오마이뉴스 블로그, 교보문고 북로그 등의 서비스가 있다.

이글루스(www.egloos.com)는 줌인터넷이 운영하는 블로그 서비스이다. 이글루스는 전문형 블로그 서비스로 2003년부터 시작되었다. 이글루스는 특정 분야의 팬들이 많기로 유명하다. 특히, 만화와 애니메이션 주제의 블로그가 많다. 이글루스는 자신의 블로그의 글을 나만의 책(출판)이나 PDF 파일(백업)을 하는 독특한 서비스(유료)가 있다.

구글 블로그(www.blogger.com)는 우리나라에서 많이 사용하지는 않지만, 해외에서 많이 사용되고 있다. 한국의 포털사이트에는 노출이 거의 없어 방문자 유입은 적지만, 해외 방문자 유입이 크다. 구글 블로그는 레이아웃 변형의 자유도가 높으며, 구글 애드센스를 사용하여 수익도 창출할 수 있다. 국외의 사람들에게 노출되고자 한다면 구글 블로그를 추천한다.

오마이뉴스 블로그(blueblog.ohmynews.com)는 기업형 블로그 서비스로 사용자가 많지는 않지만, 블로그를 통해 1인 미디어로 활동하는 사람들이 많이 사용하고 있다. "널리 퍼지는 나의 목소리"에서 의미하는 것처럼 개인이 직접 뉴스의 콘텐츠를 만들어 알릴 수 있는 장점이 있다.

교보문고 북로그(www.kyobobook.co.kr/booklog)는 교보문고에서 제공하는 블로그이다. 책(book)과 블로그(blog)의 합성어로 북로그라 불리게 되었다. 책을 중심으로 한 블로그들이 모여 있다.

그 밖에도 **YES 블로그**(blog.yes24.com) 등 국내에는 여러 업체가 블로그 서비스를 하고 있다.

 ## 블로그 유형

국내에서 제공되는 블로그 서비스 사이트를 선정했다면 이제는 자신의 블로그에 "무슨 내용을 올릴까?" 하는 고민이 된다. 바로 블로그를 채울 콘텐츠 유형에 대해서 알아보자! 주제에 대해서 많은 고민을 할 필요는 없다. 블로그 콘텐츠는 무궁무진하다. 블로그에 쓰는 글은 어제 봤던 드라마부터 영화, 며칠 전에 샀던 스마트폰의 후기 등 무엇이라도 쓸 수 있다. 하지만 너무 다양한 주제에 관해 글을 쓰면 자신의 블로그만의 색깔을 나타내기 어렵다. 그래서 될 수 있으면 블로그의 유형과 주제의 선정이 필요하다. 자신이 좋아하는 관심 있는 분야, 취미, 전공, 직업 등 자신이 가장 자신 있는 블로그의 주제를 선정하는 것이 좋다. 블로그를 운영하는 유형을 알아보자!

1) 세상을 알려라! 브로드 블로그(Broad Blog)

브로드 블로그는 1인 미디어로 많은 사람에게 소식을 알리는 유형이다. 자신이 취재하거나 경험한 것, 이슈를 자신이 바라보는 시선을 뉴스로 만들어 사람들에게 알리는 블로그다. 독설닷컴(poisontongue.sisain.co.kr), 미디어몽구(www.mongu.net)의 블로그가 대표적인 브로드 블로그에 해당한다. 언론사 기자들의 보도는 편집, 교정, 마감 시간, 검열 등의 제한이 많아 사실적이고 생생한 전달력이 떨어진다는 점이 있다. 하지만 브로드 블로그는 개인의 눈으로 바라본 생생한 현장 소식을 그대로 전달할 수 있는 장점이 있다. 국내에서는 촛불시위, 노무현 전 대통령 노제, 세월호, 성주 사드배치 때 블로그를 통해 사람들에게 생생한 현장을 알리는 역할을 했다.

2) 제품의 장단점 여기 있소! 리뷰 블로그(Review Blog)

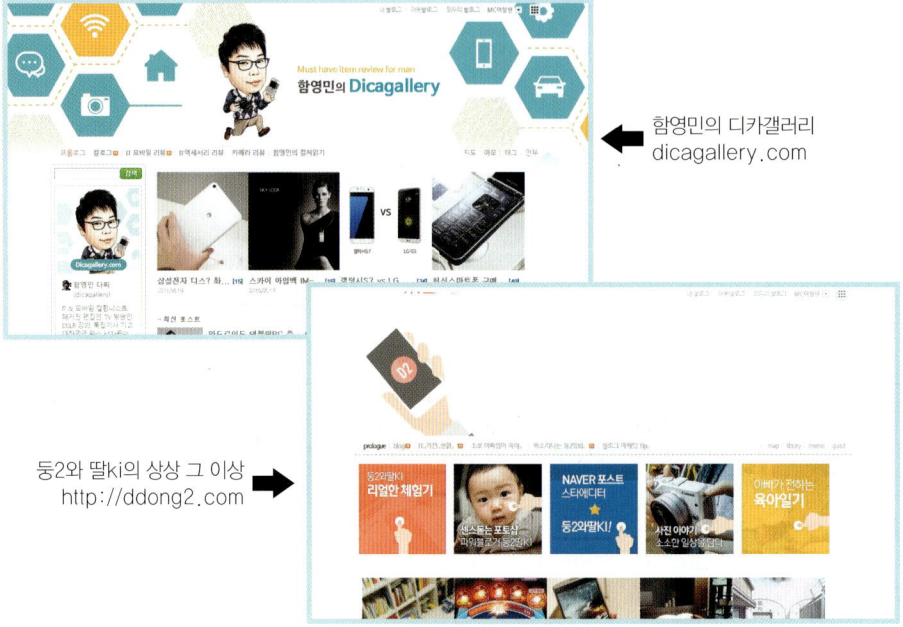

함영민의 디카갤러리
dicagallery.com

둥2와 딸ki의 상상 그 이상
http://ddong2.com

리뷰 블로그 유형은 어떤 제품에 대한 리뷰를 적는 블로그 유형이다. 특히 IT 제품의 리뷰를 적는 블로그들이 많이 늘어나고 있으며 찾는 방문객도 많다.

함영민의 디카갤러리(dicagallery.com)가 대표적인 리뷰 블로그이다. 마찬가지로 스마트폰에 대한 리뷰부터 액세서리, 디지털 카메라, 태블릿 PC, 노트북, 카메라 등 디지털 기기에 대한 리뷰가 있다. 블로그닷컴 집계 블로그 순위에 상위에 랭크되어 있는 파워블로거이다.

둥2와 딸ki님의 상상 그 이상 블로그(ddong2.com)는 하루 평균 약 10,000명이 방문하는 파워블로거이다. 이 블로그는 스마트폰, 카메라, 태블릿PC, 스마트폰 어플, PC/주변기기, 생활가전 등 다양하고 상세한 리뷰를 만나 볼 수 있다.

상품에 대한 리뷰를 적는 리뷰 블로그는 소비자에게 상품의 장단점을 알려주는 입소문 블로그의 역할을 한다. 스마트폰이나 디카 등의 상품을 구매할 때, 리뷰 블로그를 통해 장단점을 파악하여 도움을 받을 수 있다.

3) 배워서 남 주는 블로그! 연구 블로그(Research Blog)

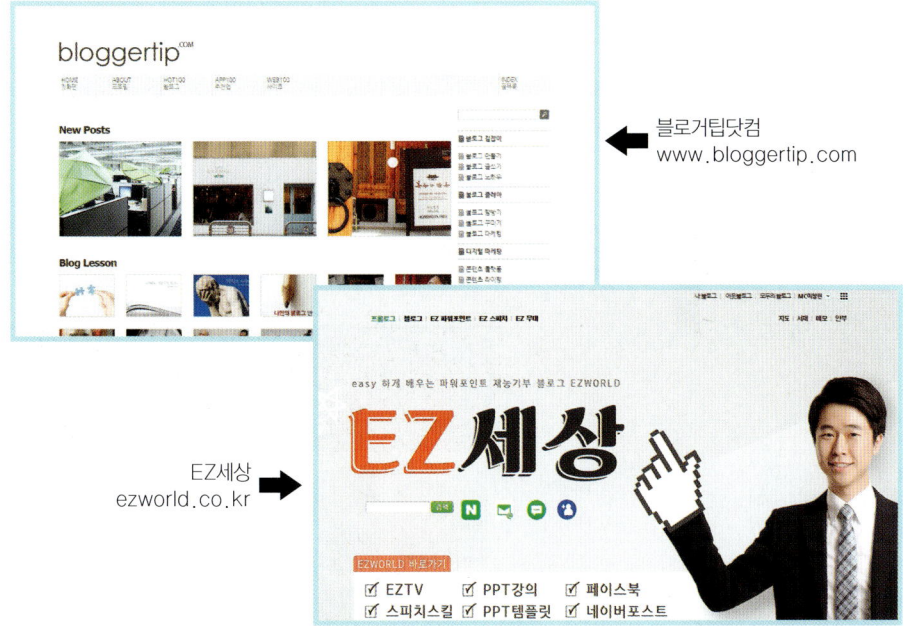

블로거팁닷컴
www.bloggertip.com

EZ세상
ezworld.co.kr

연구 블로그 유형은 자신이 정한 주제를 집중적으로 분석하고 활용하는 블로그 유형이다. 컴퓨터 프로그램, 영어(토익, 토플) 등 전문 분야에 대한 분석과 활용법에 대한 포스트가 많은 블로그에 있다. 포토샵을 공부하고 싶다면 "포토샵"이라고 검색하면 많은 블로그가 검색된다.

블로거팁닷컴(www.bloggertip.com)은 제목과 그대로 자신이 블로그를 만들면서 느끼고 공부한 것을 사람들에게 나누고 있다. 나도 처음 블로그 개설하고, 이 블로그를 통해 블로그를 운영하는 방법과 노하우를 배울 수 있었다.

이지세상(ezworld.co.kr) 블로그는 파워포인트 및 스피치스킬 등을 사람들에게 나누고 있다. 이지세상 블로그는 다른 사람에게 파워포인트를 나누는 재능기부 블로그로 운영되고 있다. 이 블로그에서는 필요한 템플릿을 얻을 수 있고, 파워포인트에 대해 공부하기 좋다.

연구 블로그는 자신이 가진 재능을 블로그를 통해 기초지식부터 고급지식을 사람들에게 공유하고 있다. 자신의 재능을 세상과 나누어 사람들을 성장하게 도와줄 수 있고, 자신도 성장할 수 있다.

4) 내 생각을 알려라! 의견 블로그(Opinion Blog)

향기나는 김소장's 향기나는 스토리
http://korandobc.blog.me

닮고싶은 여자, 닮소녀 배우미
blog.naver.com/sallybae12

의견 블로그 유형은 자신의 경험과 생각을 정리해 글로 올리는 블로그 유형이다. 일상의 일을 그대로 전달하는 것이 아니라 깨달음이나 많은 사람에게 영향을 미칠 수 있는 글을 쓰는 블로그들이다. 의견 블로그 유형은 다른 유형에 비해 많은 수는 아니다. 이 유형의 블로거들은 자신의 이야기를 통해 블로그를 방문하는 사람들에게 깨달음, 지식, 지혜를 안겨준다.

향기나는 김소장's 향기나는 스토리(korandobc.blog.me)는 의견 블로그 유형에 해당한다. 자신 생각을 글로 써 블로그에 올리고 있다. 글뿐만 아니라 영상을 찍어 〈향기노트〉를 매주 찍어 블로그에서 짧은 강의로 사람들에게 생각과 강연을 공유하고 있다.

닮고 싶은 여자, 닮소녀 배우미의 블로그(blog.naver.com/sallybae12)는 자신이 겪었던 일상에 감사한 일을 감사일기를 쓰고 있다. 그녀는 자신을 감쓰녀(감사일기 쓰는 여자)라고 말하며 일상의 소중함을 사람들에게 나누고 있다. 감사일기 외 책, 인터뷰, 칼럼 등 긍정적인 소식을 전하고 있다.

5) 일상생활을 블로그 속으로! 생활 블로그(Life Blog)

믿고보는 최팀장 이야기
blog.naver.com/gense2song

토가방의 내츄럴하우스
blog.naver.com/toga33

생활 블로그 유형은 일상생활에서 유용하게 사용되거나 활용할 수 있는 내용을 중심으로 콘텐츠를 만드는 유형이다. 요리, DIY(Do It Yourself), 여행, 사진, 일기, 육아, 맛집 등 생활 주변에서 일어나는 일을 블로그에 담는다. 대한민국 여성들이 활발한 활동을 하고 있다. 이 유형의 블로그가 가장 높은 비중을 차지하고 있다.

자신의 일상을 담고 있는 믿고 보는 최팀장 블로그(blog.naver.com/gense2song)는 소소한 생활정보, 맛깔나는 레시피, 셀프네일 등 재미있는 입담으로 블로그에 정보와 일상을 보여주고 있다.

토가방의 내츄럴하우스(blog.naver.com/toga33)에는 리폼과 DIY를 중심으로 자신과 함께 어울리는 이웃들과 일상을 담아내고 있으며 맛집, 여행 후기도 함께 일상생활에 일어나는 즐거움으로 블로그를 가득 채워 가고 있다.

6) 모여라! 모인 것에는 힘이 있다. 수집 블로그(Collection Blog)

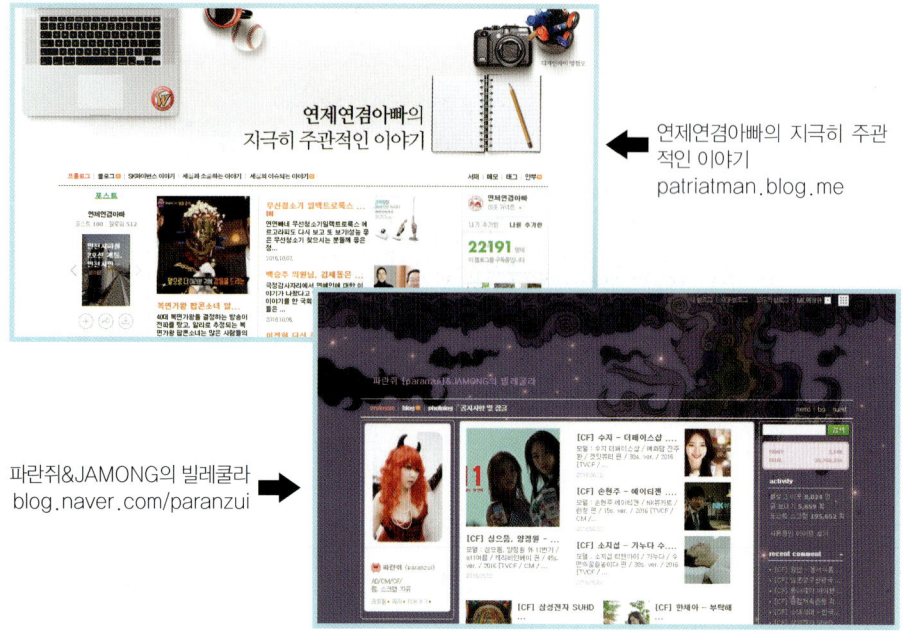

수집 블로그 유형은 자신이 관심이 있는 분야의 정보를 자신의 블로그로 수집하는 유형이다. 예전에 우표수집, 옛날 돈 수집, 껌 종이 수집 등 자신이 관심 있는 분야의 것을 모으는 것처럼 블로그에 자신이 관심 있는 것을 모으는 형태로 운영된다. 수집형으로 운영할 때 주의해야 하는 것은 저작권에 어긋나지 않는 범위에서 정보를 수집해야 한다.

연제연검아빠의 지극히 주관적인 이야기(patriatman.blog.me)는 야구 SK와이번스의 팬인 연제연검아빠가 운영하고 있다. 2010년부터 계속 SK와이번스에 경기와 야구에 대한 글을 블로그에 쓰기 시작했다. 2016년 7월까지 1,107개의 포스팅을 써서 야구에 대한 이야기를 모아 2010부터 2013년 스포츠 분야 파워블로거가 되었다.

파란쥐 & JAMONG의 빌레쿨라 블로그(blog.naver.com/paranzui)에는 국내의 CF가 한자리에 모여 있다. 블로그에는 28,000여 편의 CF를 모았다. 하루 평균 방문객이 5,000명 이상 찾아오는 파워블로거이다.

수집 블로그는 자신이 좋아하는 한 가지의 주제를 모으면 모을수록 블로그의 힘이 세지게 된다. 수집 블로그는 꾸준히 끈기있게 자료를 수집하는 것이 무엇보다 중요하다.

7) 친근하게 부드럽게 알려라! 홍보형 블로그(PR Blog)

대한민국 청와대 블로그
https://blog.naver.com/thebluehousekr

대구교육청 블로그
http://blog.naver.com/dgeduon

홍보 블로그는 블로그를 통해 더욱 친근하게 부드럽게 다가가 알리는 유형이다. TV, 잡지, 홈페이지 등의 매체를 통해 홍보할 수 있다. 하지만 블로그로 쌍방향으로 커뮤니케이션이 가능한 장점을 살려 운영하고 있다. 블로그를 사용하여 누구나 의견을 말할 수 있으며 소식을 빨리 전달하는 장점을 살려 많은 지방자치단체, 정치인, 기업들이 홍보 매체로 블로그를 사용하고 있다.

대한민국 청와대 블로그 블로그(blog.president.go.kr)는 청와대에서 일어나는 소식을 전하고 있고 대통령소식, 정책소식도 전하고 있다.

대구교육청 블로그(blog.naver.com/dgeduon)는 교육청에서 운영되고 있는 프로그램, 학생들의 일상소식, 교육사랑 기자단 소식 등을 통해 교육에 대한 홍보를 담당하고 있다. 교육청 블로그는 각 시도별로 운영되고 있다.

블로그를 통해 더 많은 사람에게 국가, 교육청뿐만 아니라 관공서, 기업, 개인을 알릴 수 있다.

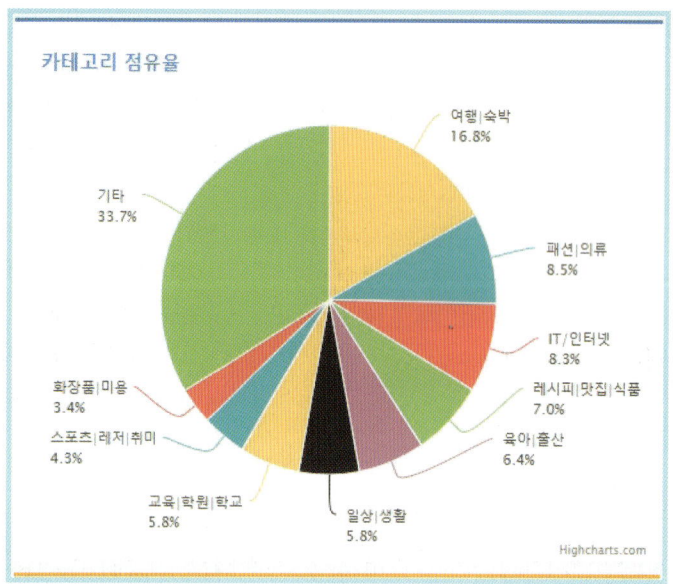

출처 : 블로그 차트(blogchart.co.kr)

지금까지 브로드, 리뷰, 연구, 의견, 생활, 수집, 홍보까지 모두 7개의 유형에 대해 알아보았다. 이 밖에 다양한 유형의 블로그들이 존재한다. 블로그 유형을 결정하고 블로그를 운영하면 더욱 효율적이다. 하지만 유형이 분석되지 않거나 블로그를 처음 시작하는 사람이라면 고민을 너무 많이 할 필요는 없다. 시작은 자신이 좋아하거나 자신의 전공분야에 대해서 글을 하나하나 쓰기 시작하면 그 글이 모여 자동으로 자신의 블로그 유형이 형성될 것이다.

 블로그 마케팅

블로그를 이용하여 마케팅을 하는 사람들이 많이 늘어나고 있다. 개인뿐만 아니라 관공서, 지역단체, 공공기관 등 많은 곳에서 블로그 마케팅을 하고 있다. 블로그 마케팅은 생산자가 상품 및 서비스를 소비자에게 유통하고 알리는데 블로그라는 매체를 통한 활동을 말한다.

20세기의 최고의 매체는 TV다. 물론 TV 광고는 여전히 힘이 강력하다. 하지만 21세기에는 인터넷이라는 강력한 도구의 힘이 세졌다. 인터넷을 이용한 마케팅이 활발히 펼쳐지고 있다. 포털사이트를 이용하는 배너 광고는 매번 큰 비용이 발생한다. 검색어를 등록하여 포털에 비용을 지급하고 사용하는 오버추어 광고(광고주가 원한 행위가 발생했을 때만 비용을 지급하는 온라인 키워드 검색광고)를 사용할 수 있다. 하지만 이런 TV, 배너 광고, 오버추어 광고를 하기 위해서는 큰 비용이 들기 때문에 중소기업이나 개인에게는 사용의 어려움이 있다.

블로그는 전 세계인에게 자신(기업)을 알릴 수 있는 매체이다. 블로그는 무엇보다 개인 미디어의 역할이라는 측면에서 완성도 높은 매체라 할 수 있다. 블로그는 매체 중 가장 손쉽고 편리하게 사용할 수 있다. 그뿐만 아니라 낮은 비용(무료)으로 광고·홍보할 수 있는 매체이다.

그렇다면 기존의 홈페이지 마케팅과 블로그 마케팅의 차이점은 무엇일까? 홈페이지 마케팅의 멋진 사진과 꾸며진 콘텐츠를 본 소비자들은 이제는 100%로 신뢰하지 않는다. 왜냐하면, 기존의 홈페이지에서 과장과 왜곡을 경험했기 때문이다. 기존의 홈페이지는 홍보이며 마케팅으로 사용되고 있다는 인식을 바로 느끼기 때문이다.

반면 블로그 마케팅의 콘텐츠는 조금은 어색하고 멋지지는 않지만 있는 그대로의 사실과 장·단점을 여과 없이 보여주고 있다. 블로그는 블로거의 이름을 걸고 글을 올리는 만큼 더 높은 신뢰를 주고 있다. 블로그의 글은 홍보라는 느낌보다 정보를 공유하는 느낌을 준다. 블로그 마케팅은 저비용으로 누구나 할 수 있는 좋은 방법이다.

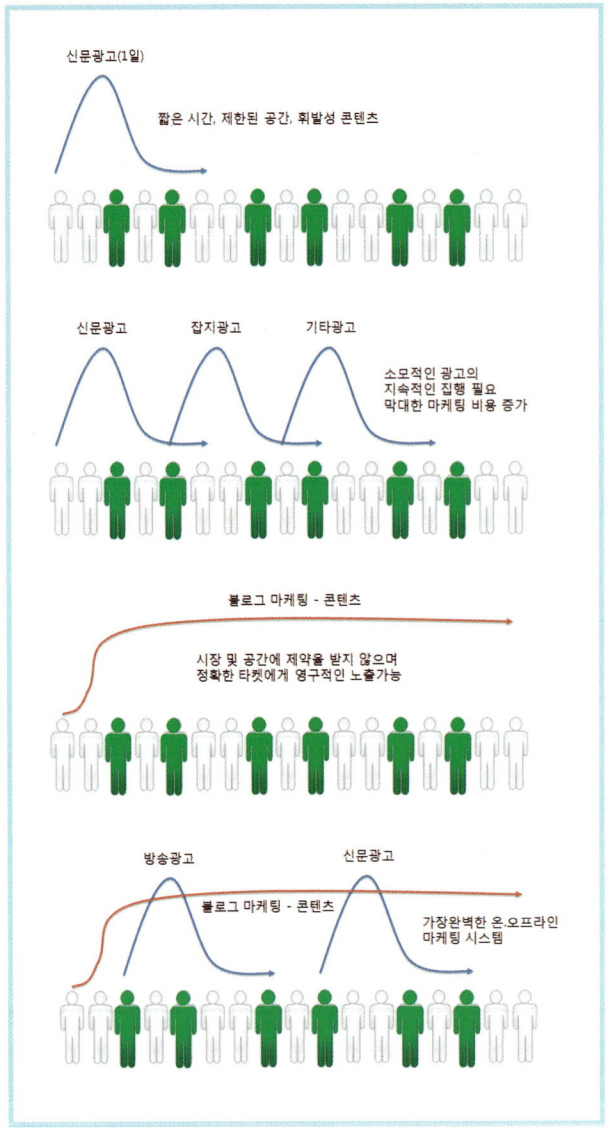

〈참고 문헌 : 한국형 블로그 마케팅〉

기존의 TV, 배너, 오버추어, 홈페이지 마케팅은 고객이 필요에 의한 선택이 아닌 일방적 배포가 되었다. 기존의 방식은 단방향 주입식 커뮤니케이션이며 비교적 높은 비용이 발생하였다. 기존의 방식은 단기적이며 휘발성을 가진 마케팅이다. 예를 들어 TV 광고는 높은 비용으로 불특정 다수에게 일정 기간 방영이 된다. 일정 시간이 지난 뒤 계속 방영하지 않으면 사람들의 머릿속에서 잊힌다. 하지만 블로그는 개인의 특색 있는 콘텐츠를 제공한다. 그 콘텐츠로 사람들이 쌍방향 커뮤니케이션을 한다. 블로그의 콘텐츠를 작성하는 시간을 제외하고 비용이 발생하지 않는다. 블로그 마케팅은 장기간 노출이 되며 휘발성이 상대적으로 낮다. (2009년도에 필자가 작성한 레크리에이션 관련 포스팅은 9년이 지난 2018년에도 검색을 통해 블로그로 사람들이 유입되고 있다.)

블로그를 마케팅 도구로 사용하여 자신의 제품을 광고하고 다른 사람들을 유인(낚시)해서 자신의 블로그로 유입시키는 경우를 종종 볼 수 있다. 하지만 현대의 네티즌들은 바보가 아니다. 블로그에 들어왔는데 자신이 원하는 정보가 아닌 광고가 있다면 ❌(닫기 버튼)를 누르게 마련이다. 이렇게 되면 해당 블로그에 대한 신뢰는 떨어지게 되어 방문이 점차 낮아진다. 블로그에서 노골적인 마케팅 정보는 방문하는 블로그에 불이익이 된다는 점을 기억하기 바란다.

그렇다면 블로그로 마케팅을 할 때 가장 중요한 것은 무엇일까? 바로 블로그 핵심인 콘텐츠다. 방문한 다른 블로거가 원하는 무엇인가가 담겨 있는 콘텐츠다. 방문자가 이런 콘텐츠를 보고 계속된 방문으로 이어지고 이웃 맺기로 이어져 순차적인 블로그 마케팅으로 연결된다.

이렇듯 블로그는 기업뿐만 아니라 개인까지 마케팅으로 사용하기 좋은 매체이다. 우선 다른 마케팅보다 가장 적은 비용이 들며, 비휘발성, 쌍방향 커뮤니케이션이 가능한 매체인 블로그를 이용해 개인, 기업, 기관, 단체를 알리는 마케팅의 도구로 활용해 보자!

Part 2

네이버 블로그 꾸미기

 블로그 가입하기

네이버(NAVER) 블로그를 만드는 방법은 정말로 간단하다. 네이버에 가입하기만 하면 끝! 기존의 네이버 아이디가 있다면 이미 블로그는 만들어져 있다.

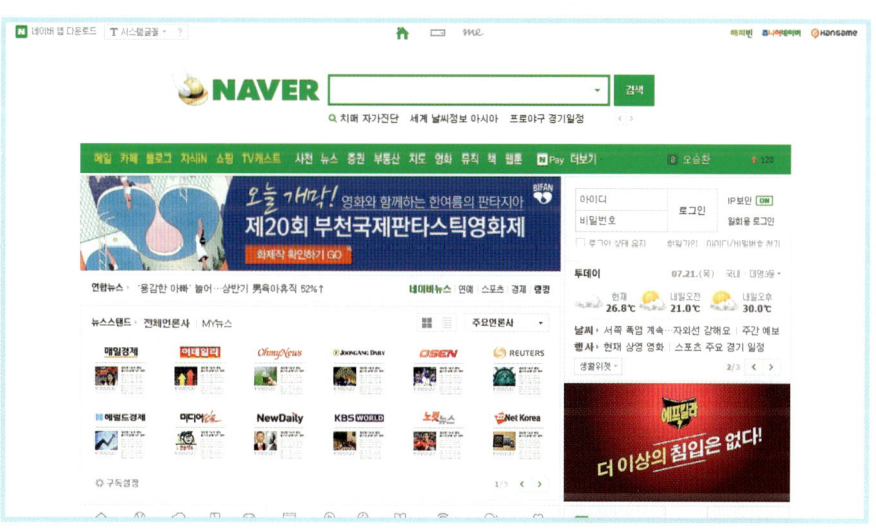

블로그를 만들기 위해 우선 네이버 회원이 되어야 한다. http://www.naver.com 사이트에서 회원가입을 클릭한다. (네이버에 회원가입이 되어 있다면 패스!)

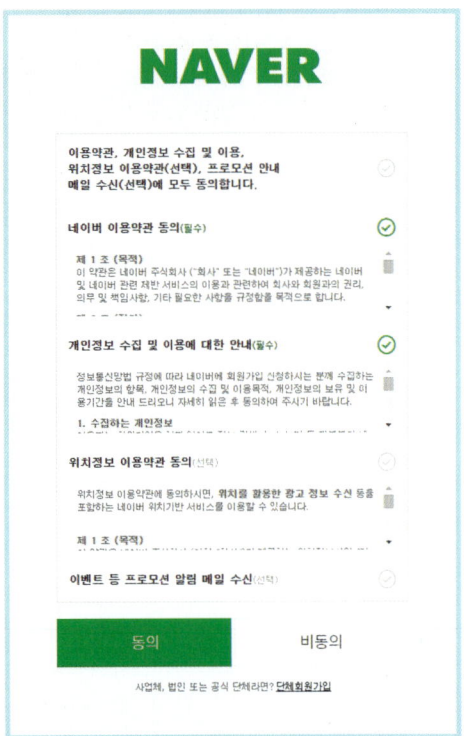

네이버 이용약관, 개인정보 수집 및 이용에 대한 안내를 읽은 뒤, 동의에 체크한다. 위치정보 이용약관과 이벤트 등 프로모션 알림 메일 수신은 선택 사항이기 때문에 체크하지 않아도 된다. [동의] 버튼을 클릭한다.

회원정보를 입력한다. 아이디, 비밀번호, 비밀번호 재확인, 이름, 성별, 생년월일, 비상연락용 이메일을 입력한다.

회원가입 인증을 위해 휴대전화번호를 통해 인증번호를 받은 뒤 인증번호를 입력하고 [확인] 버튼을 누른다. 모든 입력이 완료되면 [가입하기] 버튼을 클릭한다.

네이버에 가입하면 기본적인 메일, 블로그를 사용할 수 있다. 회원가입을 통해 나의 블로그는 완성된 것이다.

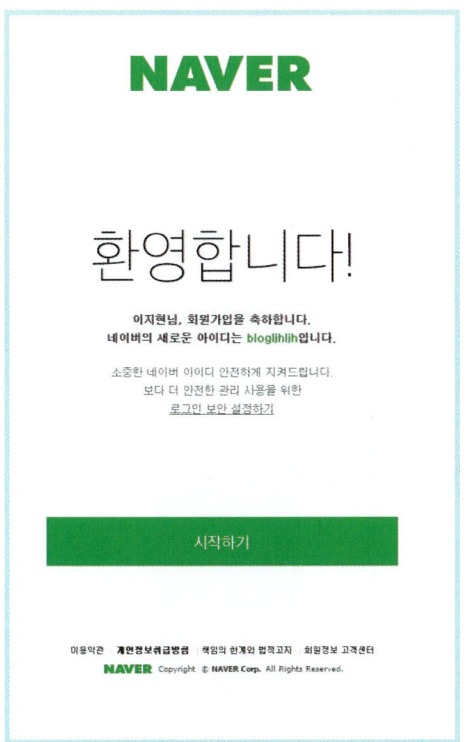

아이디로 로그인한 후 오른쪽 로그인 하는 부분의 화면에서 [블로그](❶) 버튼을 클릭한다. 그리고 [내 블로그](❷)를 클릭하면 자신의 블로그로 이동된다. 또는 주소창에서 http://blog.naver.com/ㅇㅇㅇ(자신의 아이디)를 입력하면 자신의 블로그로 바로 이동할 수 있다.

 나만의 블로그 만들기

02 블로그 시작하기

네이버 회원가입을 통해 블로그가 만들어졌다. [블로그]-[내 블로그]를 클릭하여 자신의 블로그에 들어가면 블로그를 사용하는 기본적인 단계를 밟게 된다.

회원가입을 마치고 난 뒤 블로그에 접속하면 다음과 같은 화면이 나타난다. 〈STEP 1〉은 기본정보 입력에 대한 화면이다.

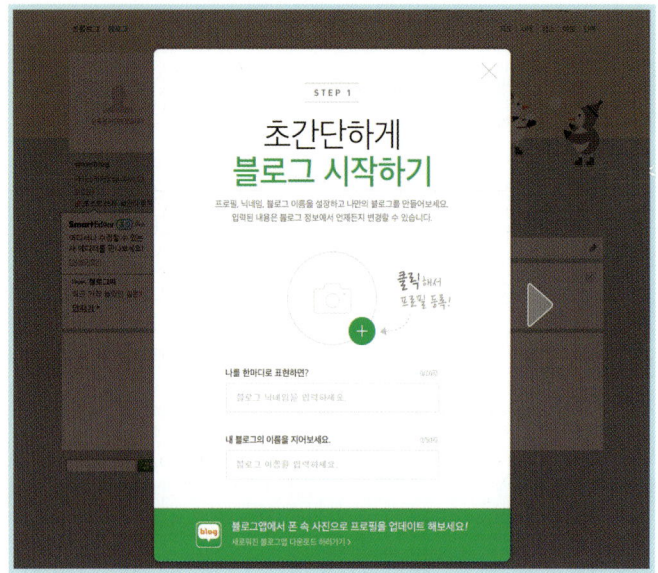

사진기 모양 하단의 ➕ 버튼을 클릭해서 프로필 사진을 등록한다.

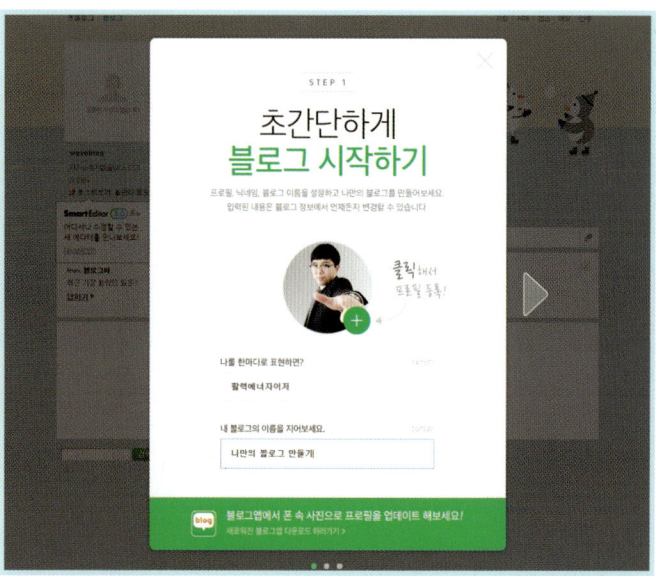

사진은 500K 미만의 파일만 등록할 수 있다. 사진 파일명은 될 수 있으면 영문 숫자로 된 파일이 좋다. 블로그 닉네임은 자신의 이름, 별명 등 자유롭게 사용할 수 있다. 자신의 블로그 이름도 입력한다. 블로그 프로필과 닉네임, 블로그 이름은 언제든지 수정 가능하니 너무 고민할 필요는 없다.

〈STEP 2〉는 이웃 추가에 대한 화면이다. 네이버에서 추천하는 주제에 대한 블로거들을 추천해주고 있다. 원하는 주제로 들어가서 기존에 사용하고 있는 블로그를 구경할 수 있다.

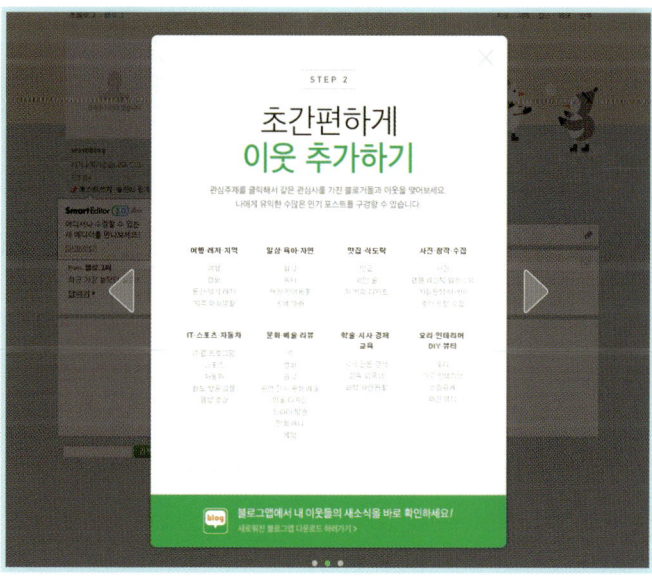

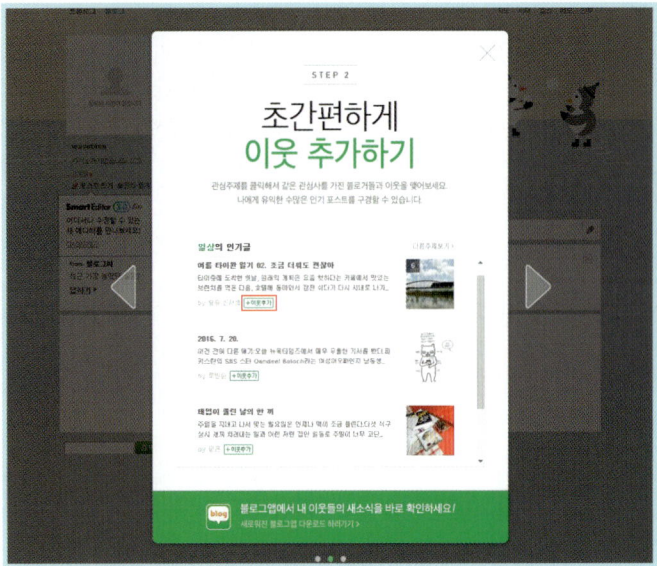

마음에 드는 이웃을 찾았다면 [+이웃추가] 버튼을 눌러 이웃신청을 할 수 있다. 버튼을 누르면 [추가완료] 버튼으로 변경된다. 이웃을 추가하지 않고 다음 단계로 넘어가도 된다.

〈STEP 3〉은 처음 글을 쓰는 사용자에게 도움을 주기 위해 하나의 질문을 주고 거기에 대한 글을 쓰도록 유도하고 있다.

두 번째 항목인 <블로그를 시작하게 된 계기는?>을 선택했더니 포스팅을 할 수 있는 에디터(편집기)가 나타난다. 꾸미기를 먼저 하겠다면 이 단계를 넘어가면 된다.

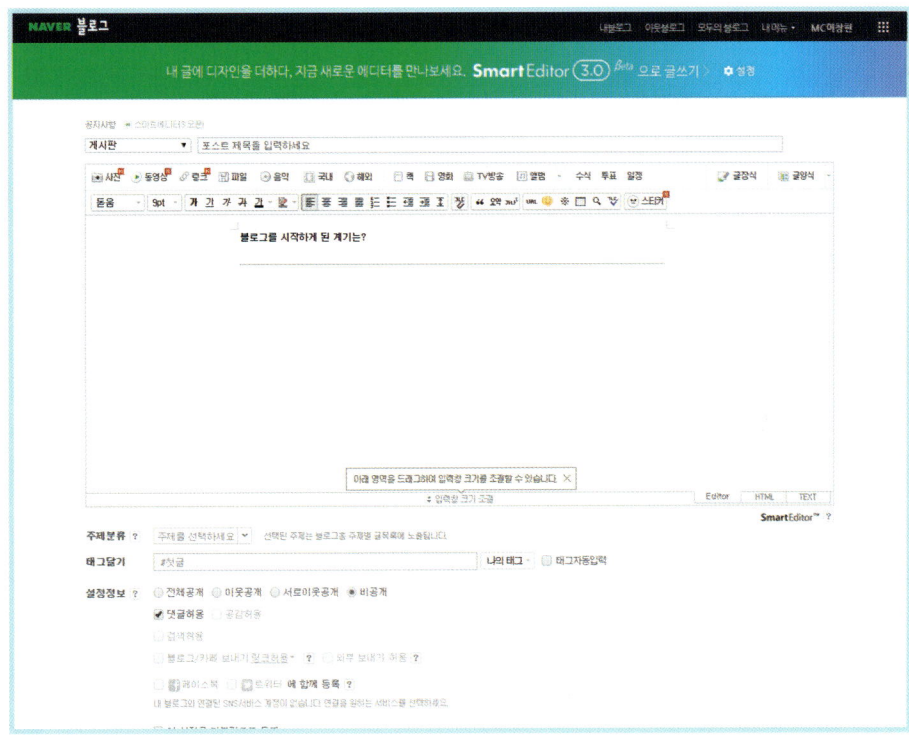

기본적인 가이드를 통해 보이는 블로그 첫 화면이다. 아직 아무것도 없는 백지상태의 블로그이다. 이제부터 자신의 이야기로 자신의 색깔로 블로그를 하나하나씩 차근차근 채워나가 보자!

 나만의 블로그 만들기

03 프로필 꾸미기

블로그에 들어가면 먼저 가장 눈에 띠는 것이 타이틀과 프로필 영역이다. 블로그에서 가장 자신을 잘 표현할 수 있는 프로필 영역에 대해서 알아보자. 프로필 사진으로는 자신의 모습을 넣기도 하고 자신이 좋아하는 연예인 혹은 움짤(움직이는 짧은 영상)을 넣은 블로그도 볼 수 있다. 그리고 회사라면 로고 또는 캐릭터를 사용하여 블로그의 주인공을 대신할 수 있다.

블로그 시작하기 단계에서 입력했다면 사진이 나타난다. 만약 사진을 입력하지 않았다면 수정을 통해 다시 입력할 수 있다. 첫 단계에서 입력한 블로그 닉네임도 확인할 수 있다.

프로필을 수정하기 위해서는 "자기 소개가 없습니다." 옆의 [EDIT] 버튼을 클릭한다.

다음과 같은 화면으로 바뀐다. 왼쪽 사이드 바는 환경 설정 메뉴에 해당하며 변경할 수 있다. 우선 가장 기본이 되는 제목, 별명, 소개글부터 작성한다.

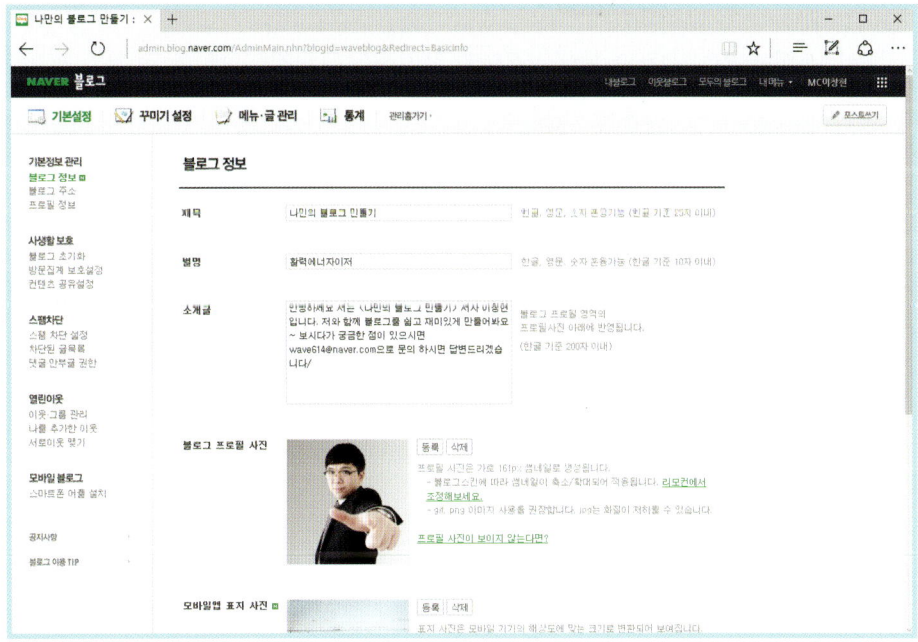

[제목]은 인터넷 창 왼쪽 위에 있는 타이틀 부분에 대한 설정이다. [제목]은 블로그의 이름을 정한다고 생각하면 된다. 예를 들면 〈문성실의 이야기가 있는 밥상 이야기〉, 〈지니의 달콤한 다이어리〉, 〈와인 마시는 아톰〉, 〈수현아빠의 파워포인트 이야기〉 등이 있다.

자신의 이름 혹은 자신이 담고 있는 주제를 표현할 수 있으면 좋다. 언제든지 수정이 가능하므로 처음부터 고민할 필요는 없다. 'ㅇㅇㅇ님(아이디)의 블로그'로 기본적으로 설정되어 있지만 바꾸어 사용하는 것이 좋다.

[별명]은 자신이 다른 블로그 카페에서 글 혹은 댓글을 적을 때 자신의 별명이 함께 사용된다. 별명은 블로그 세계에서 자신을 대변해 줄 수 있는 필명이다. 별명은 다른 사람들에게 각인되고, 자신을 잘 나타내는 별명을 사용하는 것이 좋다. 블로그의 별명의 예로는 ㅇㅇ맘, ㅇㅇ아빠, 닉네임, 활력에너자이저, 인재서포터, 자신의 본명 등을 다양하게 사용하고 있다.

[소개글]은 프로필 사진 아래에 나오는 간단한 글이다. 블로그에 방문하는 사람들이 그 블로거에 대해서 알고 싶을 때 먼저 참고하는 곳이기도 하다. 이곳에는 자신을 알릴 수 있는 소개글을 적거나 연락처를 사용하기도 한다.

[블로그 프로필 사진]은 자신의 사진 혹은 자신의 캐릭터를 사용할 수 있다. 자신의 모습을 캐리커처(caricature)한 프로필, 연예인 사진, 풍경 사진, 자녀의 사진, 가족 사진 등을 사용한다. 가장 좋은 프로필은 자신의 사진(캐릭터)을 올려 방문자들에게 각인시키는 것이 좋다. 블로그를 통해서 기업이나 회사를 알리고 싶다면 로고, 자사의 캐릭터 등의 관련 사진을 사용한다. [등록] 버튼을 클릭하여 이미지 첨부 창에서 [찾아보기]를 통해 사진을 선택하여 등록한다.

[모바일앱 표지 사진]은 스마트폰을 사용하는 사람들이 처음으로 등록할 표지 사진이다. 모바일 애플리케이션인 〈네이버 블로그〉를 통해 확인할 수 있다. 사진을 수정하고 싶다면 [등록] 버튼을 선택하여 모바일 표지 사진을 바꿀 수 있다.

[프로필형 댓글 사진]은 댓글을 달 때 사진 댓글이 가능한 페이지에서는 자신의 별명 앞에 아이콘 형태가 아닌 사진 댓글을 달 수 있다. 대부분의 블로거는 프로필 사진과 같은 사진을 많이 사용한다.

[블로그 주소]로 사용할 수 있는 것은 크게 3가지로 나뉜다.

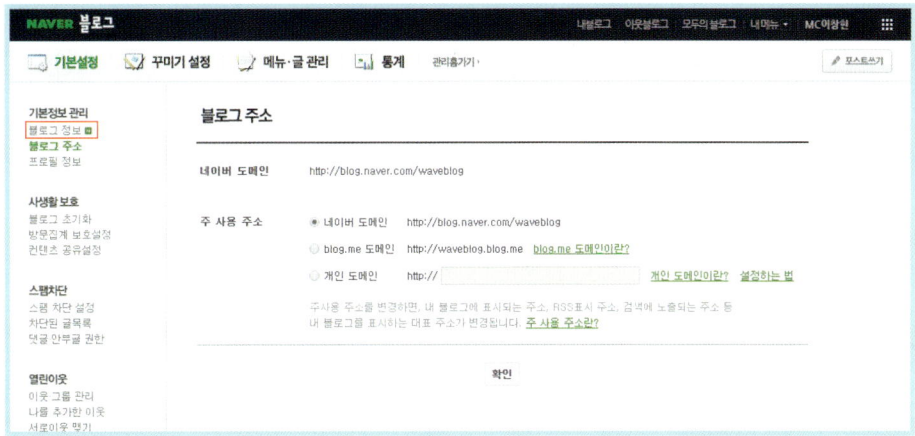

첫 번째는 자동으로 정해지는 네이버 도메인이다. 네이버 아이디를 만들면 자동으로 블로그 주소는 [http://blog.naver.com/자신의 아이디]이다.

두 번째로는 〈blog.me〉 도메인이다. 〈blog.me〉 도메인은 네이버가 제공하는 무료 도메인으로, 네이버 블로거라면 누구에게나 하나의 ID에 한 개씩 제공된다. [http://자신의 아이디.blog.me] 형태로 사용할 수 있다. 〈blog.me〉 변경 시에는 개별 포스트 주소, RSS 주소, 네이버 검색 및 네이버 홈에서 연결되는 링크, 스크랩할 때의 출처 주소 및 자신이 남긴 댓글의 주소 등도 모두 〈blog.me〉 도메인 주소로 변경된다. 이 주소로 바꿔도 [http://blog.naver.com/자신의 아이디] 형식의 네이버 도메인을 사용할 수 있다.

세 번째 개인 도메인은 [www.□□□.co.kr] 혹은 [www.□□□.com]처럼 사용할 수 있지만 유료이다. 이 주소로 바꿔도 [http://blog.naver.com/자신의 아이디]와 [http://자신의 아이디.blog.me] 형식의 블로그 주소는 사용할 수 있다.

[**프로필 정보**]는 블로거의 이름, 성별, 지역, 취미를 입력한다. 프로필 정보의 공개 여부도 선택할 수 있다. 비공개, 서로이웃공개, 이웃공개, 전체공개가 있다. 프로필 정보는 프로필 영역에 나타나는 것은 아니다.

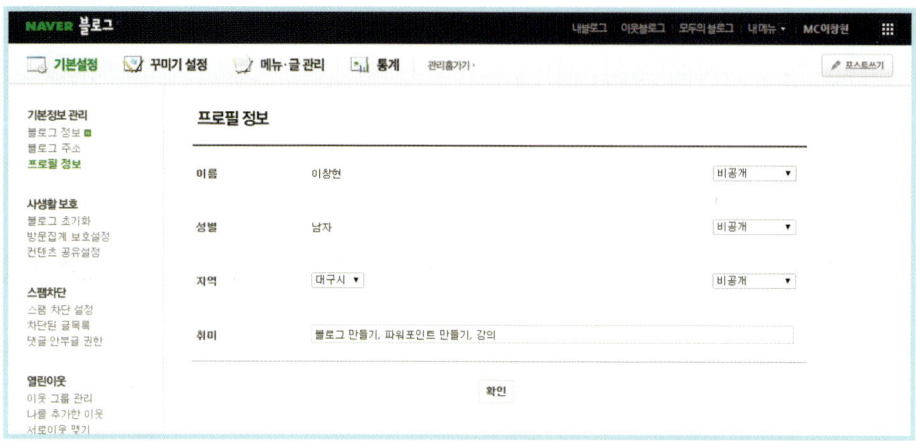

프로필 영역의 [프로필]을 클릭하면 [프로필 정보]가 나타난다. 앞서 수정한 부분이 이곳에 반영된다. [내 프로필 만들기]를 통해 자신의 소개를 상세하게 할 수 있다.

[프로필 타입]은 기본형과 자유형 중 선택할 수 있다. 기본형은 네이버에서 제공하는 서식(Form)을 사용한다. 자유형은 블로거가 마음대로 프로필을 꾸밀 수 있다. 처음 사용하는 블로거라면 기본형으로 사용하면 편리하게 사용할 수 있다. 자신에 대한 정보를 입력하였다면 [확인] 버튼을 클릭하여 저장한다.

지금까지 블로그의 가장 기본이 되는 프로필을 꾸며보았다. 프로필은 자신을 알리는 기본이 되니 상세히 작성하는 것이 좋다. 프로필은 블로그의 명함이라 할 수 있다. 자신을 알리는 프로필을 꾸며 보자!

 레이아웃 설정하기

네이버 블로그의 기본 레이아웃은 1단으로 구성되어 있다. 여기서 말하는 레이아웃은 블로그의 틀이다. 포스트 영역이 나타나는 부분을 기준으로 단이 나뉘지 않으면 1단, 하나로 나뉘면 2단, 두 개가 나뉘면 3단으로 구분된다.

레이아웃을 변경하기 위해서는 위의 그림과 같이 프로필 하단의 [관리]를 클릭한다.

Part 2 네이버 블로그 꾸미기

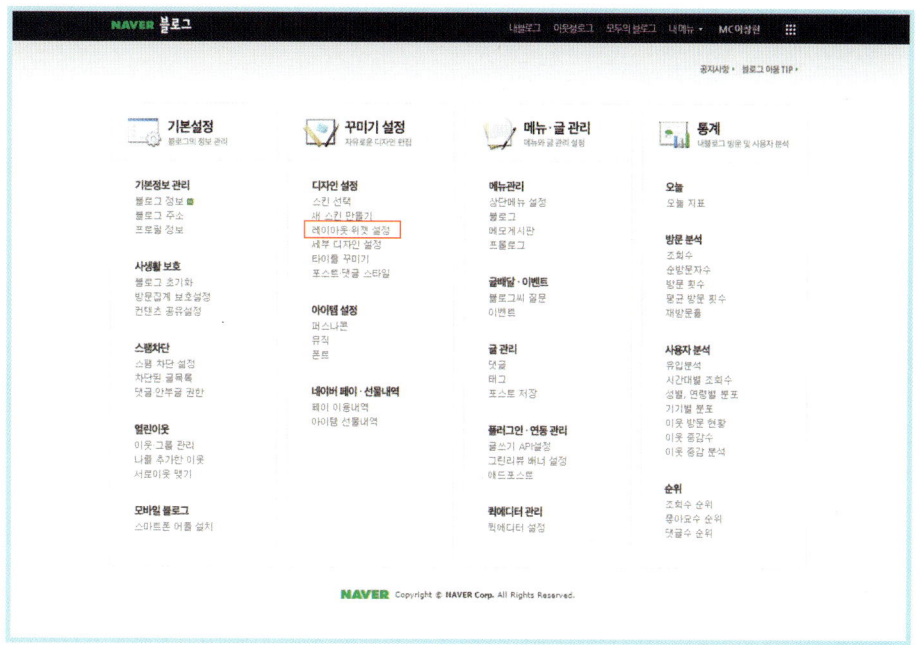

[꾸미기 설정]에 있는 [디자인 설정 : 레이아웃 위젯 설정]을 클릭한다.

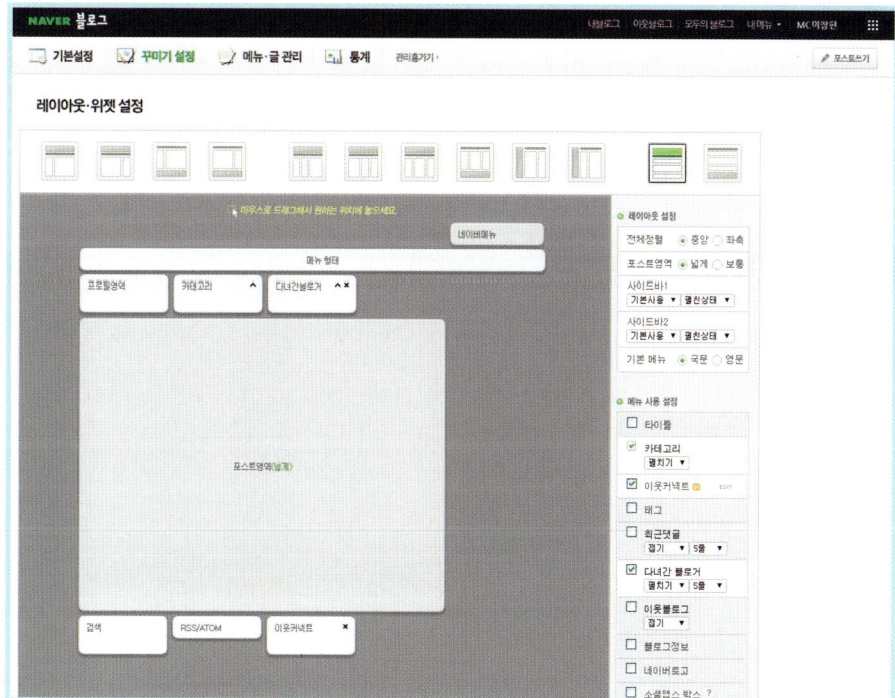

레이아웃 선택을 통해 블로그를 1단, 2단, 3단으로 변경할 수 있다. 블로그의 타이틀의 위치를 위, 아래로 선택할 수 있다. 프로필 영역과 카테고리, 그 밖의 위젯들도 드래그를 통해 원하는 위치로 이동할 수 있다.

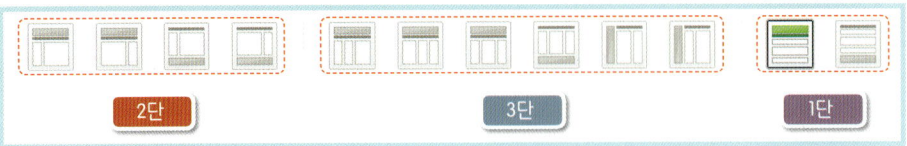

레이아웃은 2단(4개), 3단(6개), 1단(2개)으로 구성되어 있다. 음영이 들어가 있는 부분은 타이틀의 위치를 나타낸다. 블로그를 운영하는 사람들은 2단 레이아웃을 많이 선호하고 있다. 그리고 타이틀은 아래보다는 대부분 위쪽을 선호하고 있다. 3단 레이아웃을 사용하는 수는 줄어들고 1단 레이아웃을 사용하는 블로그는 늘고 있다. 왜냐하면, 3단을 사용하게 되면 포스트 영역에 550px의 사진까지만 표현할 수 있기 때문이다. 반대로 1단을 선호하는 사람은 포스트를 넓게 사용할 수 있다. 1단은 가로 사진 900px까지 첨부할 수 있다.

처음 블로그를 접하는 초보라면 2단 레이아웃에 타이틀은 상단을 사용하는 것을 추천한다. 왜냐하면, 가장 익숙하게 접해본 레이아웃 형태이기 때문이다.

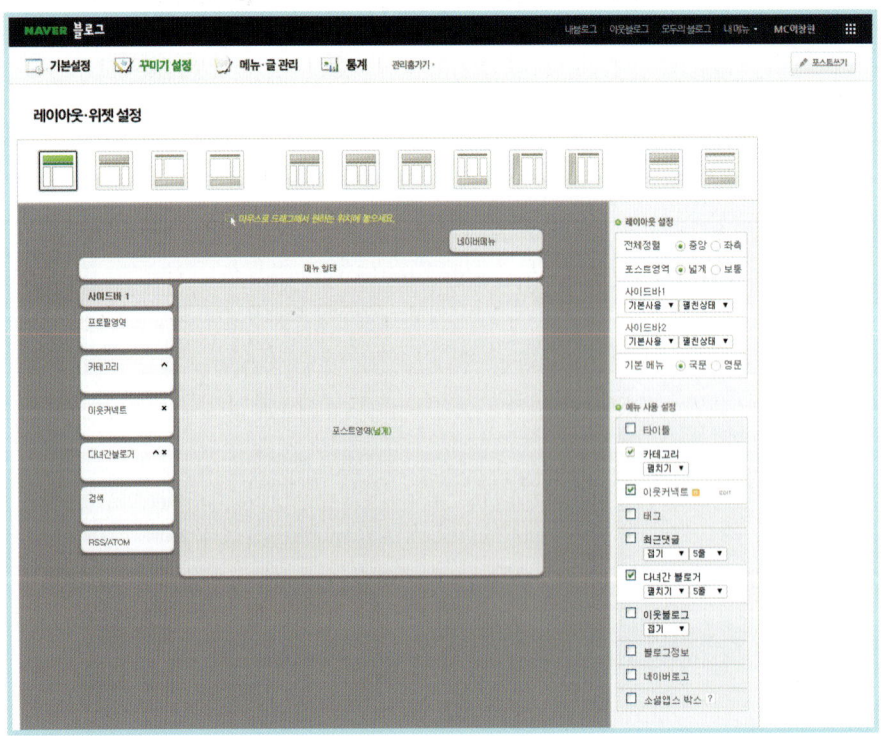

네 가지 2단 레이아웃 중 첫 번째를 선택했다. 처음과 레이아웃 형태가 바뀌었다. 사이드바에서 필요 없는 항목은 삭제할 수 있다. 각 메뉴 사각형의 ✖를 클릭을 하면 영역이 삭제된다. ✖가 없는 영역은 필수 영역이기 때문에 삭제할 수 없다. 각 항목은 마우스 드래그를 통해 위치를 변경할 수 있다.

메뉴 중 [∧(접기)], [∨(펴기)] 버튼을 통해 해당 내용을 표시 형태를 지정할 수 있다. (접기 펴기가 있는 메뉴만 가능)

화면 오른쪽을 보면 [레이아웃 설정] 메뉴가 있다.

전체정렬은 모니터를 중심으로 블로그를 화면 중앙에 정렬하는 형태이다. 좌측은 모니터 좌측으로 정렬된다. 전체정렬은 〈중앙〉 정렬을 권장한다.

포스트영역은 〈넓게〉를 선택하면 포스트 영역이 넓게 보이며 왼쪽에 〈포스트영역(넓게)〉 녹색으로 "(넓게)" 표시가 된다. 현재는 와이드 스크린을 사용하기 때문에 "넓게"를 권장한다.

사이드바는 [사이드바1]과 [사이드바2]가 있다. 2단 레이아웃은 1개의 사이드 바를 사용하고, 3단 레이아웃은 [사이드바2]까지 표시된다. 〈기본사용〉과 〈접기사용〉이 있는데 〈기본사용〉은 설명 그대로 기본형으로 사이드바가 나타난다. 〈접기사용〉은 사이드바의 위쪽에 화살표를 통해 사이드바를 접고 펼칠 수 있는 기능을 추가할 수 있다. 〈접기사용〉을 선택하면 〈펼친상태〉의 사용을 권장한다.

기본 메뉴는 〈국문〉과 〈영문〉 선택이 가능하다. 메뉴에서 한글을 선택하는 경우에는 "프롤로그, 블로그, 지도" 등으로 나타나며 영문일 경우에는 "prologue, blog, map" 등으로 표시된다.

[메뉴 사용 설정]은 자신의 블로그의 메뉴와 타이틀, 태그 등의 영역 사용 여부를 선택할 수 있다. 사용할 목록은 체크를 하고 사용하지 않을 목록은 체크를 삭제한다. 사용하지 않으면 왼쪽 영역에서 × 표시를 누르는 것과 같다. 최근 댓글, 다녀간 블로거, 이웃블로그는 해당 옵션을 선택할 수 있다.

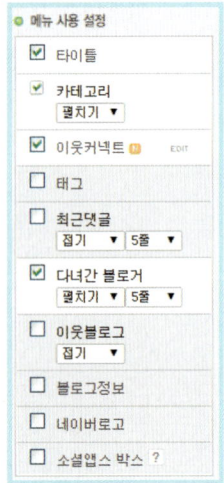

[위젯 사용 설정]은 콩저금통, 달력, 지도, 서재, 카운터, 뮤직플레이어, 시계, 날씨, 환율 등 네이버에서 제공하는 기본적인 위젯을 사용할 수 있다. 위젯은 쉽게 말하면 블로그에 편리한 옵션이라 할 수 있다. 이러한 위젯은 해당 위젯의 체크를 통해서 사용할 수 있다. 네이버 블로그는 2009년에 위젯직접등록(BETA) 기능이 생겼다. 위젯을 직접 등록하는 것은 Part 6의 "08. 블로그에 위젯 달기"에서 자세히 알아본다.

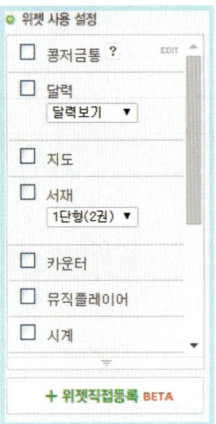

네이버에서 기본으로 제공하는 위젯은 [사업자정보], [콩저금통], [달력], [지도], [서재], [카운터], [뮤직플레이어], [시계], [날씨], [환율], [명언], [방문자그래프] 등으로 사용자가 필요한 위젯을 체크를 통해 블로그에 등록하면 사이드 바에 다음과 같은 모습을 볼 수 있다.

레이아웃을 모두 변경을 했다면 하단의 [미리보기]를 통해서 자신의 블로그의 레이아웃 변경된 모양을 새 창으로 볼 수 있다. 변경한 레이아웃을 자신의 블로그에 적용하려면 [적용] 버튼을 클릭한다.

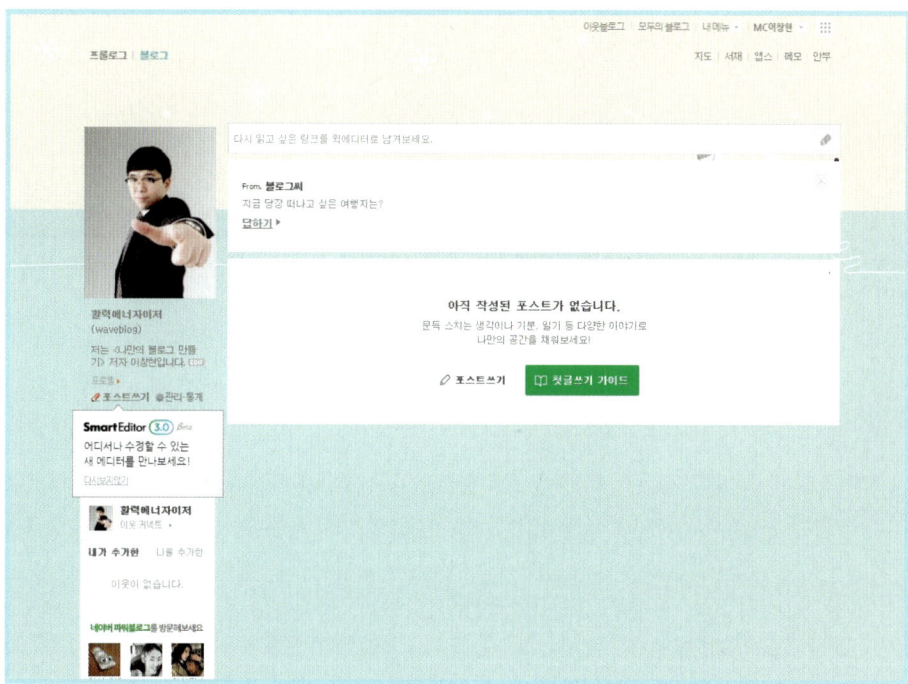

1단 레이아웃이 2단 레이아웃으로 변경된 모습을 볼 수 있다. 프로필 영역과 위젯 영역이 왼쪽 사이드바에 위치되었다. 레이아웃을 변경을 통해 자신의 블로그를 원하는 구성으로 바꾸어 보자.

 ## 스킨 변경하기

블로그의 화면 중 가장 많이 노출되는 부분은 스킨이다. 스킨(skin)을 해석하면 피부라는 뜻이 있다. 블로그에서 말하는 스킨은 블로그의 배경이다. 지금부터 본격적인 블로그의 스킨을 꾸며 보겠다.

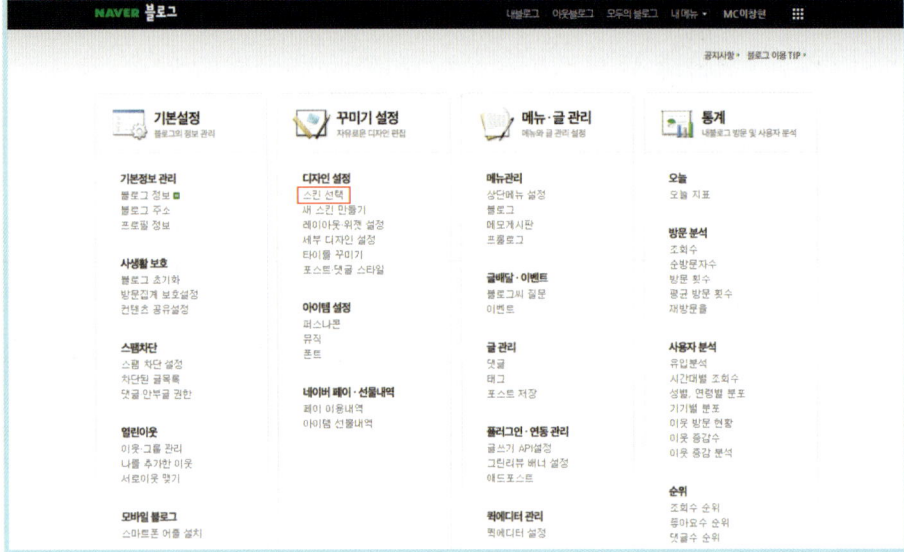

[꾸미기 설정] → [디자인 설정 : 스킨 선택]을 클릭한다.

[스킨 선택]은 [아이템 팩토리 스킨], [네이버 블로그 스킨], [내가 만든 스킨] 3가지 중 하나를 선택할 수 있다.

[아이템 팩토리 스킨]은 네이버 혹은 다른 블로거가 공유해 놓은 스킨을 선택해 자신의 블로그에 바로 적용할 수 있다. 많은 사용자가 공유해서 매일 새로운 스킨들이 업데이트된다. [아이템 팩토리 스킨]은 다양한 스킨을 손쉽게 바꿀 수 있는 장점이 있다. [아이템 팩토리 스킨] 탭에 표시되는 스킨 목록은 수많은 아이템 팩토리 스킨 중 자신이 선택한 스킨 목록이다.

[네이버 블로그 스킨]은 네이버에서 지정된 59개의 스킨 중 하나를 선택해 자신의 블로그에 적용할 수 있다. 아이템 팩토리에 비해 적은 수의 스킨과 업데이트 속도가 느리다는 단점이 있다.

[내가 만든 스킨]은 이전에 자신이 만들어 적용했던 스킨이 저장되어 있어 적용하면 이전에 내가 만들었던 스킨을 다시 적용할 수 있다. 블로그를 처음 만든 사용자라면 "내가 만든 스킨이 없습니다."라는 메시지가 나타난다.

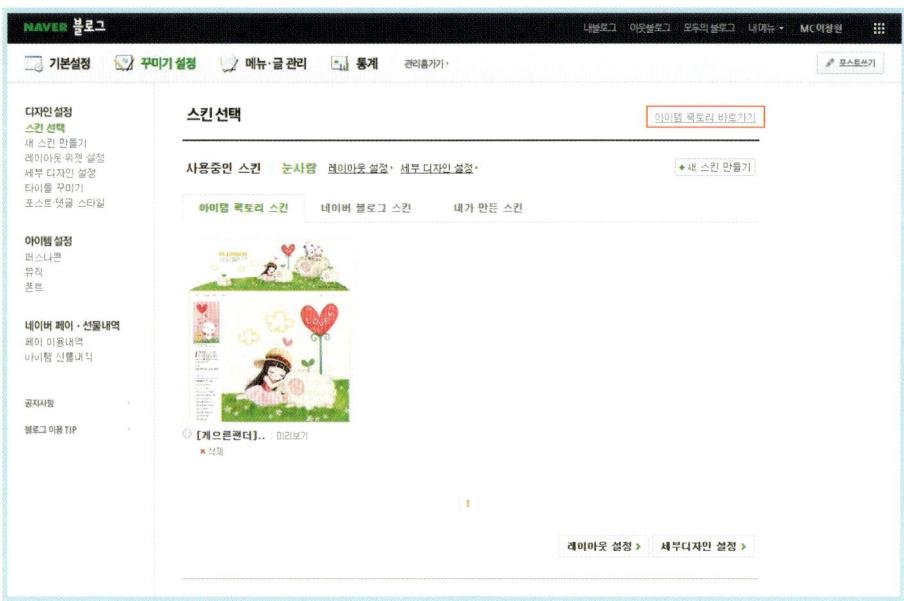

먼저 아이템 팩토리를 사용하여 손쉽게 스킨을 변형할 수 있다. [스킨 선택] → [아이템 팩토리 바로가기]를 클릭한다.

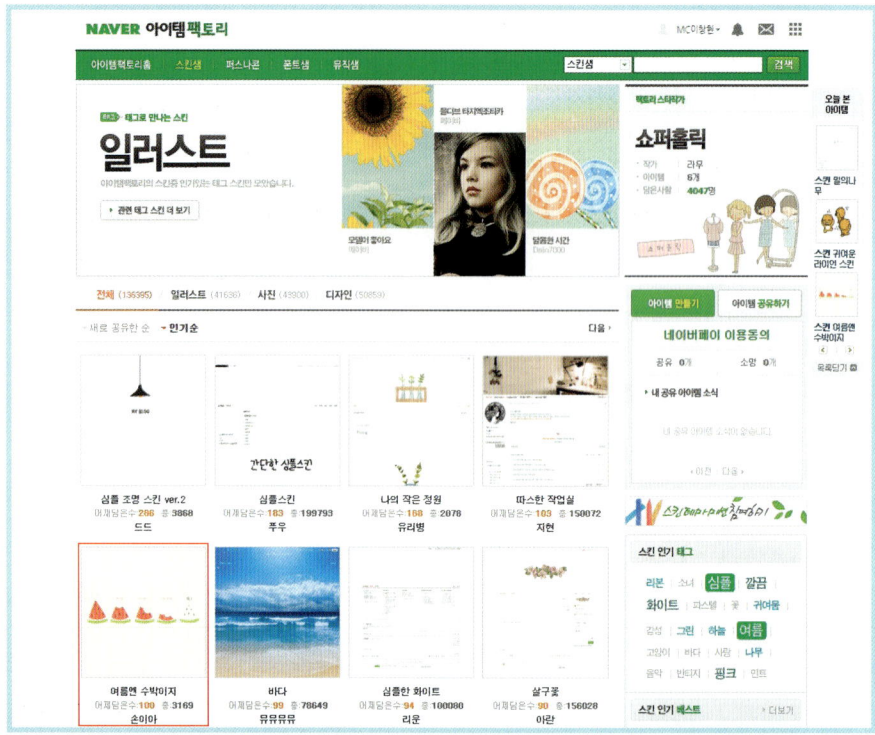

아이템 팩토리가 새로운 창에 열린다. 공유된 블로그 스킨 중 마음에 드는 것을 선택하면 된다. 혹시 마음에 드는 것이 없다면 [다음]을 선택하거나 카테고리를 바꾸어 원하는 스킨을 찾는다. 앞의 그림에 있는 〈여름엔 수박이지〉 스킨을 블로그에 적용해 보겠다. 〈여름엔 수박이지〉를 클릭한다. 참고로 화면에 표시되는 스킨 목록은 아이템 팩토리 창을 여는 시기와 선택하는 스킨 카테고리에 따라 다르게 표시될 수 있다.

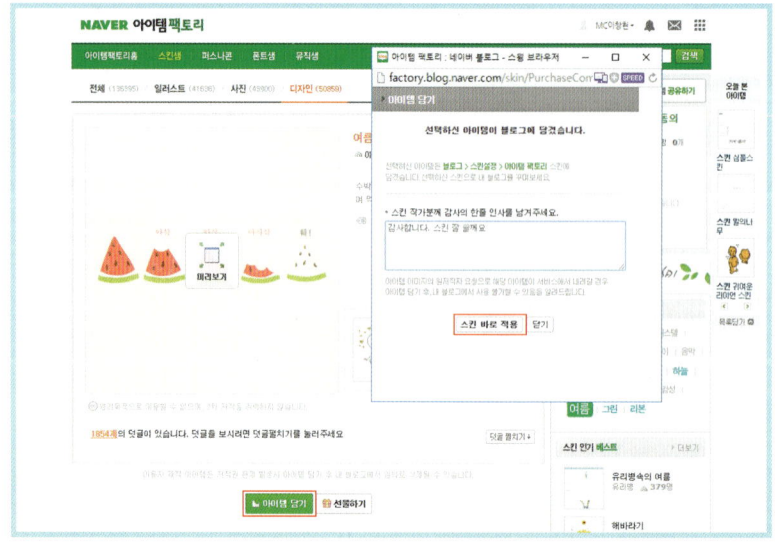

선택한 스킨 이미지 위로 마우스 포인터를 올리면 [미리보기] 버튼이 표시된다. [미리보기] 버튼을 클릭하면 새 창에서 스킨이 블로그에 적용될 모습을 볼 수 있다. 해당 아이템이 마음에 든다면 [아이템 담기]를 클릭한다. 아이템 담기 창에서 [스킨 바로 적용]을 클릭한다. 스킨을 만든 작가분께 감사의 한 줄 인사를 남겨 사용의 고마움을 전한다.

[아이템 팩토리 스킨] 탭의 스킨 목록에 추가된다. 해당 스킨을 체크한 뒤 [스킨 적용] 버튼을 클릭하면 자신의 블로그에 적용된다.

앞의 그림은 아이템 팩토리를 사용하여 블로그의 스킨이 변경된 모습이다. 아이템 팩토리의 아이템에 따라 프로필 사진이 나타나지 않는 경우도 있다. 아이템 팩토리에는 13만 개가 넘는 스킨이 있고 매번 업데이트되고 있어 다양한 스킨을 만나 볼 수 있다.

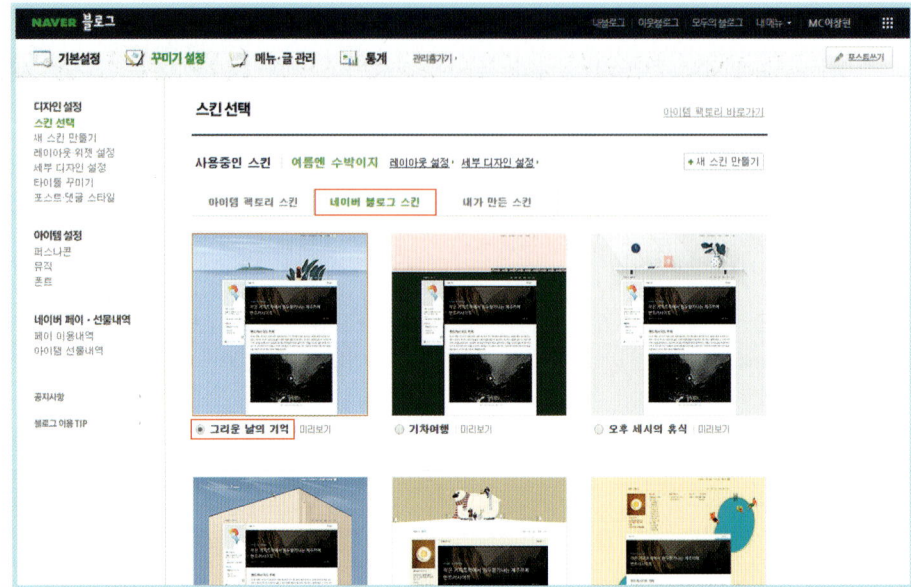

이번에는 네이버에서 기본적으로 제공하는 블로그 스킨을 적용해 보겠다. [네이버 블로그 스킨] → [마음에 드는 스킨 선택] → [스킨 적용]을 하면 자신이 선택한 스킨이 블로그에 적용된다.

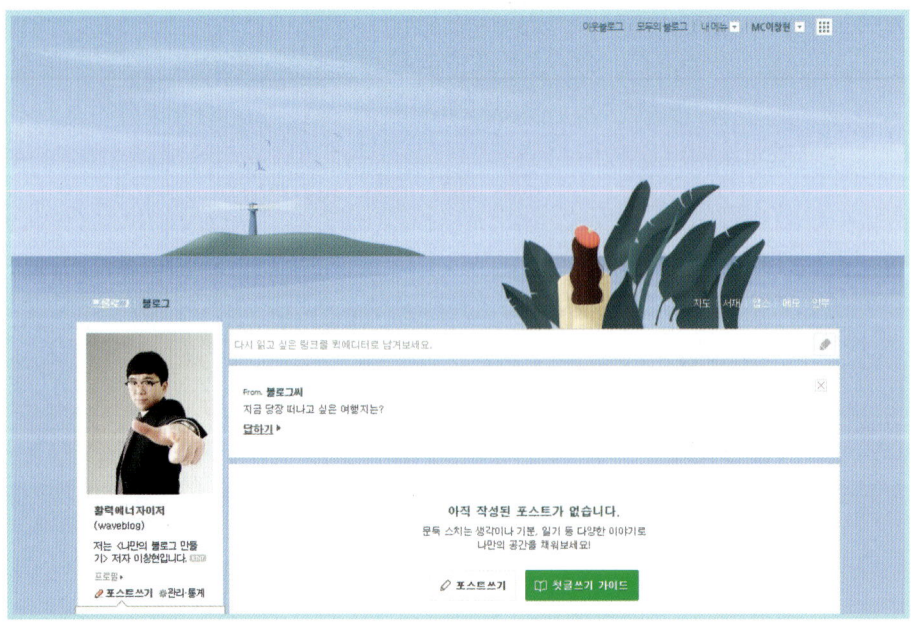

앞의 그림은 블로그 스킨이 적용된 모습이다. 기본으로 제공되는 블로그 스킨은 쉽게 사용할 수 있다. 초보자들은 쉽게 스킨을 변경할 수 있다. 네이버 블로그 스킨은 59가지를 제공하고 있다.

아이템 팩토리와 네이버 블로그 스킨을 이용하여 쉽게 자신의 블로그를 꾸며보자!

 리모콘 꾸미기

앞에서는 다른 누군가가 정해 놓은 디자인을 적용하였다. 이번에는 자신이 정하고 싶은 디자인을 블로그에 적용하는 방법을 알아보겠다. 네이버 블로그에는 〈리모콘〉을 이용하여 자신이 원하는 세부 디자인을 설정할 수 있다.

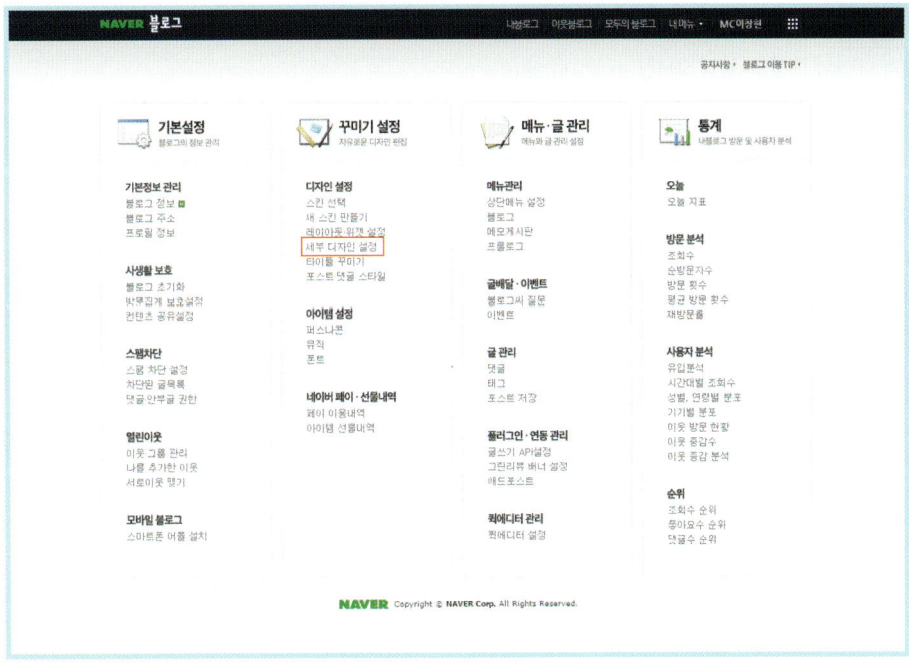

[관리] → [꾸미기 설정] → [디자인 설정 : 세부 디자인 설정]을 클릭한다.

[리모콘]은 블로그 창 오른쪽 위에 있다. 스킨배경부터 위젯까지 자신이 원하는 스타일로 바꿀 수 있다. 왼쪽의 리모콘 메뉴를 선택함에 따라 오른쪽(옵션) 창이 바뀐다.

[스크롤시 이동]을 체크할 경우에는 블로그 창에서 아래로 스크롤하면 리모콘이 계속 블로그 창의 오른쪽 위에 보이게 된다. 반대로 체크를 해제하면 블로그 창에서 스크롤하면 리모콘도 함께 스크롤되어 보이지 않을 수 있다.

[확인] 버튼은 리모콘에 설정된 것을 자신의 블로그에 적용을 한다. 클릭했을 때 "현재 디자인을 적용하시겠습니까? / □ 내가 만든 스킨에 저장합니다."라는 창이 나타나며 체크를 하고 [적용] 버튼을 누르면 내가 만든 스킨에 저장이 된다.

[다른 스킨]은 왼쪽 하단에 있다. 이 버튼을 클릭하면 아이템 팩토리 스킨으로 이동한다.

[레이아웃]은 레이아웃 설정 화면으로 이동된다.

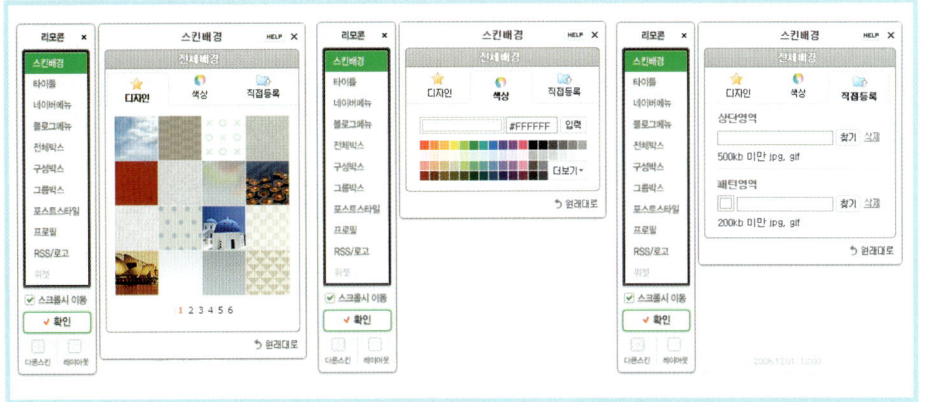

스킨은 블로그의 전체 배경이다. [스킨 배경]에는 디자인, 색상, 직접등록의 3가지 방식이 있다. 원하는 모양을 클릭하면 자신의 블로그에 바로 적용되는 것을 볼 수 있다.

디자인은 네이버에서 제공하는 패턴과 사진형 디자인이 있다. 총 90개가 있으며 마음에 드는 것을 클릭하면 자신의 블로그에 배경이 적용되는 것을 볼 수 있다.

색상은 자신이 원하는 색을 정할 수 있다. [더보기]를 누르면 색상을 선택할 수 있는 영역이 확장되어 자신이 원하는 색을 클릭할 수 있게 있다. 하지만 색상은 흰색을 가장 많이 선호한다. 배경색을 사용할 때는 눈에 피로가 낮은 색을 선택하는 것이 좋다.

직접등록은 자신이 원하는 디자인을 직접 등록하는 방법으로 블로거들은 자신이 만든 스킨이나 타이틀을 사용하기 위해 직접등록을 사용하기도 한다. 〈상단영역〉은 자신이 지정한 그림이나 사진을 한 번만 표현이 된다. 〈패턴영역〉은 블로그 하단이 끝날 때까지 반복한다. 상단영역은 500kb미만, 패턴영역은 200kb 미만의 용량 제한이 있다.

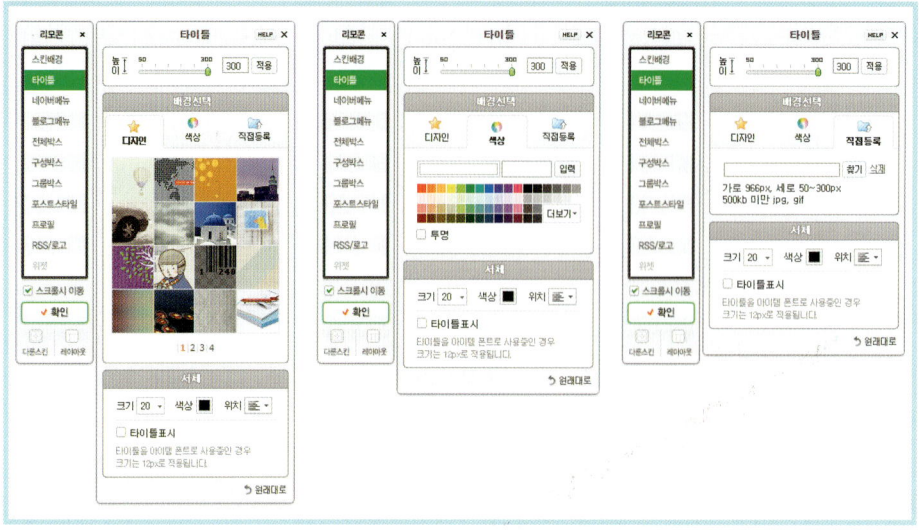

[타이틀]은 블로그의 메인 간판이라 생각하면 된다. 위치는 레이아웃을 통해 이동 가능하지만 기본적으로 위쪽으로 많이 사용된다. 타이틀의 리모콘은 디자인, 색상, 직접등록의 3가지 방식이 있다.

높이는 타이틀의 높이 조절할 수 있는 창이다. 단위는 픽셀(px)로 최소 50px부터 300px까지 적용할 수 있다.

디자인은 63개의 디자인이 존재한다.

색상은 앞선 스킨배경과 같은 방법으로 클릭하면 왼쪽에 블로그에 적용되는 것을 볼 수 있다.

직접등록은 [찾기]를 클릭해 자신의 컴퓨터에 있는 사진을 적용할 수 있다.

서체는 타이틀에 있는 자신의 블로그 제목이 나타난다. 폰트 크기와 색상 위치를 지정할 수 있다. 자신의 블로그 타이틀을 원치 않는 사람은 "☐ 타이틀 표시"의 체크를 해제하면 타이틀에 자신의 블로그 이름이 나타나지 않는다.

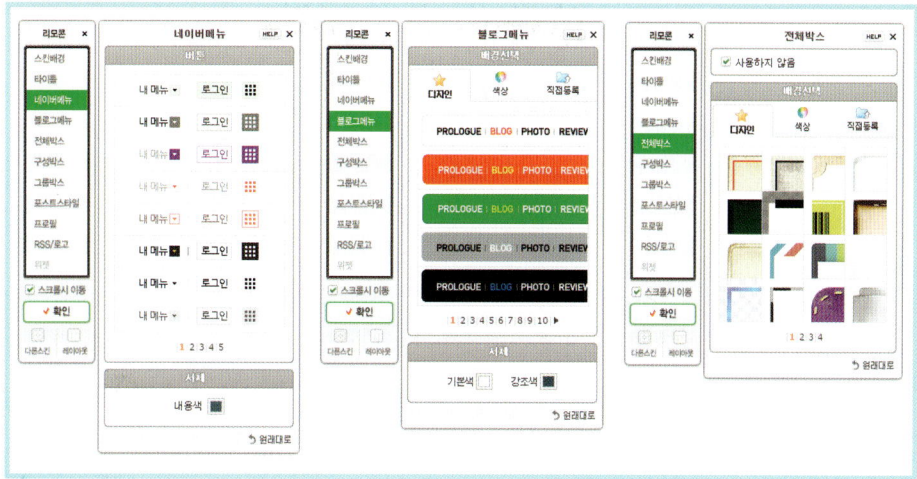

[네이버메뉴]는 인터넷 창 오른쪽 위에 〈바로가기, 블로그, 로그인(로그아웃)〉의 스타일 변경을 말한다. 서체의 내용색을 통해 자신이 원하는 색으로도 바꿀 수 있다

[블로그메뉴]는 상단부에 있는 〈프롤로그, 블로그, 포토로그〉가 있는 메뉴 부분의 스타일을 바꾼다. 색상과 직접등록으로 사용할 수 있다. 서체의 기본색과 강조색을 사용하여 색상을 바꿀 수 있다.

[전체박스]는 블로그의 타이틀, 메뉴, 포스트영역, 사이드바1, 2의 배경이라 할 수 있다. 전체박스는 단색으로 설정하는 것이 좋다. 왜냐하면, 박스 안에 글자가 잘 보여야 하기 때문이다. 만약, 전체박스를 사용하지 않을 경우는 상단에 사용하지 않음을 체크하면 된다.

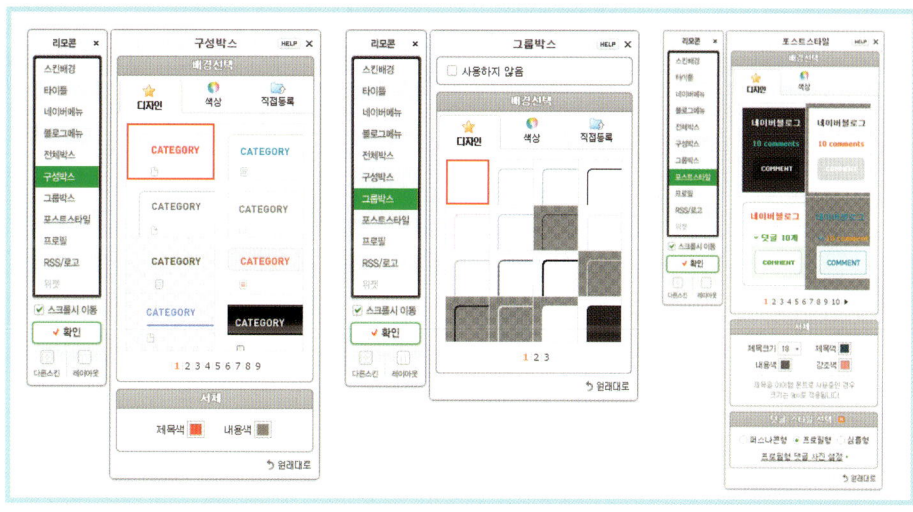

[구성박스]는 카테고리 디자인을 변경한다. 디자인, 색상, 직접등록을 통해 디자인할 수 있다. 아래의 서체를 통해 제목색과 내용색을 디자인할 수 있다.

[그룹박스]는 사이드바의 스타일을 디자인할 수 있다. 사이드바가 2개 일 때 모두 적용이 된다. 그룹박스는 디자인, 색상, 직접등록이 가능하다. 1단형 레이아웃에는 색상과 직접등록만 가능하다. 그룹박스를 사용하지 않으면 상단에 사용하지 않음을 체크해 주면 된다.

[포스트스타일]은 포스트 영역을 디자인할 수 있다. 서체는 제목크기, 제목색, 내용색, 강조색을 지정할 수 있다. 댓글 스타일을 퍼스나콘형(아이콘 형), 프로필형(자신의 프로필 사진형), 심플형 3가지를 선택할 수 있다.

[프로필]은 프로필 영역을 디자인할 수 있다. 프로필 사진을 표시 유/무 표시를 통해 사진을 보이게 할 수 있다. 프로필 영역의 내용색, 배경색, 테두리를 설정할 수 있다. 디자인, 색상, 직접등록이 가능하다.

[RSS/로고]는 RSS 로고와 네이버 로고의 스타일을 선택할 수 있다.

[위젯]은 날씨, 시계, 달력, 카운터, 뮤직플레이어, 방문자그래프, 명언, 환율, CCL에 대해 변경할 수 있다. 위젯 중 현재 사용하는 것은 선택할 수 있다. 적용되지 않은 위젯은 희미한 회색으로 되어 선택할 수 없다. 해당 위젯의 모양을 선택하여 디자인할 수 있다.

리모콘으로 모두 만들었다면 [확인] 버튼을 클릭한다. "현재 디자인을 적용하겠습니까?"라는 창에서 적용을 클릭하면 자신의 블로그에 적용된다. "ㅁ 내가 만든 스킨에 저장합니다."를 체크하고 적용을 누르면 디자인을 변경시켜도 저장한 스킨을 다시 불러 사용할 수 있다.

Part 2 네이버 블로그 꾸미기 **63**

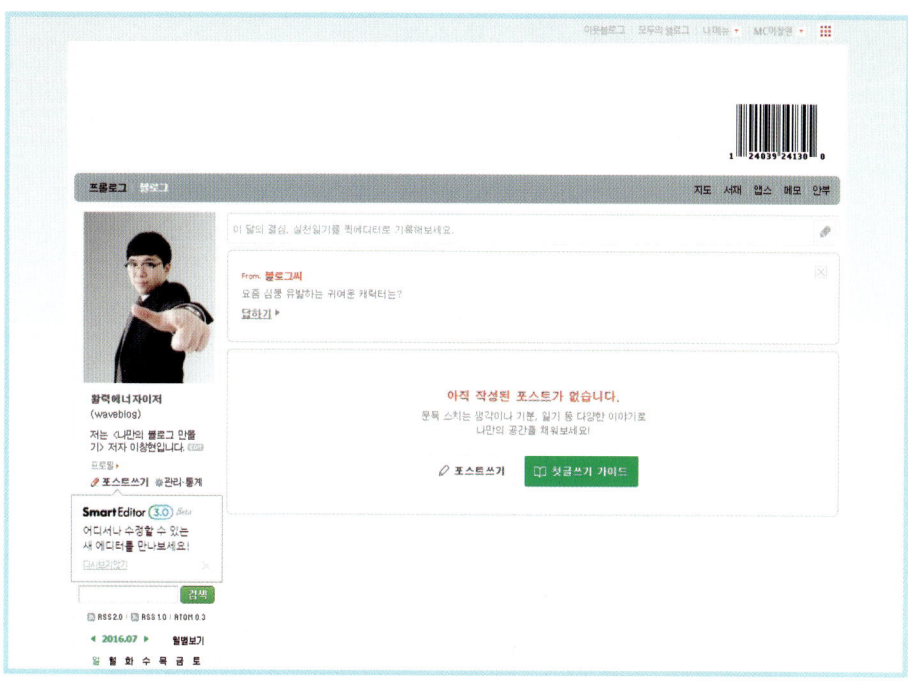

리모콘을 사용하여 간단하게 블로그를 다시 꾸며 봤다. 블로그의 전반적인 디자인은 〈레이아웃 기능〉과 〈리모콘 기능〉만 잘 활용하면 자신이 원하는 디자인의 블로그로 만들 수 있다. 멋진 블로그를 만드는 방법은 색상의 조화와 심플함이 중요하다. 예쁘게 만들려고 많은 색을 사용하다 보면 복잡해 보이며 혼란스러워 보일 수도 있다. 리모콘을 사용하여 자신만의 블로그로 디자인해 보자!

 ## 나만의 타이틀 만들기

네이버에서 제공하는 디자인을 사용해도 좋지만, 자신만의 개성을 담아내지는 못한다. 블로거들은 될 수 있으면 자신의 타이틀을 만들어 사용한다. 자신만의 개성 있는 블로그를 만들기 위해 나만의 타이틀을 만들어 보자!

타이틀을 만들기 위해서는 이미지 편집 프로그램을 사용하여야 한다. 이미지 편집 프로그램은 포토샵(Photoshop)이 있다면 사용하면 된다. 포토샵은 유료 프로그램이기 때문에 포토샵을 대신해서 무료 웹 이미지 에디터인 PIXLR EDITOR를 이용하여 원하는 타이틀을 만들어보도록 하자.

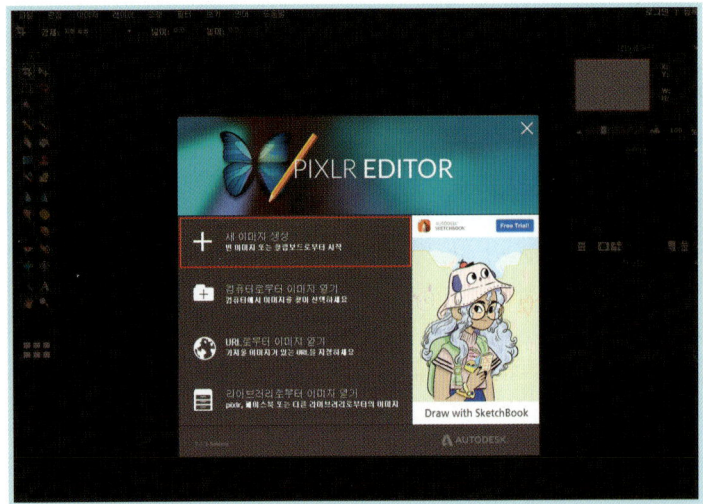

PIXLR EDITOR는 인터넷 주소 창에 "https://pixlr.com/editor"를 입력한다. 주소를 입력하면 위와 화면 같이 나타난다. [새 이미지 생성] 버튼을 클릭한다.

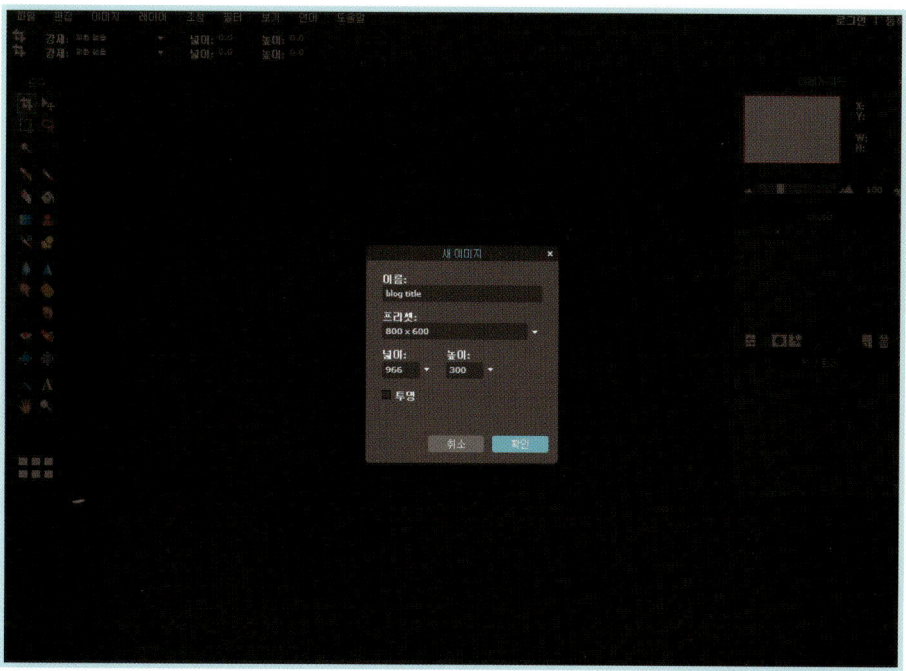

새 이미지 창에 이름을 임의로 입력한다. 이미지 크기를 정하는 넓이와 높이를 지정한다. 넓이는 966px, 높이는 300으로 입력한다. 타이틀의 넓이가 966px이므로 이 넓이를 입력하고 높이는 사용자가 임의로 지정할 수 있다. (세로 길이는 30~300픽셀까지 가능함) 입력이 끝났다면 [확인] 버튼을 클릭한다.

타이틀 이미지의 틀이 준비되었다. 이곳에 자신이 원하는 글자와 이미지를 사용하여 자신만의 타이틀을 만들 수 있다.

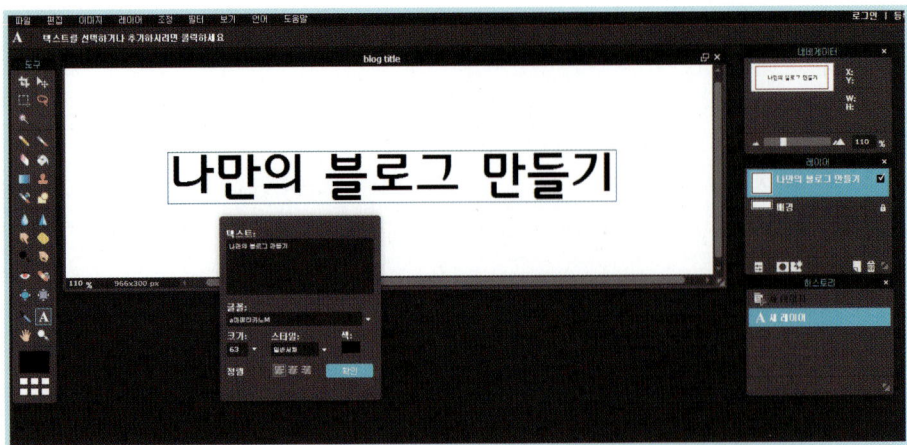

에디터 도구의 문자도구(A)를 클릭한다. 빈 이미지에 클릭하면 텍스트 도구 상자가 나타난다. 원하는 문자를 입력한 뒤, 글꼴, 크기, 스타일, 색을 지정하고 [확인] 버튼을 클릭한다.

타이틀에 자신이 사용하고 싶은 이미지를 검색을 통해 내려받을 수 있다. 구글 검색을 통해 "비상업적 용도로 재사용 가능"한 이미지로 검색하여 원하는 이미지를 찾는다.

원하는 이미지를 pixabay에서 찾을 수 있었다. pixabay(pixabay.com)는 이미지를 무료로 사용할 수 있는 유용한 사이트이다. [무료 다운로드] 버튼을 눌러 이미지를 컴퓨터로 다운로드 받는다. (원하는 크기로 다운로드 받는다)

이미지 편집 프로그램에서 [파일] → [이미지 열기] 메뉴를 선택하여 다운로드한 이미지 파일을 불러온다.

에디터 도구의 선택도구(■)를 클릭한 뒤 이미지에서 사용할 부분을 선택한다. 해당 이미지의 전체를 선택한다면 Ctrl+A를 눌러 이미지 전체를 선택한다. 전체 또는 필요한 부분을 선택한 뒤 Ctrl+C 또는 [편집] → [복사]를 선택하여 복사를 한다.

블로그 타이틀 이미지를 선택한 뒤 Ctrl+V 또는 메뉴 [편집] → [붙여넣기]를 한다.

복사한 이미지의 크기를 조절하기 위해서 해당 레이어를 선택한 뒤에 [편집] → [자유변형]을 선택한다. 이미지를 원하는 크기로 변경한다. 이미지의 비율이 바뀌어 찌그러질 경우가 있다. 이때는 Shift 키를 누르고 이미지의 대각선으로 크기 변경하면 이미지의 비율이 그대로 유지된다. 원하는 이미지 크기로 변경한 뒤 Enter를 누르면 이미지 크기 변경이 완료된다.

타이틀이 완성되었다면 [파일] → [저장]을 선택한다. 이미지 저장 창이 나타나면 이름을 정하고 품질을 100으로 선택한다. 모두 입력했다면 [확인] 버튼을 클릭하여 작성된 이미지 파일을 컴퓨터에 저장한다.

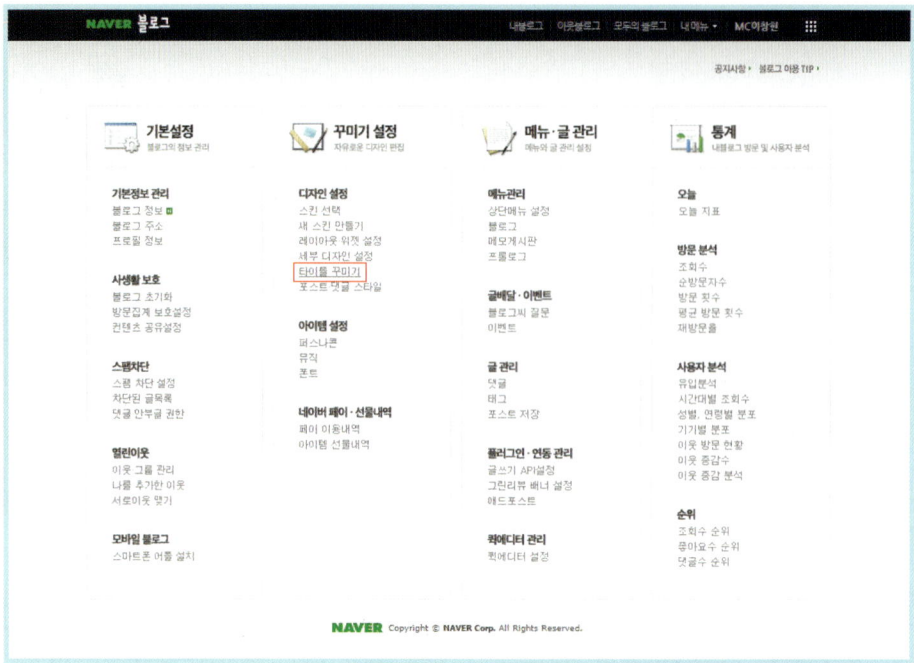

블로그에서 [관리] → [꾸미기 설정] → [디자인 설정 : 타이틀 꾸미기]를 선택한다.

[리모콘]에서 [타이틀] → [직접등록] → [찾기]를 선택한다. 자신이 만든 타이틀 이미지 파일을 찾아 선택한다.

타이틀이 적용된 뒤 [리모콘] → [스킨 배경] → [색상]을 선택하여 배경색을 흰색(#FFFFFF)으로 지정한다. 리모콘을 통해 조금 더 꾸몄다. 타이틀의 높이가 맞지 않으면 [리모콘] → [타이틀]을 선택하여 타이틀의 높이를 맞춰준다. 타이틀이 위아래로 반복될 경우는 높이를 조절하여 반복을 없애준다. 만일 좌우가 반복된다면 사진의 가로 길이가 966px보다 작은 경우이다.

리모콘 꾸미기까지 모두 완성이 되었다면 [확인]을 눌러 블로그에 적용한다.

내 블로그에 직접 만든 타이틀이 적용된 모습이다. 타이틀의 배경색은 흰색으로 하면 전체적으로 조화를 맞출 수 있다. 타이틀을 너무 복잡하게 하는 것은 전달력이 줄어들기 때문에 단순하게 만드는 것을 추천한다.

이렇게 자신만의 이미지와 간단한 텍스트만으로도 멋진 타이틀을 만들 수 있다.

 ## 움직이는 타이틀 만들기

다른 블로그를 웹서핑하다 보면 타이틀이 움직이는 경우가 있다. 이런 블로그의 타이틀은 움직이는 GIF(Animated Graphic Interchange Format) 파일 즉, 애니메이션이 가능한 그림 파일을 등록한 경우다. 자신의 블로그에도 이런 애니메이션이 가능한 타이틀을 만들어 보자!

움직이는 화면으로 보이기 위해서 첫 번째는 색을 변경하는 방법이 있다. 두 번째는 두 개 이상의 이미지를 교대로 나타내는 방법이 있다. 이 장에서는 이미지를 교대로 나타내는 방법을 사용하겠다.

만든 타이틀을 PIXLR EDITOR에 불러온다. 도구에 있는 지우개를 이용하여 끝에서부터 하나씩 지운다. 세밀한 작업을 해야 한다면 마우스 휠을 돌려 이미지를 확대하여 하나씩 지워나간다. 한 번 지울 때마다 파일을 다른 이름으로 저장하여 여러 개의 이미지 파일을 작성한다.

Part 2 네이버 블로그 꾸미기   73

하나씩 움직이게 할 파일을 준비하면 된다. 파일1, 파일2, 파일3처럼 나타나는 순서대로 파일 이름을 저장한다.

움직이는 GIF 파일을 만들기 위해서는 GIF 파일을 만들 수 있는 프로그램이나 사이트가 필요하다. EZGIF 사이트(ezgif.com)를 통해 움직이는 파일을 만들고자 한다. EZGIF는 설치하지 않아도 된다.

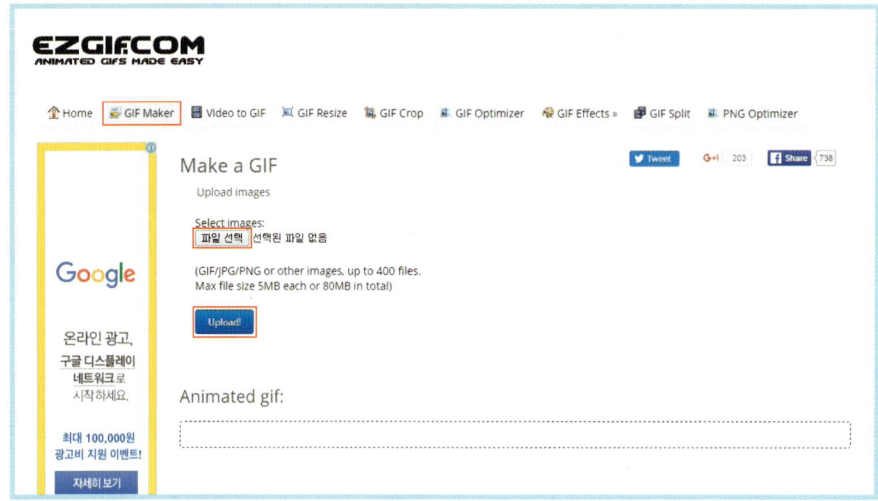

EZGIF 사이트에서 상단의 [GIP Maker] 메뉴를 선택한 뒤에 [찾아보기]를 클릭하여 준비된 파일을 모두 선택하고 [Upload] 버튼을 클릭한다.

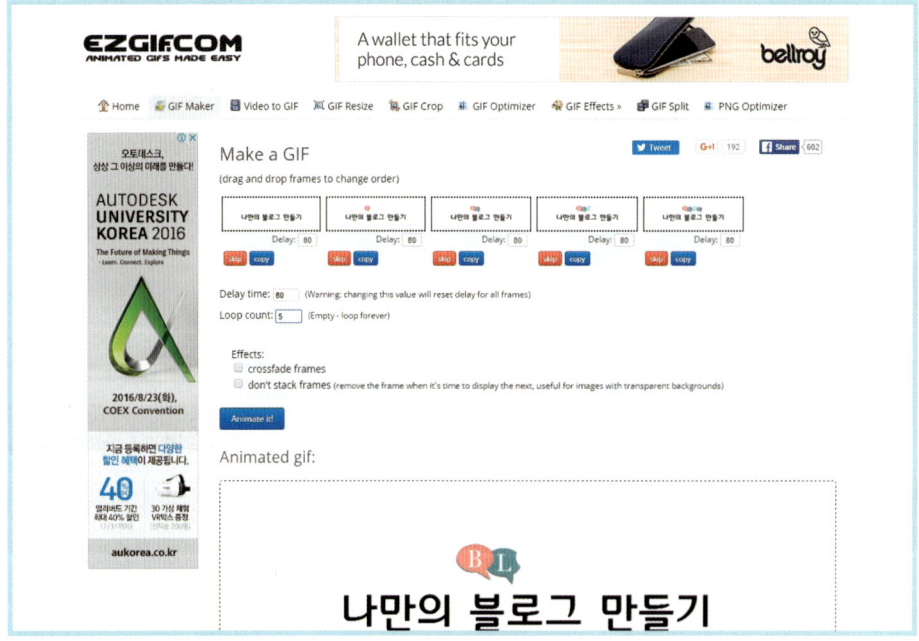

5개의 파일이 모두 업로드되면 지연시간(Delay)를 설정한다. 기본 20으로 지정되어 있는데 빠르다고 생각되면 값을 높이면 된다. 순서가 잘못 지정되어 있다면 해당 파일을 드래그하여 원하는 위치로 이동하면 된다.

▶ Delay time : 애니메이션 동작하는 지연시간을 설정한다. 값을 입력하면 모든 이미지에 동일한 지연시간이 입력된다.
▶ Loop counter : 애니메이션의 반복횟수를 지정한다. 횟수만큼 반복 후 마지막 이미지에서 멈춘다. 입력하지 않으면 무한 반복된다.
▶ crossfade frames : 애니메이션이 서서히 나타나는(페이드인) 효과를 지정한다.

모두 입력했다면 [Animate it] 버튼을 클릭하여 움직이는 이미지를 미리 보기를 할 수 있다.

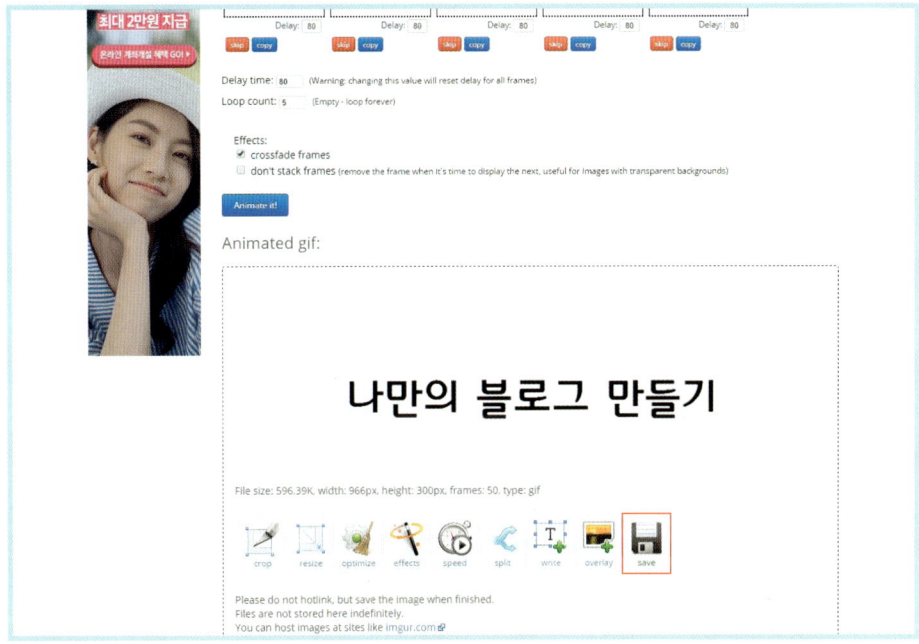

미리 보기 아래에 [save] 버튼을 눌러 파일을 내 컴퓨터에 저장한다. 혹시 파일 사이즈가 500K가 넘어간다면 효과를 줄이거나 애니메이션 숫자를 줄이면 된다. (500K가 넘어가면 블로그 타이틀의 용량 제한이 걸림)

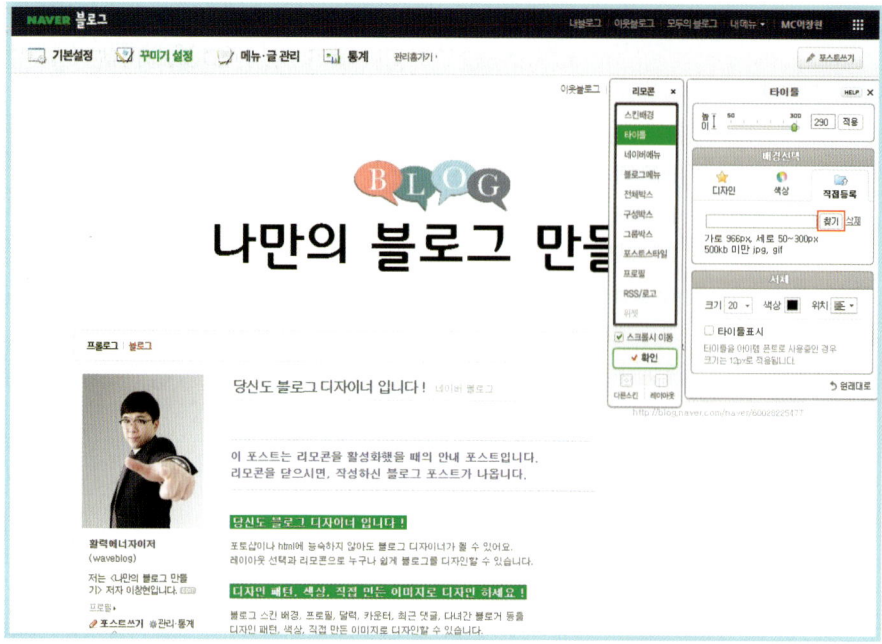

블로그에서 [관리] → [꾸미기 설정] → [디자인 설정 : 타이틀 꾸미기]를 선택하고 [리모콘] → [타이틀] → [직접 등록] → [찾기] → [파일선택] → [확인] → [확인]을 클릭 후 [적용]을 누른다.

블로그에 만든 타이틀이 적용된 모습이다. 움직이는 GIF 파일을 이용하여 움직이는 타이틀을 만들어 보았다. 애니메이션이 너무 많이 들어가거나 복잡해지면 어수선해지므로 적절하게 사용하는 것이 중요하다. 이렇게 움직이는 GIF를 통해 움직이는 프로필 사진, 움직이는 포스트 사진 등 다양하게 응용할 수 있다. 움직이는 GIF 파일로 움직이는 블로그 타이틀을 만들어 보자!

 ## 아이템 설정하기

레이아웃 선택, 리모콘 꾸미기를 통해 전체적인 블로그의 디자인을 꾸며 보았다. 계속해서 퍼스나콘, 뮤직, 폰트를 통해 더욱 나만의 색이 묻어나는 블로그를 설정해 보자!

블로그의 [관리] 버튼을 클릭하면 블로그 관리 화면이 나온다. [꾸미기 설정] → [아이템 설정] 메뉴는 퍼스나콘, 뮤직, 폰트로 구성되어 있는 것을 볼 수 있다.

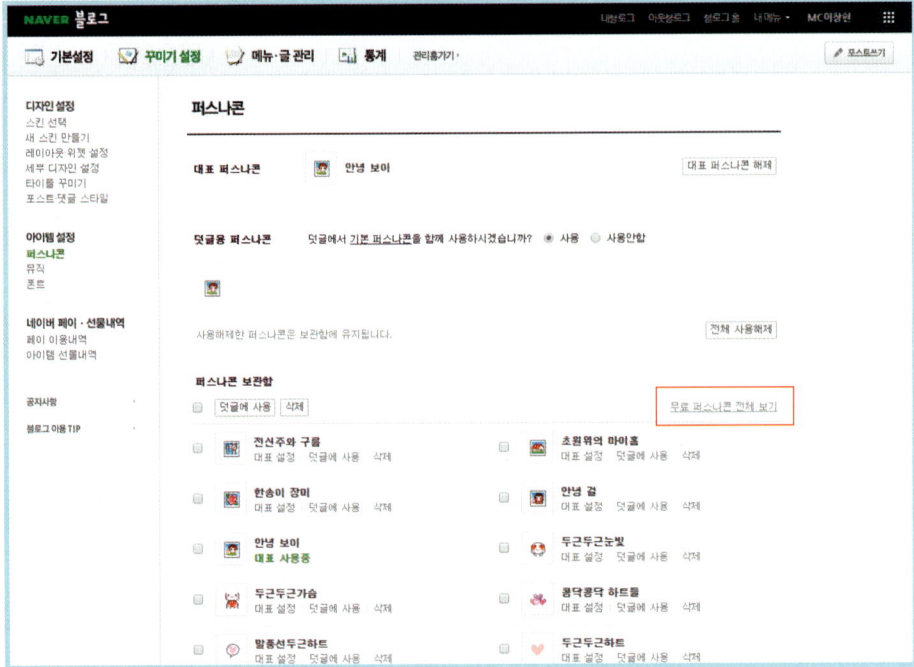

[퍼스나콘]은 자신의 별명 앞에 있는 아이콘이다. 이런 퍼스나콘을 설정하려면 자신에게 담아온 퍼스나콘이 필요하다. 기본적으로 제공되는 퍼스나콘이 적용되어 있다. 퍼스나콘을 변경하고자 하는 경우 퍼스나콘 보관함에 있는 퍼스나콘을 사용하면 된다. 더 많은 퍼스나콘을 선택하고자 한다면 [무료 퍼스나콘 전체 보기]를 클릭한다.

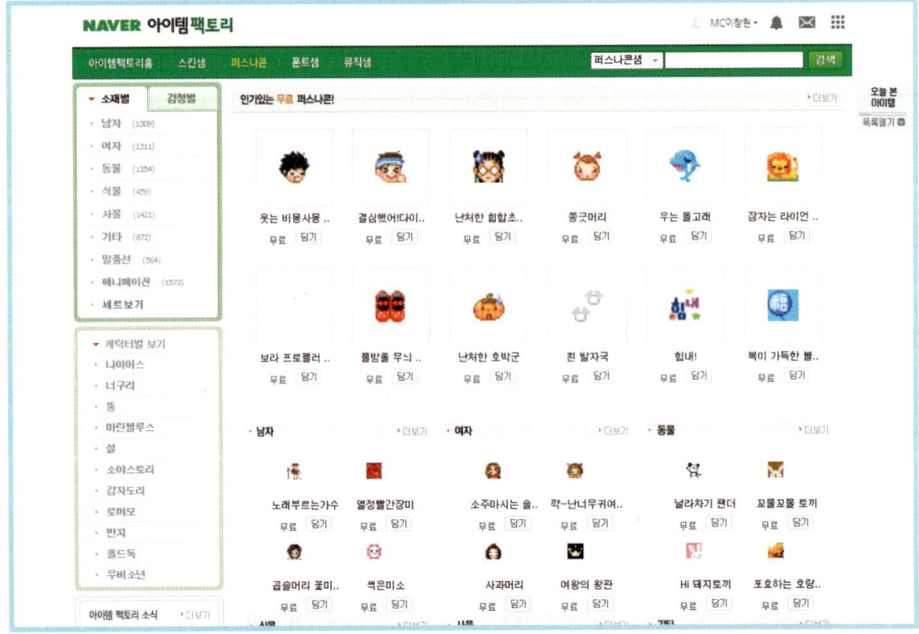

퍼스나콘 중 자신이 마음에 드는 것을 선택한 후 [담기] 버튼을 클릭한다.

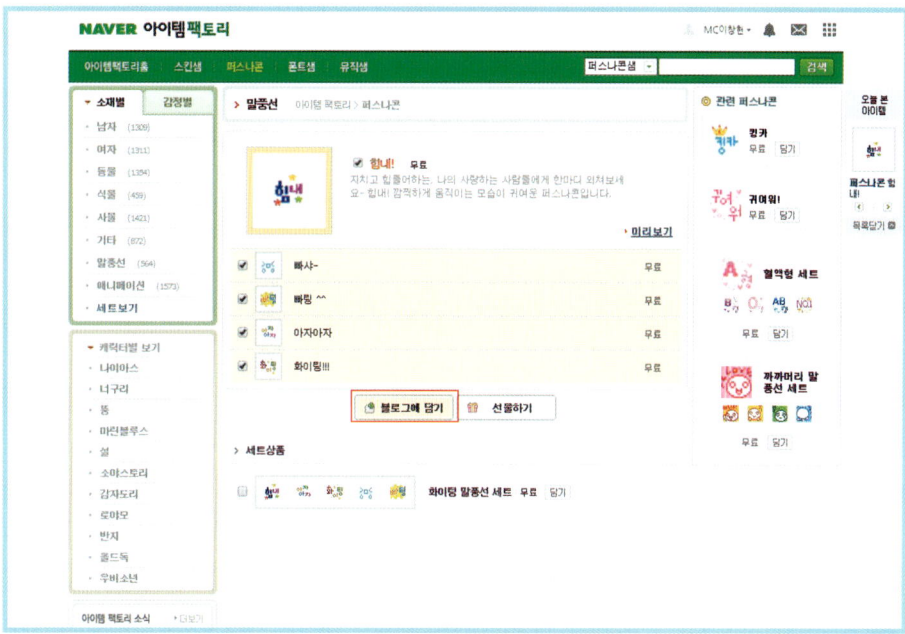

여러 가지 퍼스나콘 중 원하는 것을 체크하고 [블로그에 담기] 버튼을 클릭한다. 클릭하면 "선택하신 아이템이 블로그에 담겼습니다."라는 메시지가 있는 아이템 담기 창이 나타난다. 아이템 담기 창에서 [대표 퍼스나콘으로 설정]을 클릭하면 블로그에 대표 퍼스나콘으로 지정된다.

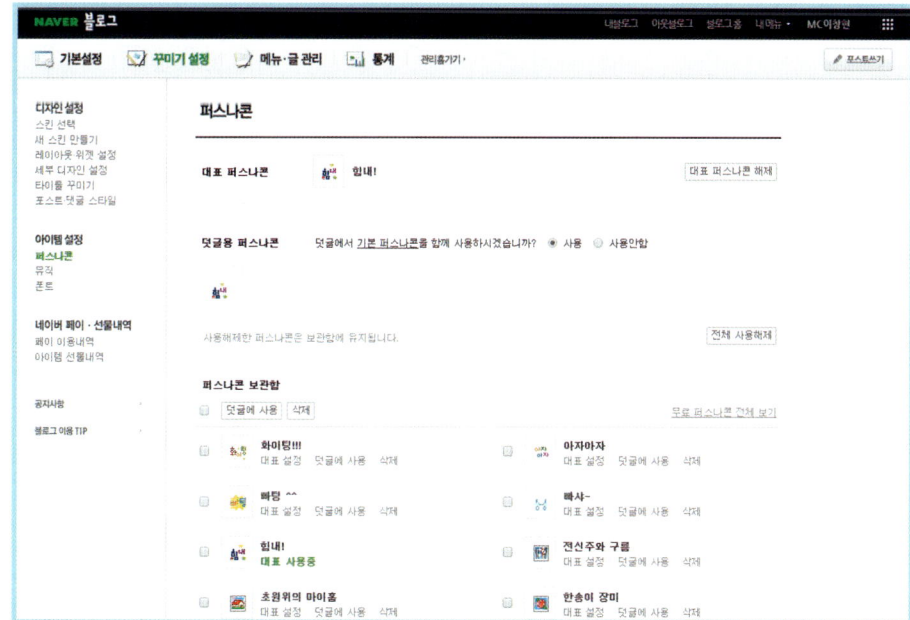

대표 퍼스나콘과 댓글용 퍼스나콘이 바뀐 것을 확인할 수 있다. 그리고 아래의 퍼스나콘 보관함에 선택한 퍼스나콘이 추가된 것을 볼 수 있다. 퍼스나콘을 변경하고 싶다면 [대표 설정] 또는 [댓글에 사용]을 선택하면 된다.

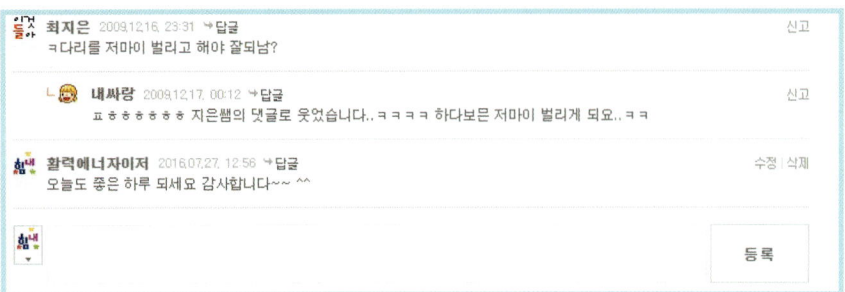

퍼스나콘은 댓글을 달 때, 자신의 별명 앞 아이콘 모양으로 나타난다. 위와 같이 아이콘 형태로 자신만의 개성을 나타낼 수 있다. (댓글에 퍼스나콘으로 사용하는 곳과 프로필로 사용하는 곳이 있음)

[뮤직]은 자신의 블로그에 음악을 사용할 수 있다. 퍼스나콘과 같은 방식으로 [뮤직샵에서 다른 뮤직 보기]를 통해 블로그에 담아 올 수 있지만 유료다. 많은 블로그를 방문해 봤지만 대부분 음악을 사용하지는 않고 추세이다. 사용하고자 한다면 네이버 코인 사용 내역에서 충전하여 음악을 사용할 수 있다.

[폰트]는 블로그의 글씨 모양을 변경할 수 있다. 폰트는 영역별로 [블로그 제목], [포스트 주요 메뉴], [포스트 제목], [포스트 내용]으로 나뉜다. 변경하고자 하는 폰트가 보관함에 없을 때에는 [무료 폰트 전체 보기]를 클릭한다.

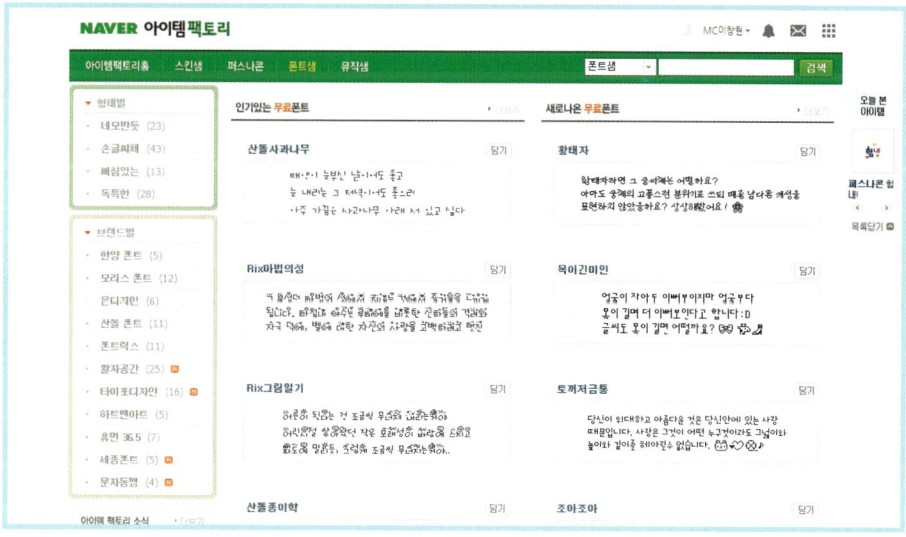

퍼스나콘과 마찬가지로 [담기]를 선택해 자신의 블로그로 가지고 올 수 있다. 자신의 블로그로 담아온 폰트를 영역별 폰트를 선택할 수 있다.

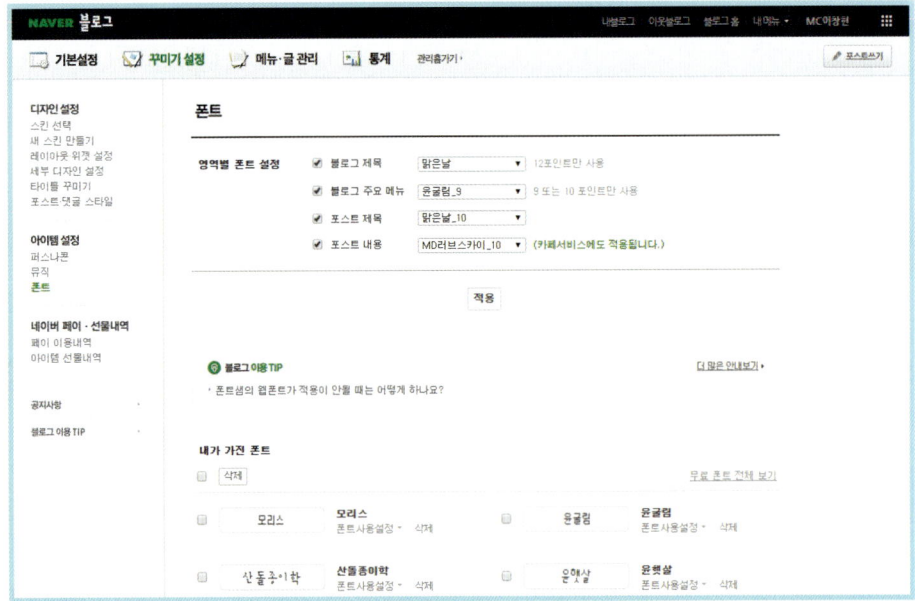

폰트를 담아 온 뒤 영역별 폰트 설정을 체크를 하고 폰트를 선택한다. [적용] 버튼을 누르면 영역별로 블로그에 적용된다.

왼쪽 프로필 사진 밑 퍼스나콘이 변경된 것을 볼 수 있다. 퍼스나콘은 다른 블로그 혹은 카페에서 댓글을 달면 자신의 별명(아이디) 앞에 사용된다. 메뉴와 왼쪽 사이드바의 폰트가 설정한 폰트로 변경되었다. 아이템 설정을 통해 퍼스나콘, 뮤직, 폰트를 사용하여 더 아기자기한 자신의 블로그로 꾸며보자!

블로그 카테고리 설정

전체적인 블로그의 디자인이 틀이 완성되어 가고 있다. 블로그의 디자인도 중요하지만, 블로그의 내용이 더 중요한 것은 당연지사! 이러한 블로그의 포스트를 분류하고 나눌 수 있는 메뉴의 카테고리를 설정해 보자!

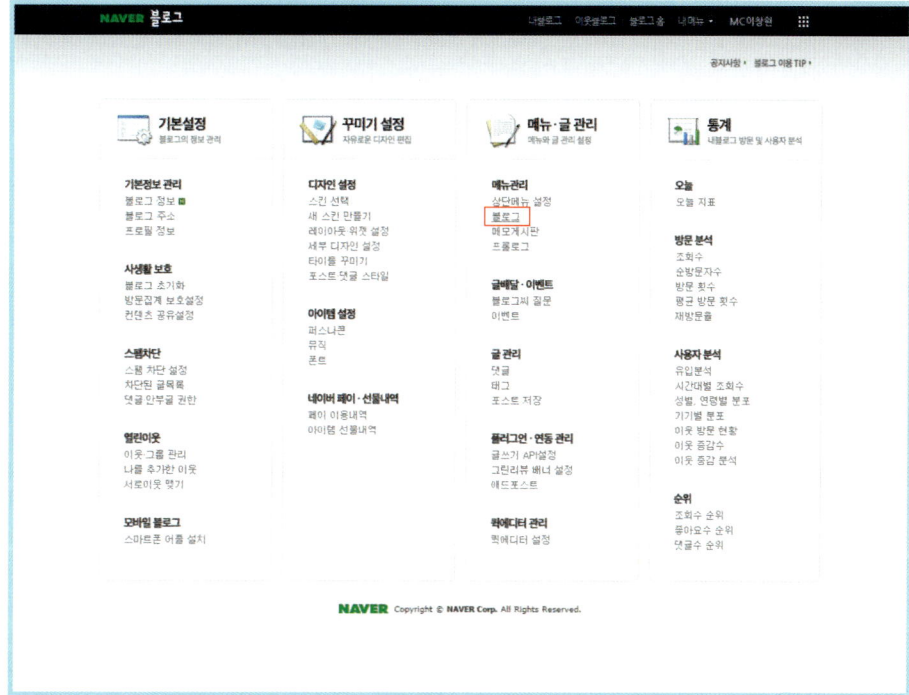

블로그의 [관리] 버튼을 클릭하면 위 화면이 나타난다. [메뉴 · 글 관리] → [메뉴관리 : 블로그]를 선택한다. 이곳에서 블로그 카테고리를 설정할 수 있다.

[페이지당 포스트]는 1개, 3개, 5개, 10개로 보여 줄 수 있다. 포스트 영역에 몇 개의 포스트를 연속으로 보여줄 것인지를 선택할 수 있다.

[카테고리 추가] 버튼으로 블로그에 자신이 원하는 카테고리를 추가할 수 있다.

[구분선 추가] 버튼은 "---" 점선으로 되는 구분선을 넣을 수 있다. 구분선은 주제가 바뀌거나 메뉴를 꾸밀 때 사용할 수 있다. 구분선의 역할은 카테고리 사이를 구분하는 역할만 할 뿐 이 영역에 포스트를 쓸 수는 없다.

[삭제] 버튼은 이전에 등록한 카테고리를 삭제할 수 있다. 삭제할 때는 카테고리에 속한 모든 포스트가 사라진다. 카테고리를 삭제할 때는 해당 카테고리 안에 써 놓은 포스트는 이동 혹은 백업을 한 뒤 삭제해야 한다.

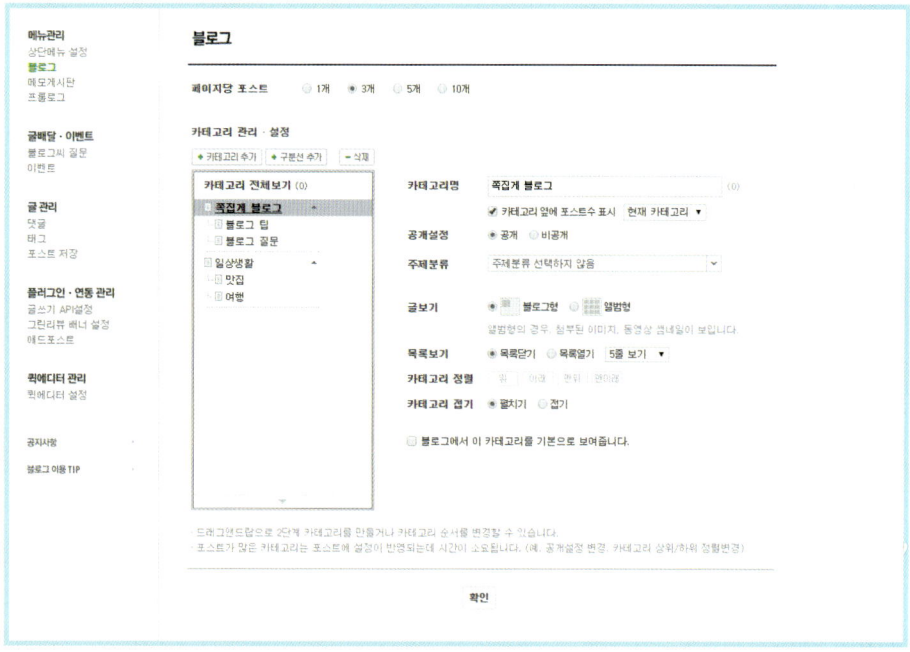

[카테고리 추가] 버튼을 클릭하여 새로운 카테고리를 생성하였다. 생성한 카테고리에서 다시 [카테고리 추가] 버튼을 클릭하여 생성하면 2차 분류 즉, 하위 카테고리도 생성할 수 있다. 하위 카테고리는 2차까지만 생성할 수 있다. 이러한 방법으로 2개의 카테고리와 하위 카테고리를 만들었다.

카테고리명에는 해당하는 주제의 이름을 설정한다. 그 하단의 〈카테고리 옆에 포스트수 표시〉를 체크하면 카테고리 이름 옆에 포스트수가 괄호로 표시된다. 예를 들면 〈쪽집게 블로그(9)〉와 같이 해당 카테고리에 9개의 포스트가 있다는 것을 표시한다. '카테고리 옆에 포스트수 표시'는 〈현재 카테고리〉와 〈전체 카테고리〉로 선택이 가능하다. 〈현재 카테고리〉는 지정한 카테고리만 포스트 수가 표시되고 〈전체 카테고리〉를 선택하면 하위 카테고리의 포스트 수까지 모두 괄호 안에 표시된다.

공개설정은 공개와 비공개를 선택할 수 있다. 공개를 선택하면 모든 사람이 포스트를 볼 수 있다. 반대로 비공개는 자신의 블로그에 방문한 다른 블로거들은 포스트를 볼 수 없다. 비공개로 설정하면 자신의 아이디로 로그인했을 때만 포스트를 볼 수 있다. 비공개 카테고리에 있는 포스트는 검색엔진에 노출되지 않는다.

주제분류를 클릭하면 〈엔터테인먼트 · 예술〉, 〈생활 · 노하우 · 쇼핑〉, 〈취미 · 여가 · 여행〉, 〈지식 · 동향〉 4가지 분류 아래에 여러 가지 주제 중 선택하면 된다. 선택하지 않아도 된다. 주제분류를 선택하면 네이버 블로그 홈에 주제별 글에 자동으로 등록되기 때문에 포스트 노출이 주제별로 이뤄진다.

글보기는 〈블로그형〉과 〈앨범형〉으로 선택이 가능하다. 〈블로그형〉은 카테고리를 선택했을 때 일반적인 그림과 글이 모두 보이는 형식이다. 〈앨범형〉은 카테고리를 선택했을 때 포스트의 이미지와 제목으로 보이는 형식이다. 〈앨범형〉은 포스트 중 이미지나 동영상이 포함되어 있지 않은 포스트는 표시되지 않는다. 〈블로그형〉은 최근에 적힌 포스트만 보이고, 〈앨범형〉은 이미지를 통해 많은 포스트를 볼 수 있어 전체 카테고리를 한눈에 볼 수 있다.

목록보기는 〈목록닫기〉와 〈목록열기〉를 선택할 수 있다. 〈목록닫기〉는 포스트 영역의 상단 목록이 나타나지 않고 "목록열기∨"로 나타나며 클릭하면 목록이 나타난다. 반대로 〈목록열기〉는 포스트 영역에 포스트 상단의 해당 카테고리 목록이 있다. 목록열기의 개수는 5, 10, 15, 20, 30개 단위로 설정할 수 있다.

카테고리 정렬은 〈위〉, 〈아래〉, 〈맨 위〉, 〈맨 아래〉를 통해 카테고리 위치를 이동할 수 있다. 단계별로 1단계와 2단계로, 상·하위 단계로 조절이 가능하다. 이 버튼을 사용하지 않고 카테고리를 마우스 드래그를 통해서 이동시킬 수 있다.

카테고리 접기는 사이드바에 〈펼치기〉와 〈접기〉를 선택할 수 있다. 카테고리 접기는 1차(상위) 카테고리에서만 사용할 수 있으며 2차(하위) 카테고리는 사용할 수 없다.

카테고리 설정이 끝났다면 [확인] 버튼을 클릭해서 블로그에 적용한다.

방금 설정한 카테고리가 적용된 모습이다. 카테고리 내용이 처음부터 생각이 나지 않는다면 블로그 운영하다가 필요할 때 같은 방법으로 추가/삭제하여 사용한다. 카테고리를 설정해두면 정보 정리를 할 수 있으며, 방문하는 블로거들에게 효율적으로 정보를 전달할 수 있다.

 ## 상단 메뉴 설정하기

카테고리를 설정했다면 이 카테고리를 바탕으로 상단 메뉴와 프롤로그를 설정할 수 있다. 이번에는 상단의 메뉴와 프롤로그를 설정해 보자!

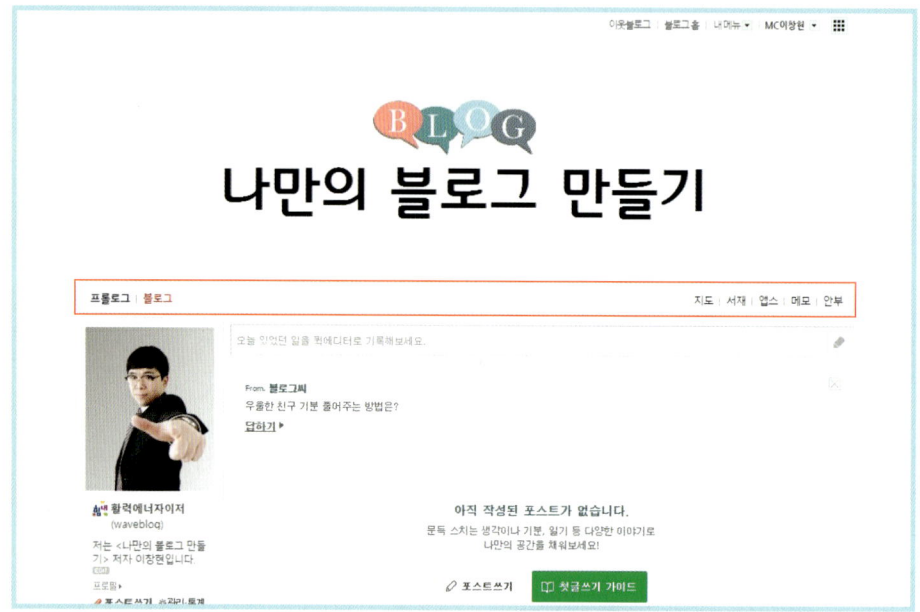

상단 메뉴는 블로그의 타이틀 아래에 나타나는 기본적인 메뉴이다. 〈프롤로그, 블로그, 지도, 서재, 앱스, 메모, 안부〉가 기본 옵션으로 설정되어 있다. 상단 메뉴의 블로그를 제외하고 다른 메뉴들은 추가/삭제할 수 있다. 블로그에 처음 접속했을 때 또는 블로그 타이틀을 클릭할 때, 상단 메뉴 설정을 통해 메인 화면을 정할 수 있다.

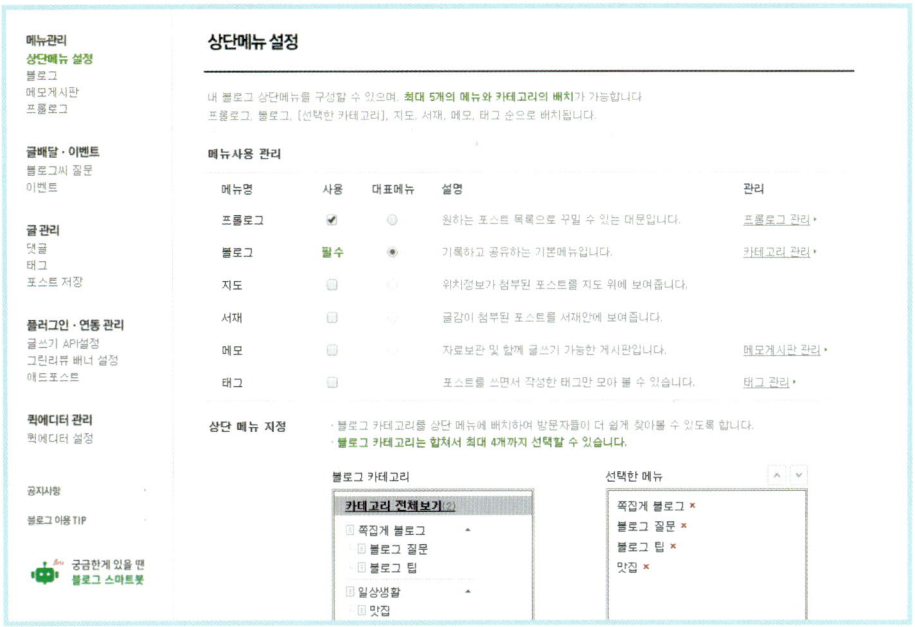

[관리] → [메뉴·글 관리] → [메뉴관리 : 상단메뉴 설정]을 클릭하면 위와 같은 화면이 나타난다. 블로그를 제외한 메뉴는 체크박스(☑)를 선택하여 추가/삭제가 가능하다. 대표메뉴를 선택함에 따라서 메인 화면이 해당 화면으로 표시된다.

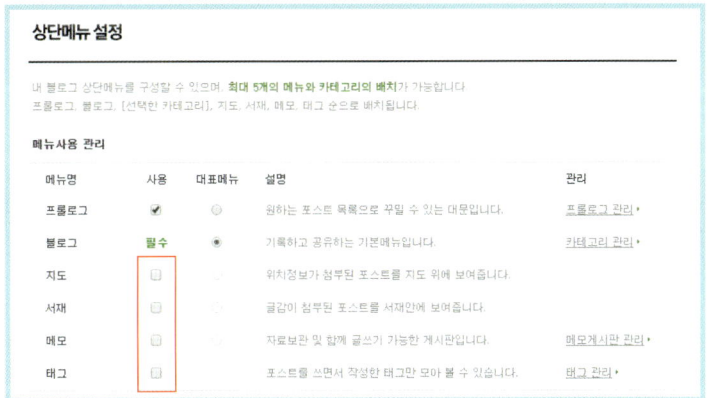

사용하지 않을 메뉴의 체크를 삭제한다. 여기서는 지도, 서재, 메모, 태그의 체크를 해제하고 하단의 [확인] 버튼을 클릭한다.

상단 메뉴에 기존에 있는 〈지도, 서재, 앱스, 메모〉 메뉴가 사라졌다. 반대로 추가하고 싶다면 체크를 지정하여 사용하면 된다.

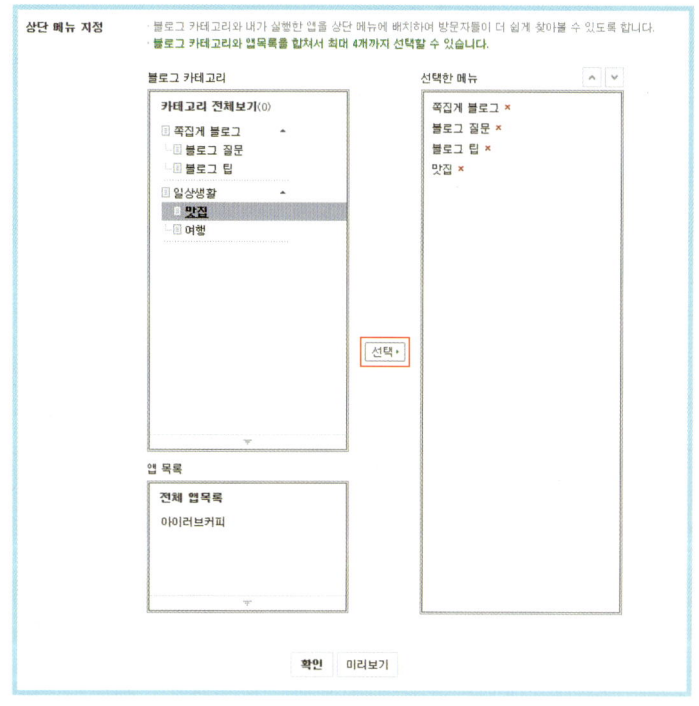

상단 메뉴에 자신의 카테고리를 등록할 수 있다. 상단 메뉴로 등록할 수 있는 블로그 카테고리는 최대 4개까지 가능하다. 블로그의 카테고리 중 상단 메뉴에 표시할 카테고리를 클릭한 뒤 [선택 ▶] 버튼을 눌러 상단 메뉴에 추가한다. 반대로 상단 메뉴에 있는 카테고리를 지우고 싶다면 〈선택한 메뉴〉에 위치한 해당 카테고리 옆 ✖를 클릭하여 삭제할 수 있다. 상단 메뉴에 카테고리 추가가 다 되었다면 [확인] 버튼을 눌러 블로그에 적용한다.

상단 메뉴에 카테고리 메뉴가 등록된 것을 확인할 수 있다.

기본 메뉴의 기능을 살펴보자

[프롤로그]는 블로그의 전반적인 내용을 한꺼번에 보여줄 수 있다. [상단메뉴 설정]에서

프롤로그 〈사용〉을 체크하면 프롤로그를 사용할 수 있다. 대표 메뉴로 설정을 선택하면 블로그에 접속했을 때 프롤로그가 먼저 나타난다. 블로그의 타이틀을 클릭했을 때도 대표 메뉴가 선택되어 프롤로그가 먼저 보인다. (프롤로그의 상세한 설정 방법은 다음 장에서 다루겠다.)

[**블로그**]는 상단 메뉴에서 삭제할 수 없는 가장 기본적인 필수 메뉴이다. 대표 메뉴로 설정하면 블로그에 접속하면 블로그를 일지(일기) 형태로 보인다.

[지도]는 위치 정보가 첨부된 포스트를 지도 위에 보여준다. 포스트를 쓰고 지도를 첨부했다면 지도에 해당 위치가 표시된다. 지도를 확대/축소로 이동하면 해당 위치에 포스트가 나타난다. 이 메뉴를 활용하면 위치별 포스트를 분류하여 볼 수 있는 장점이 있다. 만약, 블로그 포스트에 지도를 첨부하지 않았다면 지도에 아무런 표시도 나타나지 않는다.

[서재]는 포스트에 글감이 첨부된 포스트를 모아 보여준다. 글감에는 책, 영화, 음악, TV 방송이 해당한다. 해당 글감을 선택하면 해당 포스트로 링크된다. 서재도 포스트를 쓸 때 글감 첨부를 하지 않았다면 서재 내용에는 아무것도 나타나지 않는다.

[메모]는 자료보관 및 함께 글쓰기 가능한 게시판이다. 블로그는 자신이 글을 쓸 수 있지만, 메모는 다른 블로거들이 글을 쓸 수 있다. 메모게시판 관리 기능을 이용하여 메모게시판만의 카테고리를 설정할 수 있다.

[태그]는 포스트를 쓰면서 작성한 태그를 모아 볼 수 있다. 해당 태그를 클릭하면 태그가 있는 포스트가 나열된다. 이 태그 메뉴에 해당 글자색과 크기로 사용빈도를 알 수 있다. 태그는 〈최근순〉, 〈인기순〉, 〈가나다순〉으로 볼 수 있다.

상단 메뉴는 타이틀과 함께 계속 방문자들에게 노출된다. 상단 메뉴를 통해 블로그의 대표 주제를 한눈에 보여 줄 수 있다.

 ## 프롤로그 설정하기

프롤로그는 사전적 의미는 연극을 개막하기에 앞서 하는 작품의 내용이나 작자의 의도 등에 관한 해설을 의미한다. 블로그에서 프롤로그는 블로그 전반적인 소개, 블로거의 의도를 보여줄 수 있는 페이지이다.

프롤로그는 〈포스트 강조형, 이미지 강조형, 프로필 걸기, 포스트 등록하기〉의 4가지 프롤로그 형태로 설정할 수 있다. (〈포스트 등록하기〉는 블로그 설정에 없고, 각 포스트에서 설정해야 한다.)

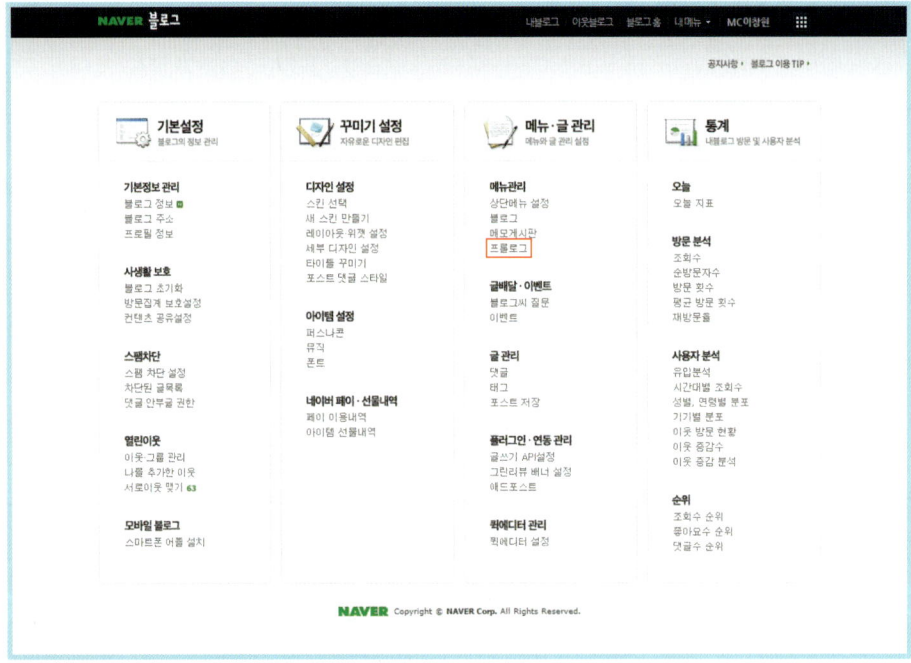

프롤로그 설정을 위해서는 블로그에서 [관리] → [메뉴 · 글 관리] → [메뉴관리 : 프롤로그]를 선택한다.

프롤로그 첫 번째는 [**포스트 강조형**]이다. 포스트 강조형은 첫 번째 메인목록이 이미지와 텍스트가 함께 보인다. 포스트 강조형에서 사용하고자 하는 목록을 체크한다. 메인목록, 이미지목록, 글목록에 표시하려는 카테고리를 설정한다. 카테고리 설정은 [변경]을 선택하여 표시할 카테고리를 지정한다. 〈노출수〉는 프롤로그에서 해당 목록이 보이는 줄의 수이다. 해당 줄 수를 선택한다. 〈노출순서〉의 화살표를 통해 해당 목록의 위치 변동이 가능하다. (단, 필수 목록인 메인목록은 위치고정으로 변경할 수 없다) 설정이 모두 완료되었다면 [확인] 버튼을 클릭하여 블로그에 적용한다.

포스트 강조형 프롤로그가 지정되었다. 상단에 이미지와 포스트가 동시에 나오는 메인목록이 3줄로 나타난다. 그 아래는 이미지목록 2줄, 그 하단은 글목록이 자리 잡고 있다.

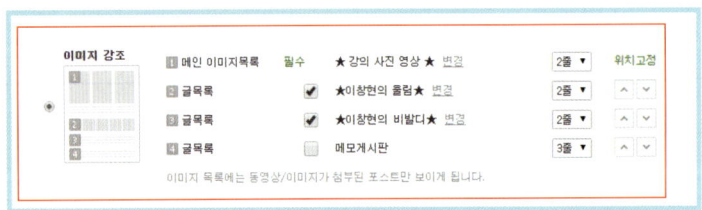

[이미지 강조형]은 메인 목록이 이미지로 지정된다. 사진과 제목만이 나타나고 포스트 내용은 프롤로그에서 보이지 않는다. 이미지 목록에는 동영상/이미지가 첨부되지 않은 포스트는 보이지 않는다. 포스트 강조형과 같은 방법으로 카테고리 설정, 노출수, 순서를 설정한 뒤 [확인] 버튼을 눌러 블로그에 적용한다.

이미지 강조형 프롤로그가 지정되었다. 상단에 이미지와 제목이 나타나고 포스트 내용은 나타나지 않는다. 그 아래는 목록이 자리 잡고 있다.

〈포스트 강조형〉과 〈이미지 강조형〉의 차이는 문자 그대로 이미지 중심으로 보이고, 포스트 중심으로 보이는 차이다. 실제로 두 유형을 선택한 뒤 비교해보며 선택하면 된다.

[프로필 걸기]는 자신이 등록한 프로필을 프롤로그로 등록한다. 작성된 프로필이 없는 경우에는 "작성된 프로필이 없습니다. 다른 프롤로그 타입을 선택해 주세요"라는 메시지가

나타난다.

프로필이 없는 경우는 프로필을 만들어 사용해 보자.

프로필을 꾸미기는 블로그에서 프로필 영역의 [프로필▶]에서 [내 프로필 만들기] 또는 [새 프로필 만들기]를 통해 작성할 수 있다.

프로필은 〈기본형〉과 〈자유형〉이 있다. 〈기본형〉은 정해진 형식으로 입력된다. 〈자유형〉은 형식을 자신의 마음대로 올릴 수 있다.

〈기본형〉의 경우 〈사진 올리기〉를 클릭하여 자신의 사진을 등록하고, 〈I am〉부터 〈Wishlist〉까지 해당하는 영역의 빈칸을 자신의 정보를 차례대로 입력한다. 프로필에 더 추가하고 싶은 내용은 〈Etc〉 영역에 자신의 프로필, 경력, 취미 등 자기소개를 입력한다.

〈자유형〉의 경우에는 스마트 에디터를 사용하는 방법과 같이 사진을 등록할 수 있다. 사진, 그림 그리기, 멀티미디어 걸기를 통해 자신의 프로필을 꾸밀 수 있다.

프롤로그에서 보기 설정을 <프로필 걸기>로 하면 위와 화면과 같이 나타난다. 프로필 걸기는 자신의 소개를 노출할 수 있는 장점이 있다.

[포스트 등록하기]는 자신이 작성한 포스트를 프롤로그 화면에 등록할 수 있다. 기존에 작성한 포스트의 오른쪽 아래에 [설정] → [프롤로그에 등록]을 클릭하면 프롤로그에 포

스트가 등록된다. 이 기능은 프롤로그의 보기 설정 유형으로는 구분되어 있지 않다. 각각의 포스트에서 [프롤로그에 등록]을 선택해야 한다.

해당 포스트가 프롤로그에 보인다. [포스트 등록하기]를 할 때는 블로그를 가장 대표하는 포스트를 이 방법을 사용하여 노출할 수 있다. 공지사항일 경우에도 같은 방법을 사용하여 방문자들이 쉽게 볼 수 있다.

프롤로그는 블로그의 전체적 개요를 보여 줄 수 있어 다른 블로거에게 자신의 블로그를 알릴 수 있는 유용한 방법이다. 프롤로그를 통해 자신의 블로그를 꾸며보자!

블로그 앱 설치하기

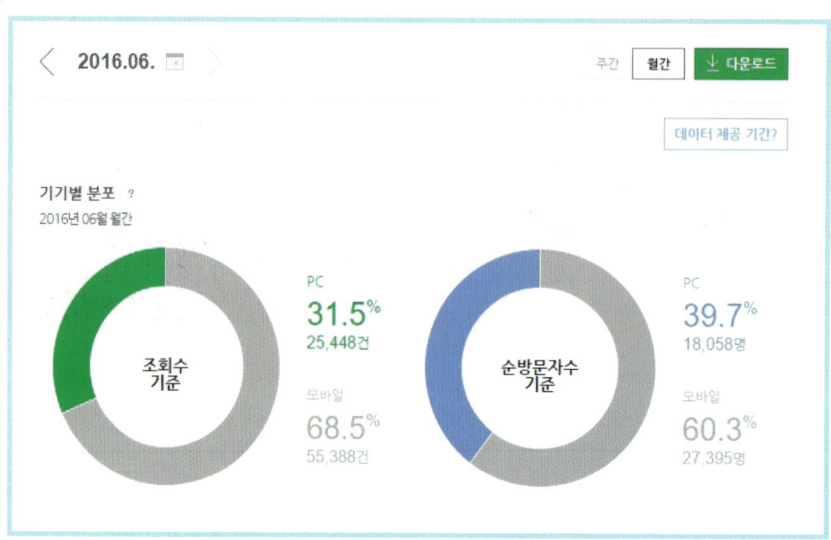

이제는 스마트폰이 대중화가 되어 인터넷을 스마트폰을 활용해서 더 많이 사용한다. 블로그도 마찬가지다. 필자 블로그의 방문자를 보아도 알 수 있듯이 2016.06월 한 달 동안 PC는 31.5%, 모바일은 68.5%로 PC보다 모바일로 들어오는 유입량의 약 2배 높다. 필자도 PC로 블로그를 관리하는 경우보다 스마트폰을 활용해 블로그를 관리하는 시간이 더 많아졌다.

이 장에서는 스마트폰에 네이버 블로그를 설치하고 기본적으로 앱을 설정하는 방법에 대해서 알아보자!

● 안드로이드 설치하기

안드로이드 스마트폰에서 위와 같은 모양의 플레이스토어(Play store) 아이콘을 선택한다.

 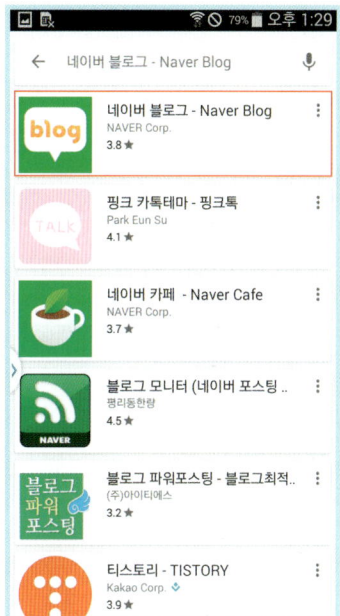

플레이스토어에 들어가면 위와 같은 화면이 나타난다. 플레이스토어 상단 검색창에 "네이버 블로그"라고 검색한다. 상단의 네이버 블로그 앱을 선택한다.

 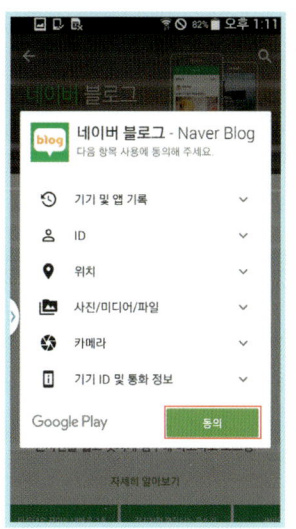 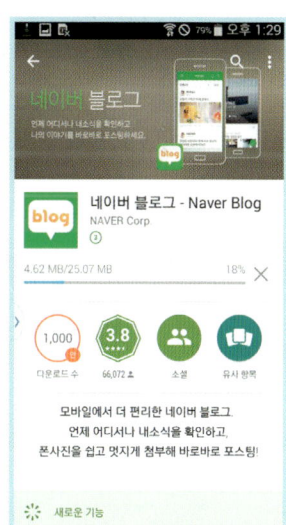

네이버 블로그 앱이 나타나면 [설치]를 선택한다. 그러면 동의 사항을 체크한 뒤 [동의]를 선택하면 네이버 블로그 앱이 스마트폰에 설치된다.

● 아이폰(아이패드) 설치하기

위와 같은 모양의 앱스토어(App store) 아이콘을 선택한다.

앱스토어에 진입하면 하단의 5개의 메뉴 중 4번째인 검색을 선택한다. 검색을 선택하면 위쪽 검색창이 나타나는데 마찬가지로 "네이버 블로그"라고 검색한다.

Part 2 네이버 블로그 꾸미기 | 107

 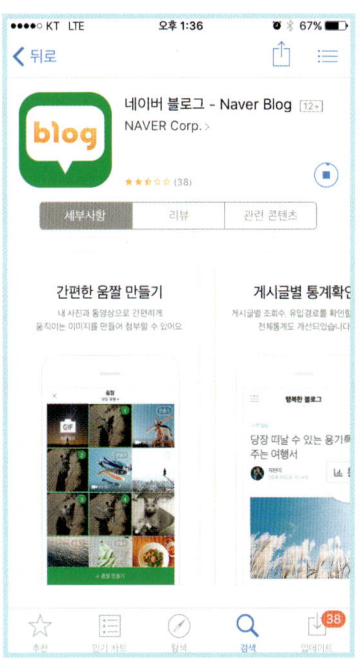

네이버 블로그 앱이 나타나면 [받기]를 선택한다. 이전에 네이버 블로그 앱을 설치했던 사용자는 [구름] 모양으로 나타나며 이를 선택한다. 다운로드와 설치가 완료되면 스마트폰에서도 네이버 블로그 앱을 사용할 수 있다. (아이패드도 같은 방법으로 설치)

14 모바일 표지 설정하기

스마트폰 앱을 모두 설치했다면 위와 같은 모양의 아이콘을 찾아 네이버 블로그 앱을 실행한다.

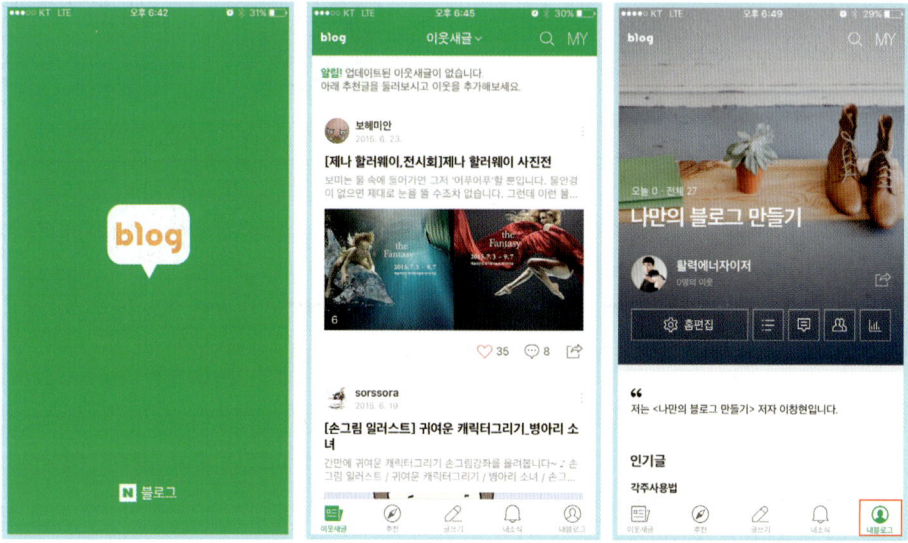

블로그 앱을 실행하면 처음으로 블로그 화면이 나타난 뒤 **이웃새글** 보기가 나타난다. 이웃을 맺은 사람이 없다면 네이버에서 임의로 추천된 블로그 글이 나타난다. 여기에서 자신의 블로그로 이동하려면 우측 하단의 [내블로그]를 선택하면 자신의 블로그로 이동된다.

스마트폰으로 접속한 블로그의 모습이다. 모바일 표지는 기본적으로 제공되는 이미지이다. 이 이미지를 변경하기 위해서는 [홈편집]을 선택한다. [홈편집]을 누르면 상단에서 [이미지 변경]을 선택한다. [기본 커버 이미지]를 선택한다.

네이버 블로그에서 기본 표지 사진으로 제공하는 9개 중 원하는 이미지를 선택한 뒤에, 우측 상단의 체크 모양을 선택한다. 자신의 블로그 표지가 해당 사진으로 변경된 모습으로 보인다. 우측 상단의 [적용] 버튼을 클릭하여 변경된 내용을 블로그에 적용한다.

자신의 스마트폰으로 촬영한 사진을 모바일 표지로 사용할 수도 있다. [홈편집] → [이미지 변경] → [촬영 또는 앨범에서 선택] → 〈스마트폰의 갤러리에서 사진을 선택하거나 촬영〉 → 사진의 구역을 정한 뒤 [완료]를 선택한다. 이렇게 선택한 사진이 자신의 모바일 표지가 된다.

[홈편집]에서 [커버 스타일]을 선택하면 블로그 커버의 레이아웃 스타일을 변경할 수 있다. 기본으로 제공되는 8가지 종류의 커버 스타일 중 원하는 커버를 선택하면 미리보기 된다. 적용하려면 상단의 [확인] 버튼을 선택하여 메인 화면을 변경할 수 있다.

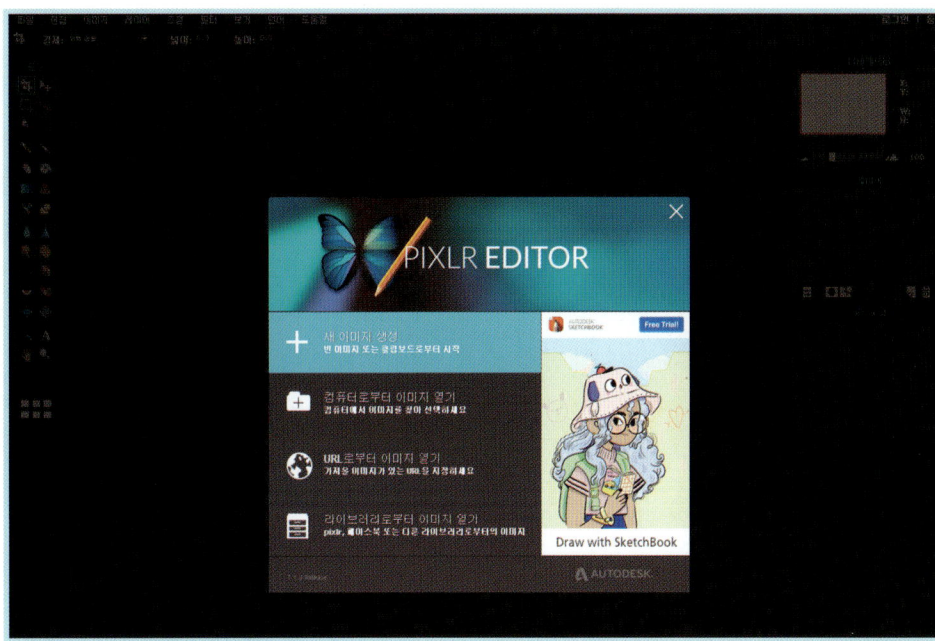

앞서 블로그의 타이틀을 만들었던 것처럼 자신만의 모바일 표지를 설정할 수도 있다. 블로그의 타이틀을 만들 때와 같은 방법으로 PIXLR EDITOR(https://pixlr.com/editor)를 사용한다. PIXLR EDITOR의 첫 화면에서 [새 이미지 생성]을 선택한다.

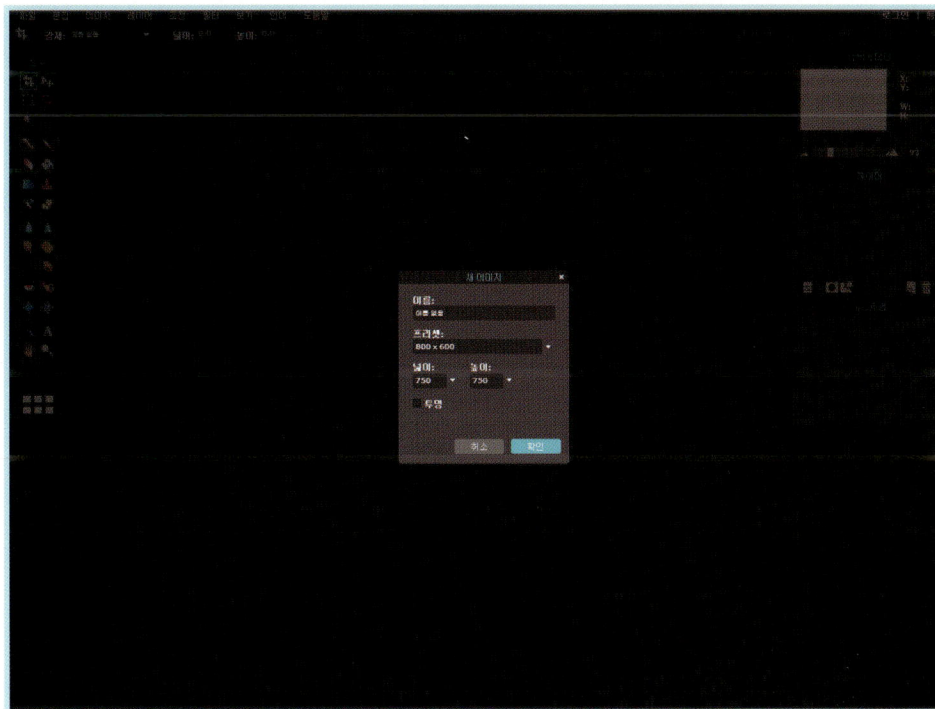

모바일 표지의 크기로 넓이와 높이를 750px로 입력한다. (모바일 표지의 사이즈는 사용되는 모바일 기기에 따라 조금씩 크기가 달라 표준 크기는 없다.)

앞선 블로그 타이틀 만들기와 같은 방법으로 이미지와 텍스트를 이용하여 꾸민다. 모바일 기기에 따라 이미지가 보이는 부분이 다르므로 이미지 왼쪽과 오른쪽에 여백을 주었다. 이미지 중간 이하는 프로필 사진, Today, Total 등 모바일 블로그 커버의 레이아웃 스타일에 따른 다른 구성 요소를 생각해서 여백을 주었다. 이미지가 완성되었다면 [파일] → [저장] 메뉴를 클릭해 편집한 이미지 파일을 저장한다.

Part 2 네이버 블로그 꾸미기   113

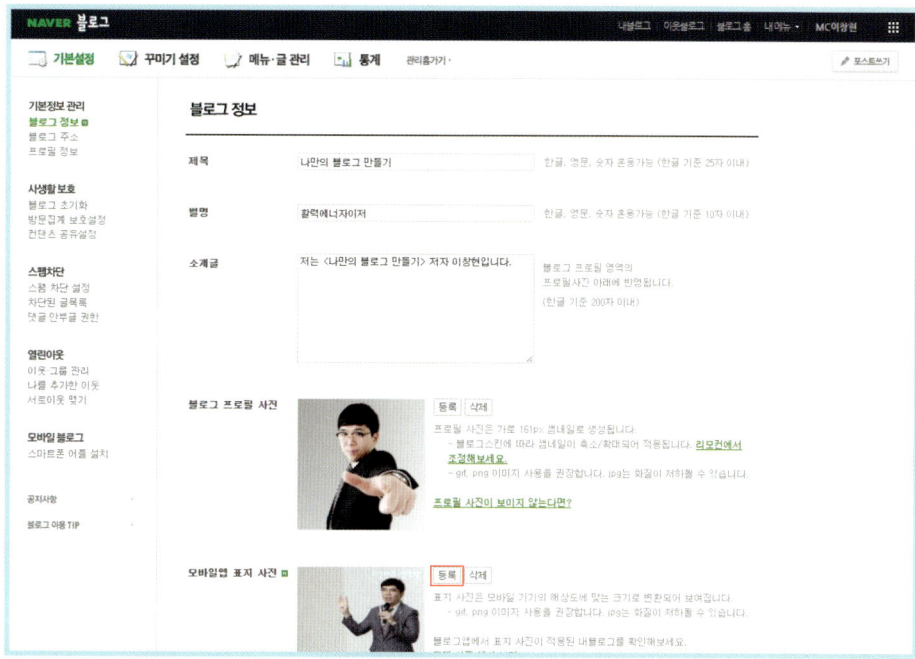

[관리] → [기본설정] → [기본정보 관리 : 블로그 정보]를 선택하면 위와 같은 화면이 나타난다. 이 중 [모바일앱 표지 사진]에서 [등록] 버튼을 선택한다. 모바일 블로그 표지로 만들어 놓은 이미지 파일을 등록한다. 이미지 파일이 등록되었다면 하단의 [확인] 버튼을 선택해 블로그에 적용한다.

직접 만든 이미지가 모바일 표지로 설정되었다. 자신만의 표지를 만들어 스마트폰에서도 자신만의 블로그를 만들어보자!

Part 3

스마트 에디터로 포스팅하기

 **스마트 에디터의 구성**

지금까지는 블로그의 스킨과 카테고리, 상단메뉴, 프로필 등 블로그의 디자인적인 요소에 대해서 알아보았다. 물론 블로그의 디자인도 중요하지만, 블로그에서 가장 중요한 것은 담고 있는 내용 바로, 콘텐츠(contents)다. 겉이 아무리 멋있고 화려해도 볼 것이 없는 블로그에는 방문객이 찾지 않는다. 이제부터 본격적으로 블로그의 속을 채우는 도구, 스마트 에디터(Smart Editor)의 사용법에 대해서 알아보자!

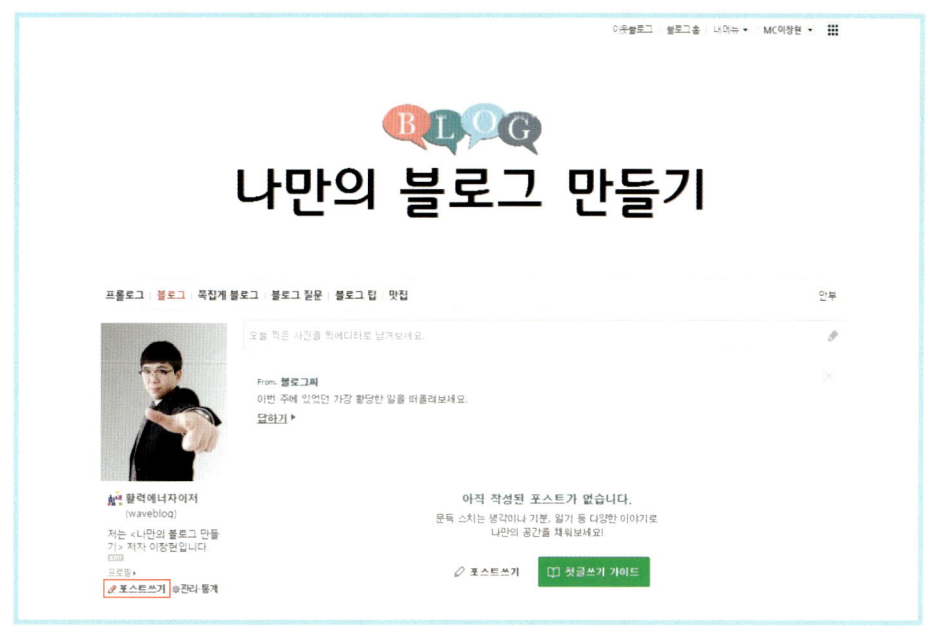

블로그에 글을 쓰기 위해서는 프로필 영역에 있는 [포스트 쓰기]를 클릭하면 된다. 포스트(post)의 원래 뜻은 우편 또는 우편물이지만 여기서 말하는 포스트는 블로그에 쓰는 글이다. 블로그에 포스트를 쓰는 과정을 포스팅(Posting)이라고 한다. [포스트 쓰기]를 클릭하면 아래와 같은 스마트 에디터 화면이 나타난다.

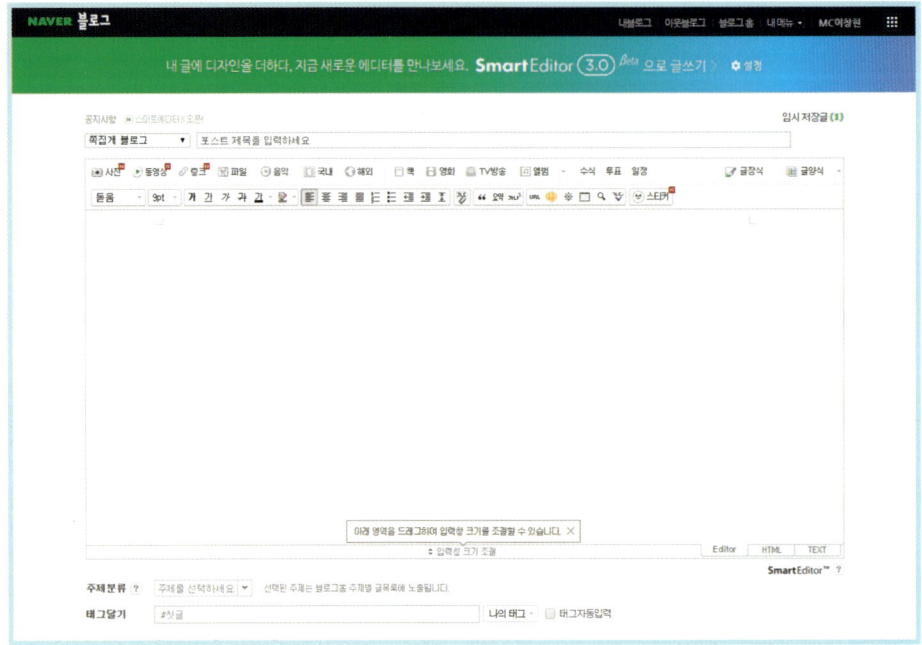

네이버 블로그의 글쓰기 툴을 스마트 에디터(Smart Editor)라고 부른다. 스마트 에디터는 블로그나 카페에 글을 쓸 때 자주 접하는 화면이다. 스마트 에디터는 2.0 버전과 3.0 버전 두 가지가 있다. 네이버 블로그는 두 버전 모두 지원하고 있다. 이 장에서는 2.0 버전을 다루고 다음 장에서 3.0 버전에 대해 다루겠다.

Part 3 스마트 에디터로 포스팅하기 117

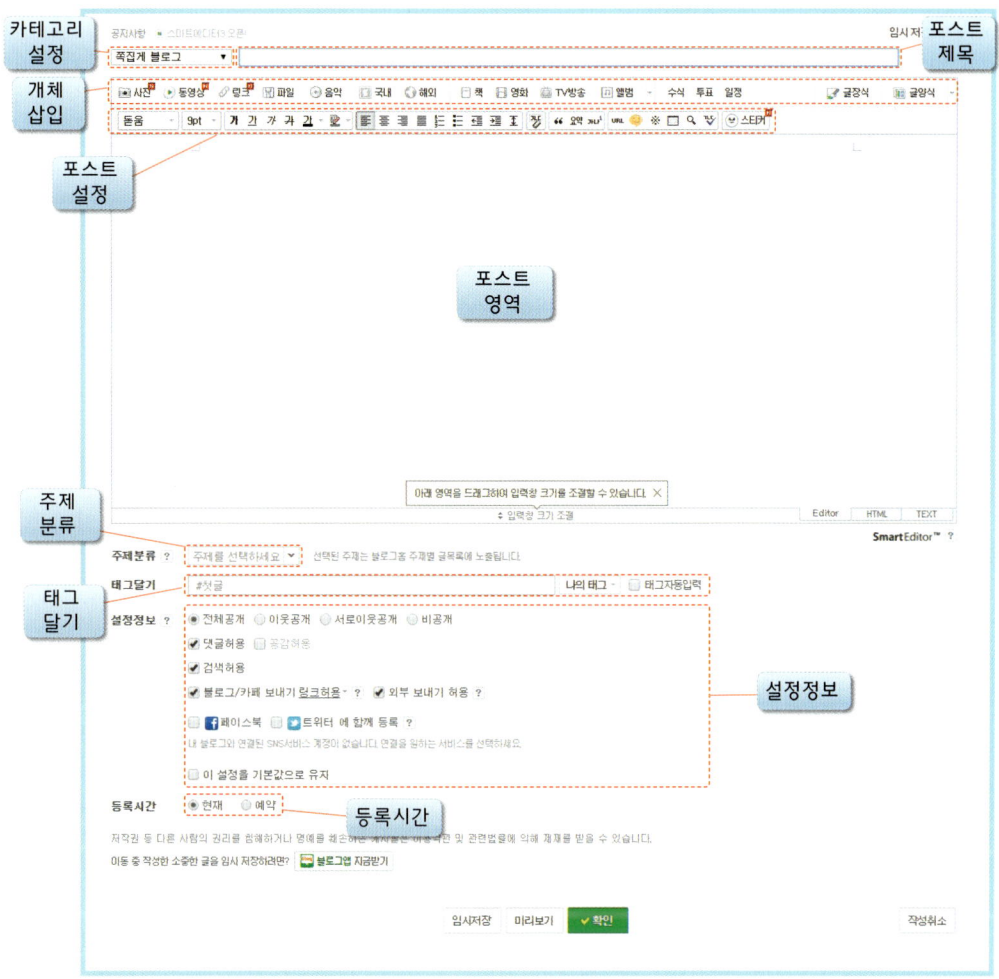

스마트 에디터는 크게 〈제목〉, 〈포스트〉, 〈옵션〉 영역으로 분류된다.

[제목 영역]에는 포스트의 카테고리를 설정하고, 포스트 제목을 쓸 수 있다.

[카테고리 설정]은 만든 카테고리 중 선택하여 선택한 카테고리 안에 포스트를 담는다. 카테고리 설정은 주제에 따른 포스트를 분류하는 역할을 한다.

[포스트 제목]은 텍스트를 입력하여 포스트의 제목을 설정해 준다. 제목의 길이는 한글 150자, 영어(숫자) 300자까지 입력할 수 있다. 포스트 제목은 포스트의 핵심이기 때문에 호기심을 유발하거나 검색이 많이 될 수 있도록 작성하는 것이 좋다.

[포스트 영역]은 워드프로세서의 축소판이다. 포스트 영역에 텍스트를 입력하고 다양한 포스트 설정 버튼을 사용하여 포스트를 꾸밀 수 있다. 포스트 영역에 대한 상세한 내용은

다음 장에서 상세히 알아보자!

[옵션영역]은 포스트에 대한 옵션인 [주제분류], [태그], [설정정보], [등록시간]을 선택할 수 있다.

[주제분류]를 통해 포스트의 주제를 설정해 줄 수 있다. 주제분류는 〈엔터테인먼트ㆍ예술〉, 〈생활ㆍ노하우ㆍ쇼핑〉, 〈취미ㆍ여가ㆍ여행〉, 〈지식ㆍ동향〉의 4가지 영역에서 선택하면 된다. 주제분류를 설정하는 것이 좋다. 카테고리별로 주제가 정해져 있다면 자동으로 해당 주제가 분류된다.

[태그]는 일종의 꼬리 키워드로 태그 검색을 통해 검색되므로 포스트의 주제에 맞는 태그 등록이 가능하다. 단, 10개까지 입력할 수 있다. 〈나의 태그〉는 블로그에 사용했던 태그들을 모아 놓고 클릭으로 입력할 수 있다. 나의 태그를 통해 쉽게 태그를 입력할 수 있다. 자동입력은 주제에 따른 태그가 자동으로 입력된다. 주제를 선택하지 않으면 자동입력 되지 않는다.

[설정정보]는 전체공개, 이웃공개, 서로이웃공개, 비공개의 〈엔터테인먼트ㆍ예술〉, 〈생활ㆍ노하우ㆍ쇼핑〉, 〈취미ㆍ여가ㆍ여행〉, 〈지식ㆍ동향〉의 4가지로 사용할 수 있다. 그리고 댓글허용, 엮인글허용, 공감허용, 네이버검색허용, 외부수집허용, 링크(블로그/카페)허용, 외부보내기허용의 설정이 있다. 외부수집은 다른 SNS(트위터, 페이스북)로 보내는 것을 허용하는 것이다. 스크랩은 다른 블로거가 옮기는(퍼가는) 설정이다. 스크랩허용은 두 가지 종류로 링크와 본문이 있다. 링크허용은 현재 포스트의 제목과 주소만 나타난다. 이 포스트는 원문이 있는 본인의 블로그에서만 볼 수 있다. 반대로 본문허용은 다른 블로그에서도 본문 내용이 모두 공개되는 스크랩 형식이다. 블로그는 SNS의 전초기지 역할을 할 수 있어 〈페이스북〉, 〈트위터〉에 함께 등록할 수 있다.

[등록시간]은 현재와 예약으로 선택할 수 있다. 지금 포스트를 등록하려면 현재를 선택한다. 예약 버튼을 선택하면 〈년, 월, 일〉과 시간을 선택하면 된다. 예약 기능은 포스트를 등록할 때 한 번에 모두 올리는 것보다 꾸준한 시일을 두고 올리는 것이 효율적이기 때문에 사용한다. 많은 포스트 작업을 했다면 한꺼번에 올리지 말고 예약 기능을 사용하여 분산시킬 때 사용된다.

하단부의 버튼을 보면 [임시저장], [미리보기], [확인] 버튼이 있다.

[임시저장] 버튼은 임시 저장 버튼이라 생각하면 된다. 혹여 인터넷 창이 에러(error)가 나거나 컴퓨터가 다운되었을 때 임시 저장된 파일을 불러올 수 있다. 이런 이유로 포스팅 중간마다 저장해 주는 것이 좋다. 포스트를 2시간 동안 썼다가 컴퓨터가 꺼져 포스트를

날려 본 사람만이 이 버튼의 중요성을 알 것이다. 단축키 Ctrl+S 키를 누르면 임시 저장된다. 스마트 에디터는 일정 시간마다 임시저장을 자동으로 한다.

[미리보기] 버튼을 클릭하면 자신이 쓴 포스트를 미리 볼 수 있는 새 창이 나타난다.

[확인] 버튼을 클릭하면 포스팅한 글이 블로그에 등록된다.

스마트 에디터는 누구나 쉽고 빠르게 수준 높은 포스트 편집을 할 수 있다. 스마트 에디터를 통해 블로그에 멋진 포스트를 써 보자!

 스마트 에디터 글쓰기 툴

스마트 에디터의 구성에 대해 알아보았다. 크게 제목, 포스트, 옵션 영역으로 나뉘는데 이 중 핵심은 단연 포스트 영역이다. 포스트 영역에 블로거의 생각과 정보를 입력하고 사진, 동영상, 파일 등의 다양한 콘텐츠를 입력할 수 있는 영역이다.

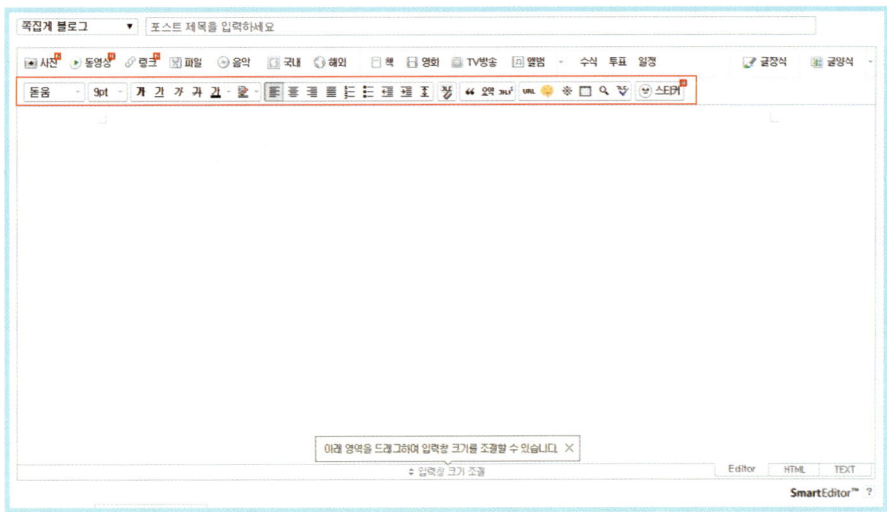

스마트 에디터도 다른 워드프로세서처럼 글쓰기 툴(도구)이 있다. 글쓰기 툴은 글꼴, 크기, 진하게, 이탤릭 등 28개의 버튼으로 구성되어 있다. 28개의 글쓰기 툴에 대해 알아보겠다.

 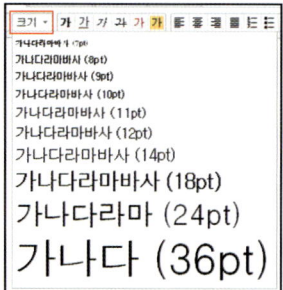

[글꼴]은 블로그의 아이템 설정에서 등록된 글꼴과 기본 글꼴을 선택할 수 있다. 더 많은 글꼴을 사용하고자 한다면 아이템 팩토리에서 글꼴을 담아오면 사용할 수 있다. 글꼴 옆에 숫자는 글꼴의 크기이다. 아이템 설정의 〈내가 가진 폰트〉를 가지고 오는 방법은 Part 2의 "09. 아이템 설정하기"를 참고하기 바란다.

[크기]는 7~36pt까지 선택이 가능하다. 단, 기본 폰트 외에 아이템 설정의 〈내가 가진 폰트〉는 크기를 크게 할 때 깨어짐 현상이 있다. 아이템 설정에서 제공하는 글꼴 옆에 있는 숫자는 해당 크기를 기본 크기로 사용하는 것을 권장한다.

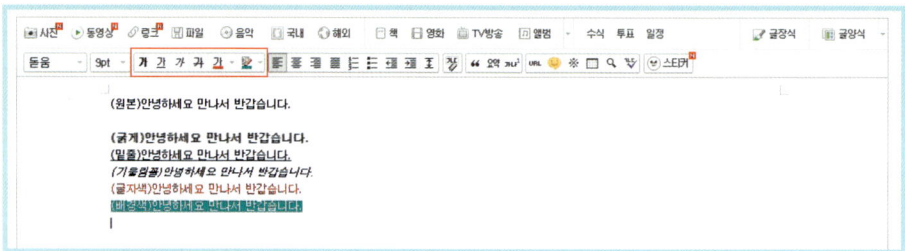

[효과]의 굵게, 밑줄, 기울기, 취소선, 글자색상, 배경 바탕은 일반 다른 워드프로세서 프로그램과 같은 방법으로 사용하면 된다.

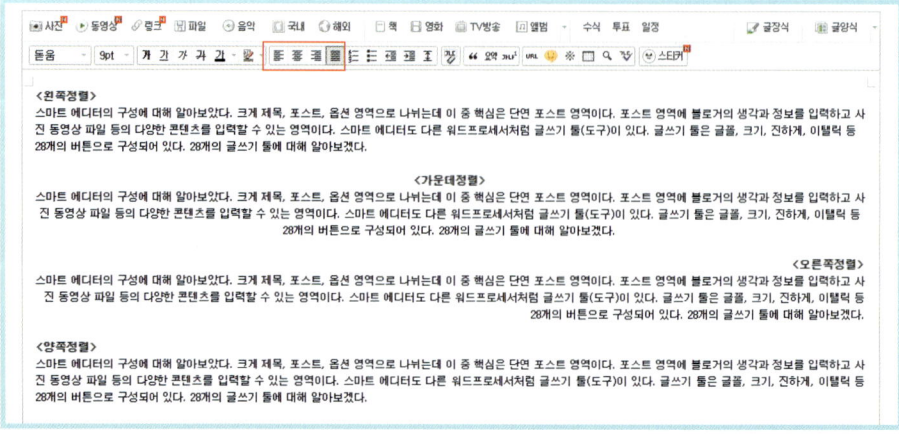

[정렬]은 왼쪽, 중간, 오른쪽, 양쪽 정렬의 4가지 정렬 방법이 있으며, 앞에서 보는 것과 같이 정렬된다. 왼쪽 정렬과 양쪽 정렬은 구분은 크게 나지 않지만, 왼쪽 정렬은 왼쪽의 기준선을 중심으로 정렬된다. 양쪽 정렬은 왼쪽과 오른쪽의 양쪽 기준선으로 이용하여 정렬된다.

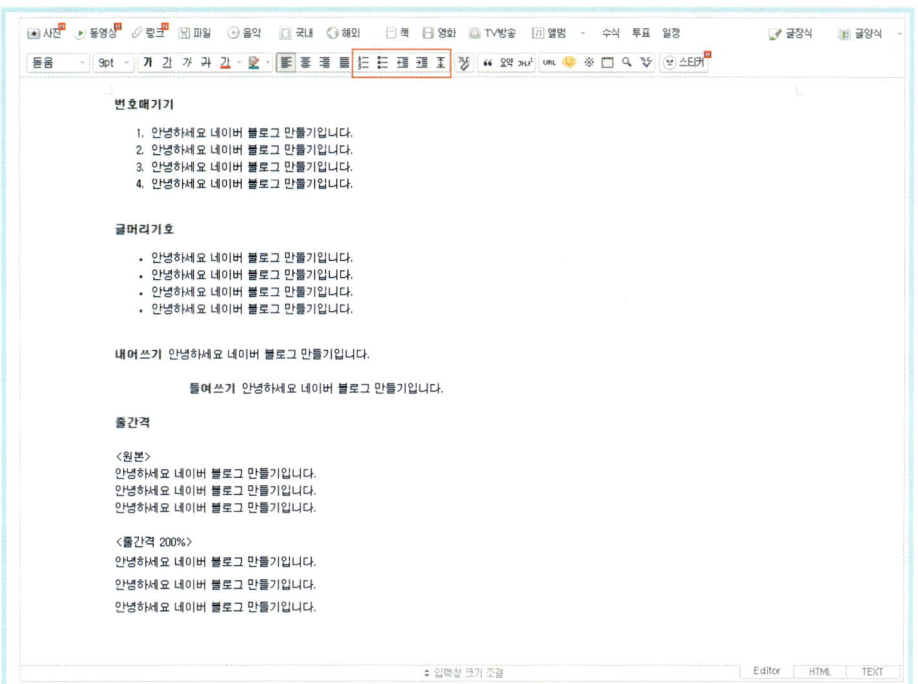

[번호매기기]는 순서 번호가 글의 첫머리에 생성되며 자동으로 들여쓰기가 된다.

[글머리기호]는 동그란 기호가 글의 첫머리에 생성되며 자동으로 들여쓰기가 된다.

[내어쓰기]는 들여 쓰인 글을 다시 한 단계 앞으로 당기는 효과를 나타내며 단축키는 Shift + Tab 을 사용한다.

[들여쓰기]는 Tab 을 누른 것과 같은 효과로 공백 8칸을 오른쪽으로 이동한 것과 같은 효과가 나타난다.

[줄간격] 버튼은 텍스트의 위쪽과 아래쪽 텍스트 사이의 간격을 지정한다. 텍스트의 기본 간격은 150%이며 블록을 지정하여 선택하면 50~200% 사이를 선택할 수 있다. 줄 간격에 직접 입력하여 줄 간격을 사용할 수도 있다.

[글자효과없애기] 버튼은 이미 글자 효과가 설정된 글자를 가장 기본 글자로 돌리는 기능이다. 글자의 크기와 색, 밑줄의 효과가 있는 텍스트에 블록을 씌워 [글자효과없애기 버튼]을 누르면 초기화로 돌아간다.

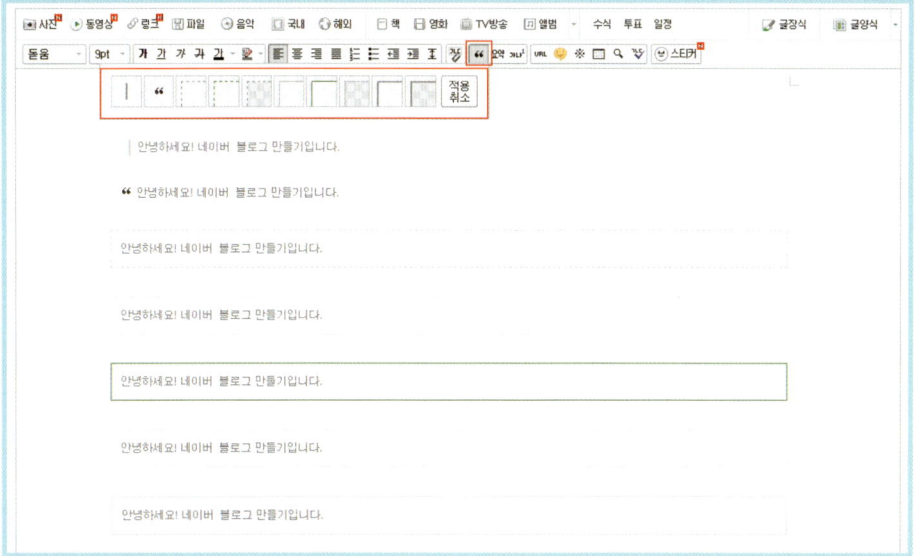

[인용구 설정/해제]는 따옴표 모양의 아이콘이다. 이 버튼은 그림과 같이 텍스트를 꾸며주거나 글 상자를 사용할 수 있다. 인용구 해제는 오른쪽의 [적용취소] 버튼을 누르면 원래의 텍스트로 돌아온다. 인용구 설정은 신문기사, 다른 사람의 명언, 책에서 본 문구 등에 사용하면 다른 글과 구분시켜주는 역할을 한다. 인용구를 사용하여 깔끔하게 포스트를 쓸 수 있다.

[요약]은 자신이 쓴 글을 더 자세하게 보여줄 때 사용하는 버튼이다. 버튼을 클릭하면 상단에 파란색으로 쓰인 [〉더보기] 버튼이 표시된다. 포스팅한 뒤 [〉더 보기]를 클릭하면 하단의 쓴 글들이 보이게 되고 글씨는 [〉접기]로 바뀐다. 다시 [〉접기]를 누르면 하단의 글이 감춰진다.

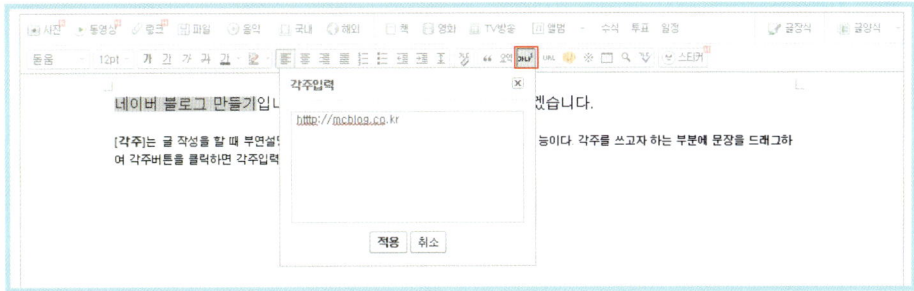

[각주]는 글 작성을 할 때 부연 설명이나 출처 등을 본문에 써넣기 힘들 때 사용하는 기능이다. 각주를 쓰고자 하는 부분에 문장을 드래그하여 블록을 지정한 뒤에 [각주] 버튼을 클릭하면 각주 입력 창이 나타나며, 이곳에 각주를 쓰고 [적용] 버튼을 누른다.

그렇게 사용한 각주는 본문에 "단어[1]", "단어[2]"와 같이 위첨자가 붙게 된다. 그리고 하단부에 숫자와 함께 입력된 설명이 나타난다.

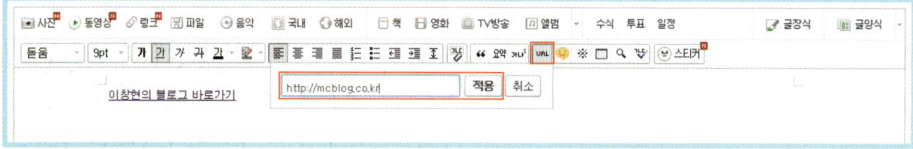

[링크] 버튼은 URL이라고 적혀 있다. 적용할 글자나 그림을 선택한 뒤 [링크] 버튼을 클릭하여 링크 주소를 입력하고 [적용] 버튼을 누르면 된다. 해당 링크는 파란색 밑줄이 생기면서 하이퍼링크된다. 포스트 완료 뒤 해당 부분에 마우스 포인터를 이동하면 마우스 포인터의 모양이 손가락 모양으로 바뀐다. 링크를 마우스로 클릭했을 때, 링크된 주소의 내용이 새로운 창에 나타난다.

[이모티콘] 버튼을 클릭하면 표정, 동식물, 사물1, 사물2, 말풍선을 선택할 수 있으며, 이모티콘을 사용하려면 마음에 드는 이모티콘을 클릭하면 된다. 이모티콘의 크기 조절도 가능하다.

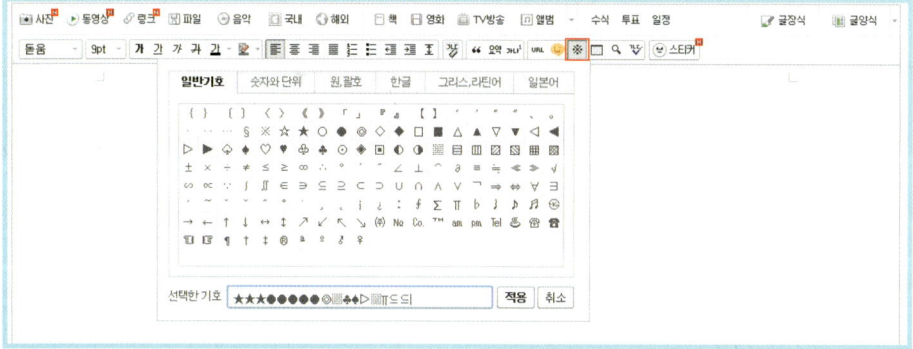

[특수기호] 버튼은 일반기호, 숫자와 단위, 원·괄호, 한글, 그리스·라틴어, 일본어를 사용할 수 있다. 특수기호를 선택했다면 [적용] 버튼을 눌러 포스트 영역에 사용할 수 있다.

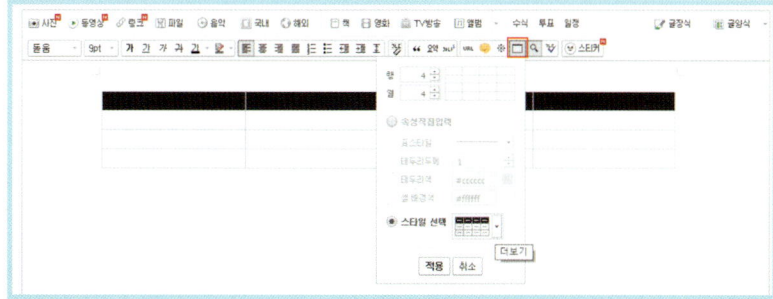

[표삽입]은 포스트에 표를 삽입할 수 있다. 이 버튼을 클릭하여 행과 열의 칸 수를 지정하여 표를 만든다. 〈속성직접입력〉은 표스타일, 테두리두께, 테두리색, 셀 배경색을 사용자가 직접 입력하여 사용한다. 〈스타일 선택〉은 기본으로 제공되는 16개의 스타일 중 마음에 드는 스타일을 선택해 표의 색과 모양을 바꿀 수 있다.

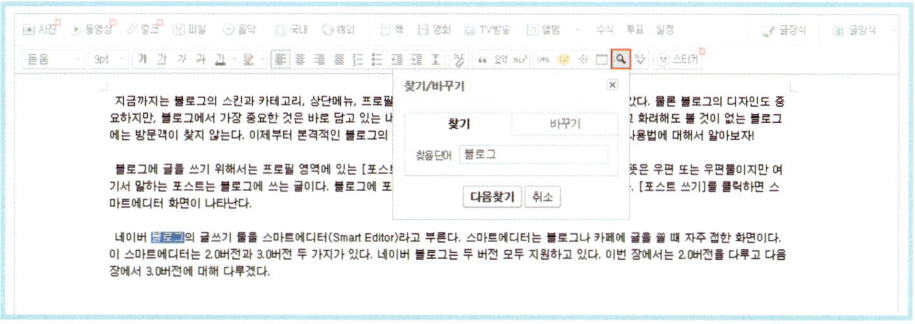

[찾기/바꾸기] 버튼은 찾기와 바꾸기 2종류의 검색이 가능하다. 찾기는 단어를 입력하면 해당하는 단어에 블록이 지정되며 위치를 찾는다.

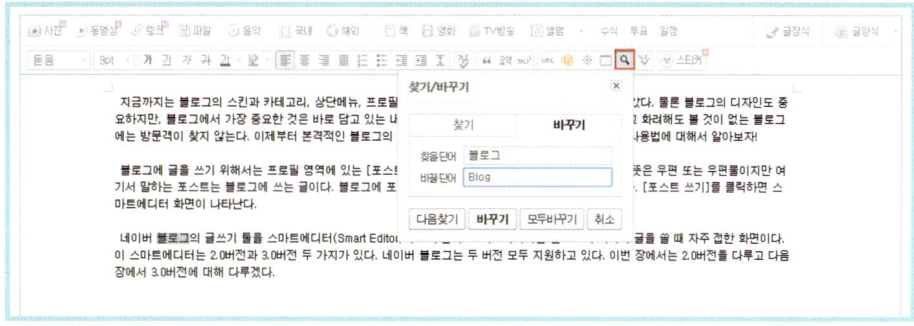

바꾸기는 〈다음찾기, 바꾸기, 모두바꾸기, 취소〉가 있다. 〈다음찾기〉는 앞선 찾기와 같은 효과가 나타난다. 〈바꾸기〉는 검색된 한 개의 단어만 바꾼다. 〈모두바꾸기〉는 글에서 해당하는 단어를 모두 찾아 한 번에 바꾼다.

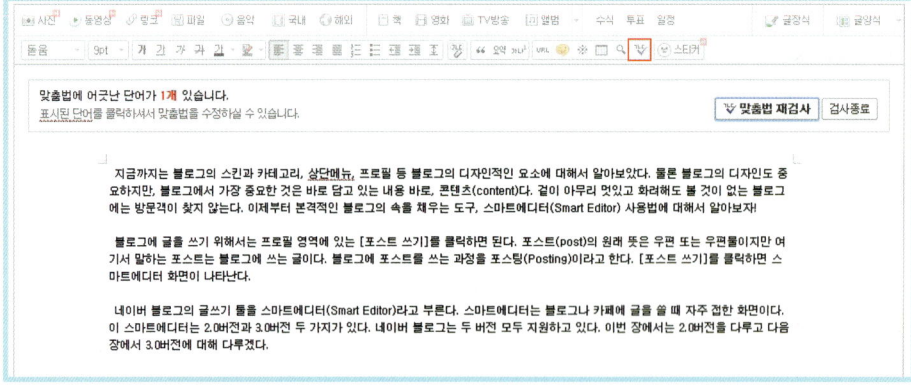

[맞춤법 검사] 버튼을 클릭하면 포스트 내용에 대하여 맞춤법을 검사한다. 맞춤법이 어긋난 단어의 개수와 틀린 단어에 붉은색의 밑줄 표시가 된다. 수정 후 재검사를 하기 위해서는 〈맞춤법 재검사〉 버튼을 클릭하면 된다. 맞춤법 검사를 사라지게 하기 위해서는 〈검사 종료〉 버튼을 클릭한다.

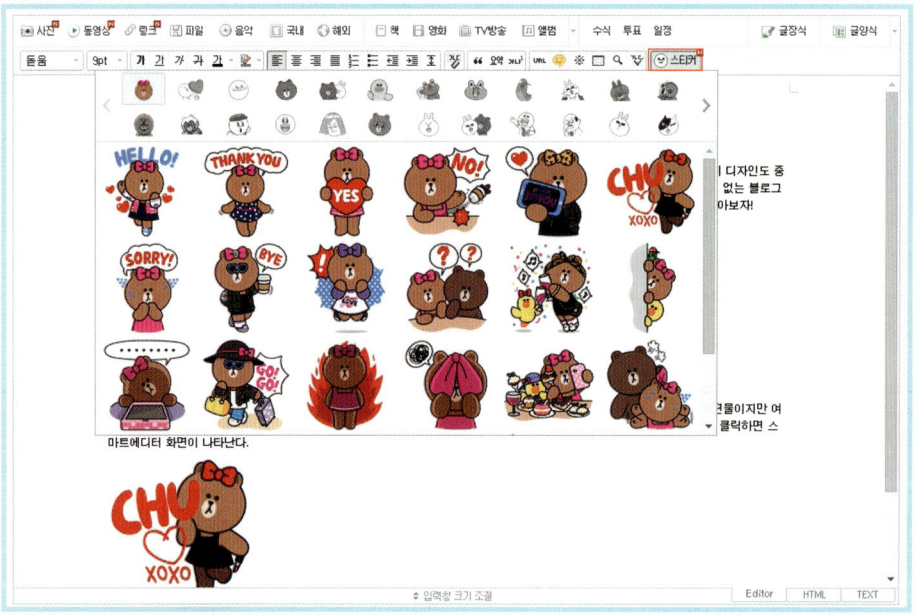

[스티커] 버튼은 앞선 이모티콘을 한층 업그레이드 한 버전이다. 네이버 캐릭터를 활용한 스티커는 블로그 포스트 장식으로 많이 사용되고 있다. 글을 쓰면서 글의 감정을 스티커를 사용하여 표현할 수 있어 재미있게 포스팅할 수 있다.

스마트 에디터의 글쓰기 툴은 텍스트의 글꼴, 크기, 굵기 등 포스트를 꾸밀 수 있는 버튼에 대해서 알아보았다. 포스트를 쓰기 위해서는 글쓰기 툴 사용법을 익혀두면 시간을 절약하며 더욱 멋진 포스팅을 할 수 있다.

 ## 포토업로더로 사진 올리기

스마트 에디터의 글쓰기 툴을 사용하여 텍스트를 꾸밀 수 있다. 스마트 에디터에는 텍스트뿐만 아니라 사진, 동영상, 지도, 일정, 파일, 음악, 그림을 첨부하는 기능이 있다. 글을 쓸 때 텍스트 다음으로 가장 많이 사용하는 것은 사진이다. 아무리 좋은 포스트라도 모두 텍스트로만 작성되어 있다면 많은 사람의 눈을 사로잡기는 어렵다. 이번에는 스마트 에디터 안의 '포토업로더'의 사용법에 대해서 알아보자!

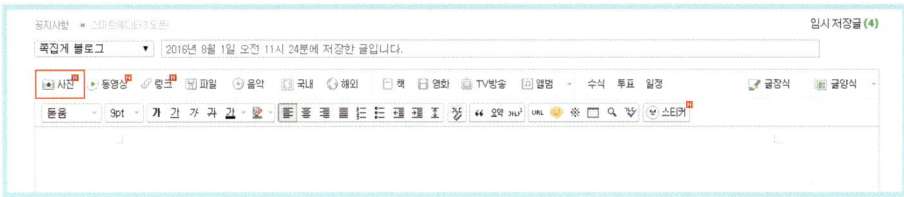

개체삽입 영역에서 [사진] 버튼을 클릭하면 새로운 창에 '포토업로더' 창이 열린다.

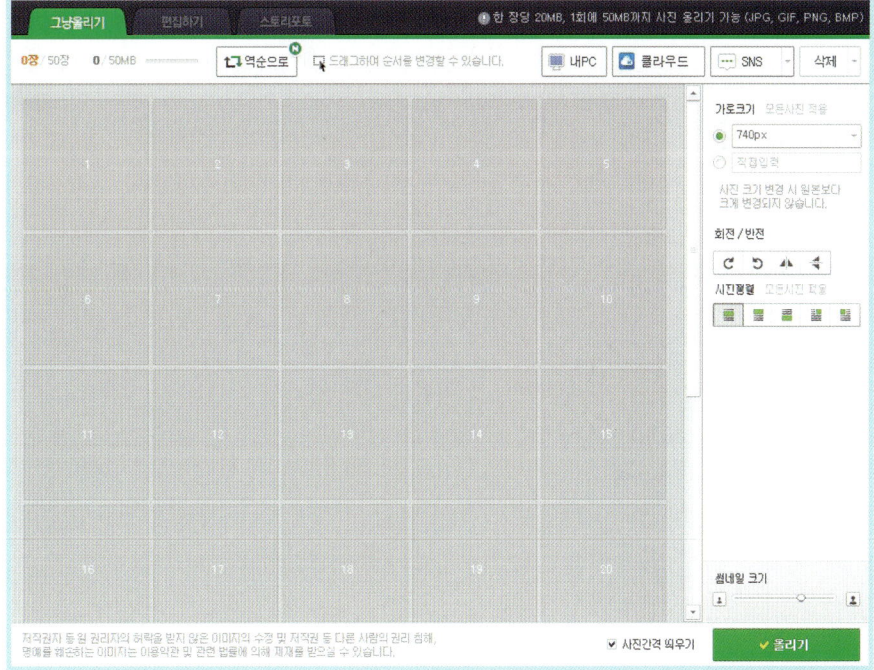

포토업로더 창은 사진을 올리는 역할을 한다. 포토업로더에는 [그냥올리기], [편집하기], [스토리포토]의 3가지 종류 탭이 있다.

● 그냥올리기

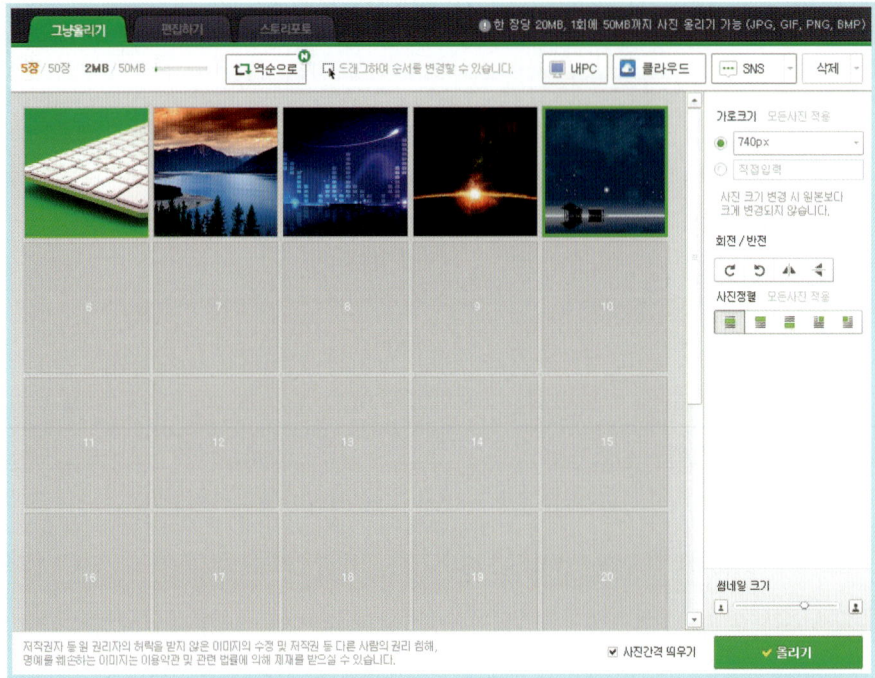

자신의 컴퓨터에 있는 사진을 업로드할 경우 [내PC] 버튼을 선택한다. [클라우드] 버튼은 네이버 클라우드에서 있는 사진을 첨부할 수 있다. 네이버 클라우드는 네이버에서 제공하는 웹하드 서비스이다. [SNS] 버튼은 다른 SNS인 인스타그램, 페이스북, 폴라에서 사진을 가지고 올 수 있는 기능이다.

포토업로더의 장점은 한 번에 50개까지 사진을 올릴 수 있으며, 사진의 회전 및 수정(편집)이 가능하다.

[그냥올리기] 탭에는 가로크기, 회전/반전, 사진정렬의 3가지 설정이 있다. 그냥올리기는 말 그대로 사진을 편집하지 않은 채로 올리는 방법이다.

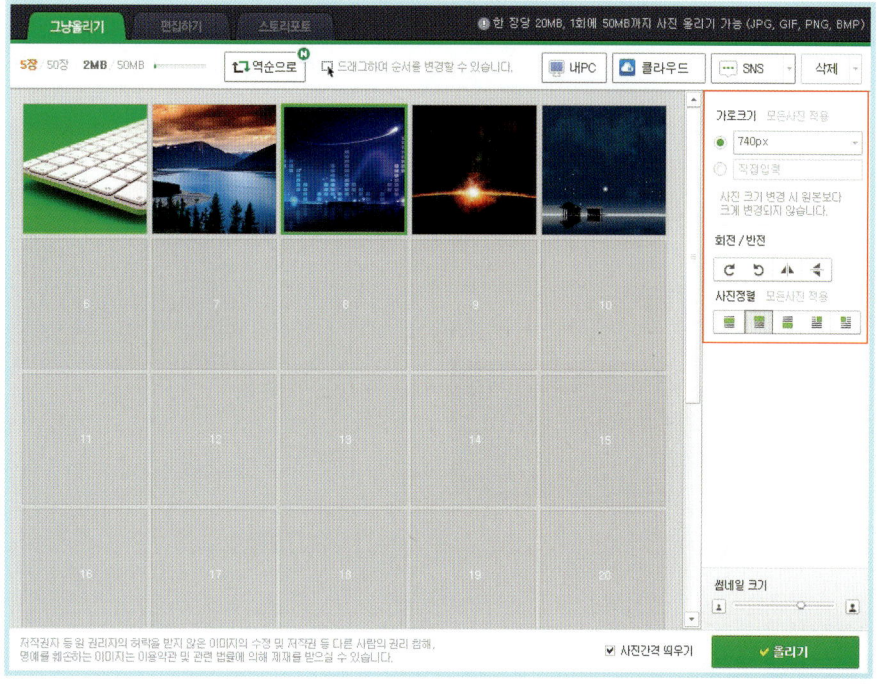

〈가로크기〉는 740px(픽셀)이 기본으로 설정되어 있으며 320~900px을 선택할 수 있다. 가로크기의 원본 크기는 원본 사이즈 그대로 웹으로 전송된다. 원본 이미지보다 크게는 변경되지 않다. 직접입력을 선택하면 자신이 변경하고자 하는 px(픽셀)을 입력하고 적용을 클릭하면 된다. 가로 크기를 줄이면 '가로 : 세로' 고정비율로 세로의 크기가 바뀐다.

〈회전/반전〉은 오른쪽, 왼쪽 회전이 있다. 사진을 선택 후 왼쪽 혹은 오른쪽으로 회전을 눌러주면 사진이 회전된다. 세로 사진을 찍었을 때 주로 사용한다. 세 번째, 네 번째 아이콘은 반전으로 좌우반전, 상하반전으로 사진을 반전시킨다.

〈사진정렬〉은 〈현재위치, 상단정렬, 하단정렬, 우측정렬, 좌측정렬〉이 있다. 〈현재위치〉는 커서가 있는 곳에 사진이 입력되며 〈상단정렬〉은 포스트의 가장 상단에, 〈하단정렬〉은 포스트의 아랫부분에 사진이 입력된다. 〈우측정렬〉은 사진이 오른쪽에 〈왼쪽정렬〉은 가장 왼쪽에 정렬되어 입력된다.

〈현재위치, 상단정렬, 하단정렬〉과 〈우측정렬, 좌측정렬〉의 차이점은 〈현재위치, 상단정렬, 하단정렬〉은 사진 옆에 한 줄의 텍스트만 입력할 수 있고, 〈우측정렬, 좌측정렬〉은 사진의 옆에 여러 줄의 텍스트를 입력할 수 있다.

● 편집하기

[편집하기] 탭을 선택하면 앞의 그림과 같은 창이 나타난다. [그냥올리기]와 같은 방법으로 사진을 업로드 한다. 편집하기에서는 편집 도구를 이용하여 간단하게 사진을 편집할 수 있다.

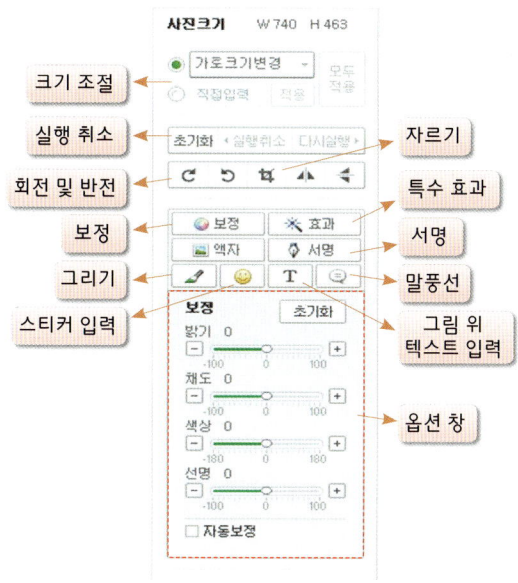

〈크기 조절〉은 그냥 올리기와 같이 320~900px까지 선택할 수 있다. 직접입력을 선택하면 원하는 크기로 조절할 수 있다. [모두적용]을 누르면 업로드된 사진이 모두 같은 크기로 조절된다.

〈초기화〉는 이미지를 편집 중 가장 처음의 사진으로 복구하는 버튼이다. 사진을 편집하는 중 원본 버튼을 클릭하면 "현재 편집 중인 사진을 원본으로 초기화하시겠습니까? 사진 크기는 서비스 최적값 가로 740px로 자동조절 됩니다."라는 대화창이 나타난다. [예]를 누르면 원본으로 초기화된다. [아니요]를 누르면 편집하던 이미지로 돌아간다.

〈실행 취소〉는 편집 한 단계 이전으로 돌아가는 효과와 같은 Undo 기능의 버튼이다.

〈다시 실행〉은 편집 한 단계 이후로 돌아가는 Redo 기능의 버튼이다.

〈우/좌측 회전, 좌우반전, 상하반전〉 버튼은 사진을 회전시키는 버튼이다.

〈자르기〉 도구는 자신이 필요한 영역을 선택할 수 있다. [자르기] 버튼을 클릭하면 사진의 모든 범위에 검은색 음영이 생긴다. 필요한 부분만 마우스로 드래그하면 해당 영역의 음영이 사라진다. 그리고 마우스로 해당 영역을 더블클릭하면 필요한 부분만 잘린다. 자르기 도구는 사진 중에 자신이 필요한 부분만 잘라내고 싶을 때 사용하는 도구이다.

〈보정〉 도구는 밝기, 채도, 색상, 선명을 통해 사진을 보정할 수 있다. 이미지 편집 프로그램에서와 같은 간단한 보정은 가능하다. 자동보정을 선택하면 편집 도구에서 자동으로 수정되어 손쉽게 사진을 편집할 수 있다.

〈효과〉 도구는 9가지 효과를 나타낼 수 있다. 뽀샤시, 선명하게, 부드럽게, 필름, 신문지, 안개유리, 흑백, 세피아, 모자이크의 효과를 사용할 수 있다. 각각의 효과에서 체크박스를 클릭하면 사진에 적용된다.

〈액자〉 도구는 액자는 사진의 테두리를 꾸며주는 효과이다. 액자는 6개 중 1개를 선택할 수 있다. 사용 방법은 해당 액자를 클릭하면 적용된다. 이 기능을 이용하면 밋밋한 사진을 실제 사진을 현상한 것과 같이 테두리를 사용할 수도 있다.

〈서명〉은 자신이 사용하는 이미지의 출처를 밝히거나 제작자의 소유를 알리기 위해서 사용된다. 인터넷 뉴스의 사진을 보면 가운데 언론사의 이름이 희미하게 들어가 있는 것을 볼 수 있다. 서명을 클릭하면 옵션 창에 〈서명 사용 안함, 이미지 서명, 텍스트 서명〉의 3종류가 있으며 이미지 서명으로 자신의 서명을 도장처럼 사진에 넣을 수 있다.

〈그리기〉 클릭하면 펜, 잉크, 흩뿌리기, 지우개의 4가지 도구를 사용할 수 있다. 크기와 투명도를 설정하여 사진에 그림을 그릴 수 있다.

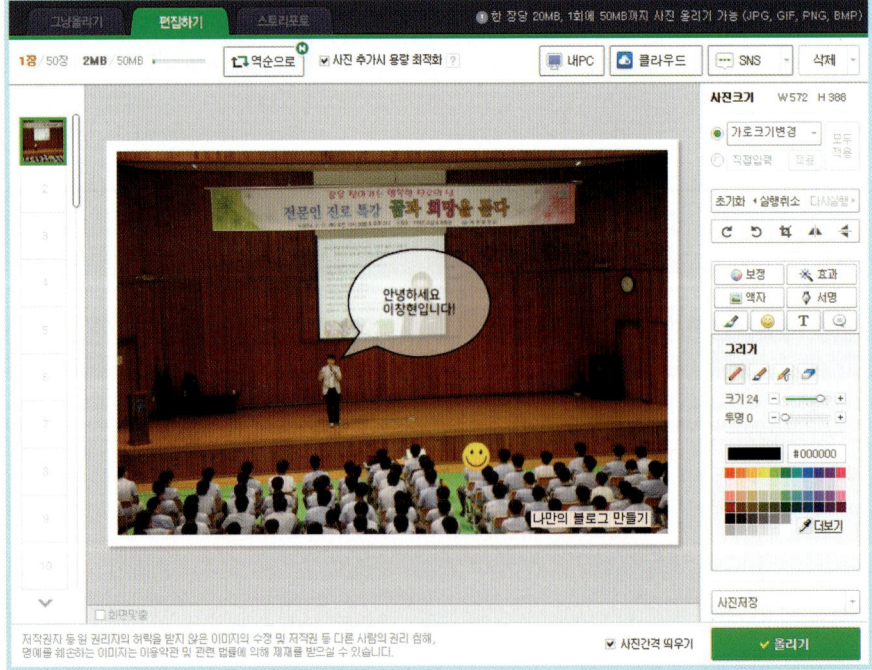

〈스티커〉 도구는 40개의 스티커를 사진에 붙일 수 있다. 마음에 드는 스티커를 클릭하여 크기와 위치를 지정하면 된다. 재미있는 사진을 만들고자 할 때 스티커 도구를 사용할 수 있다.

〈텍스트〉 도구는 사진 속에 텍스트를 입력할 수 있다. 텍스트의 글꼴, 크기, 굵게, 기울게, 색을 선택할 수 있다.

〈말풍선〉 도구는 사진을 꾸미는 말풍선을 사용할 수 있다. 말풍선은 4가지의 종류가 있으며 말꼬리의 위치에 따라 선택할 수 있다. 아이콘을 선택하면 말풍선이 입력된다. 텍스트와 같은 방법으로 더블클릭하면 텍스트를 입력 및 수정을 할 수 있다.

편집 도구를 사용하여 사진에 여러 가지 효과를 적용해보았다. 크기 조절, 말풍선, 스티커, 서명, 액자 등의 효과로 사진을 편집해 보았다. [편집하기]는 축약된 이미지 프로그램을 옮겨 놓은 것 같다. 몇 번의 클릭으로 손쉽게 원하는 사진 편집이 가능하다.

● 스토리포토
[스토리포토]는 여러 사진을 함께 볼 수 있으며 움직이는 이미지를 만들 수 있는 장점이 있다.

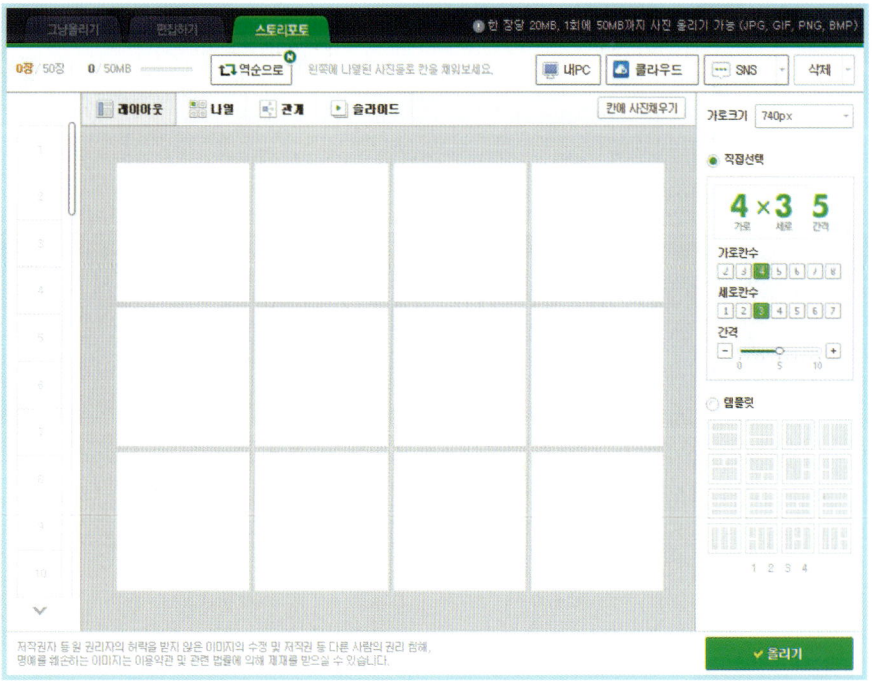

앞의 그림은 스토리포토의 첫 화면 모습이다. 스토리포토는 〈레이아웃, 나열, 관계, 슬라이드〉의 4가지 종류로 선택할 수 있다. 스토리포토는 여러 사진이 하나의 앨범 안에 들어 있는 모습의 플래시 파일로 나타난다. 스토리포토는 한 장의 사진보다는 많은 사진이 있을 때 사용하는 것이 훨씬 더 유용하게 사용된다.

〈레이아웃〉은 여러 장의 사진을 업로드한 뒤에 [칸에 사진채우기] 버튼을 클릭하면 창을 나누어 업로드한 각 사진이 위의 그림과 같이 각 네모창 안에 삽입된다. 위 창은 4×3 프레임의 틀에 삽입된 모습이다. 오른쪽 설정 영역의 **직접 선택**에 있는 가로칸수, 세로칸수를 통해 레이아웃을 변경할 수 있다. 레이아웃은 2×1부터 8×7까지 레이아웃을 선택할 수 있다. 간격을 조절하면 레이아웃 안에 있는 사각형 사이의 거리 간격을 지정할 수 있다. 레이아웃 안의 사진을 선택하면 사진의 위쪽에 표시되는 [EDIT] 버튼을 클릭하여 선택된 사진에서 레이아웃 틀에 보일 부분을 조절하거나 사진 회전 등을 조절할 수 있다. 또한 각 사진을 드래그하여 사진의 위치를 변경할 수 있다.

템플릿을 선택하면 자동으로 레이아웃이 바뀐다. 템플릿은 64개를 기본으로 제공하고 있다. 템플릿을 사용하여 변형된 레이아웃에서 각 사진을 드래그하여 위치를 변경할 수 있다.

〈나열〉은 사진 모양을 순서대로 배치하는 방식이다. 오른쪽 설정 영역에서 가로칸수를 선택하면 자동으로 나열형 모양이 나타난다. 사진 각도 조절은 하단의 막대 바 또는 사진 각도 조절의 모서리를 드래그해 조절할 수 있다. 완성된 포스트는 해당 사진을 클릭하면 큰 사진으로 나타난다.

〈관계〉는 중심 인물과 주변인으로 구성할 수 있는 형태이다. 오늘쪽 설정 영역에서 사용할 사진의 수를 선택한다. 관계의 연결선의 색상을 흰색과 검은색 중 선택할 수 있다. 관계형태는 1인 중심형과 2~3인 관계형 중 선택할 수 있다.

〈슬라이드〉는 사진의 개수와 상관없이 자동으로 다음 사진으로 바뀌는 형태이다. 슬라이드 효과는 〈페이드인아웃〉, 〈크기변경〉, 〈슬라이딩〉, 〈블라인드〉의 4가지 중 선택이 가능하다. 각 이미지의 슬라이드 방법에는 〈자동〉과 〈마우스 클릭으로〉가 있다. 〈자동〉은 설정된 시간 간격으로 사진이 전환된다. 각 효과는 마우스로 사진을 클릭하면 설정 결과를 미리 볼 수 있다.

네이버 포토업로더를 통해 포스트에 사진을 사용할 수 있게 한다. 포토업로더를 사용하면 사진의 크기, 편집, 움직이는 사진으로 업그레이드하여 사용할 수 있는 장점이 있다. 포토업로더를 사용하여 한층 더 멋진 포스트를 작성해보자!

 **동영상 올리기**

스마트 에디터로 텍스트를 편집하고 사진을 넣어 포스트를 편집하는 방법에 대해서 알아 보았다. 스마트폰이 대중화되고 사진뿐만 아니라 동영상도 많은 사람이 사용하기 시작하면서 다양한 동영상 사이트가 생겼다. 스마트 에디터에도 동영상을 사용할 수 있다. 이번에는 블로그에 동영상을 사용하는 방법에 대해 알아보자!

● 파일을 통해 동영상 올리기

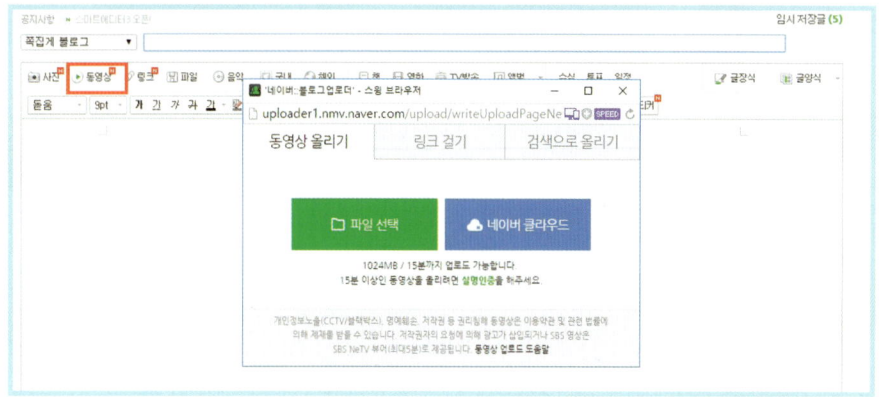

스마트 에디터의 두 번째 [동영상]을 클릭하면 새로운 창에 블로그업로더가 나타난다. 블로그업로더를 이용해서 동영상을 올릴 수 있다. 자신의 컴퓨터에 있는 동영상을 업로드하기 위해서는 [파일 선택]을 클릭하면 된다. [네이버 클라우드]로도 동영상을 업로드할 수도 있다. 동영상의 확장자는 avi, wmv, mpg, mpeg, mov, asf 등 대부분의 동영상을 선택할 수 있다. 기본적으로 동영상의 길이가 15분이 넘거나 용량이 1,024MB가 넘는 동영상은 업로드할 수 없다. 실명 인증을 받으면 동영상 길이 즉, 재생시간은 60분, 파일의 크기는 4,096MB까지 업로드 할 수 있다.

〈파일 선택〉 또는 〈네이버 클라우드〉를 클릭하여 업로드할 영상파일을 찾는다. 그러면 "업로드 진행중…"이라는 메시지와 함께 몇 %가 업로드 중인지 표시된다. 100%가 될 때까지 기다린다.

동영상이 100% 업로드가 완료되면 그림과 같이 표지를 선택할 수 있다. 표지는 자신이 가장 마음에 드는 장면을 선택한 뒤 [완료] 버튼을 클릭한다.

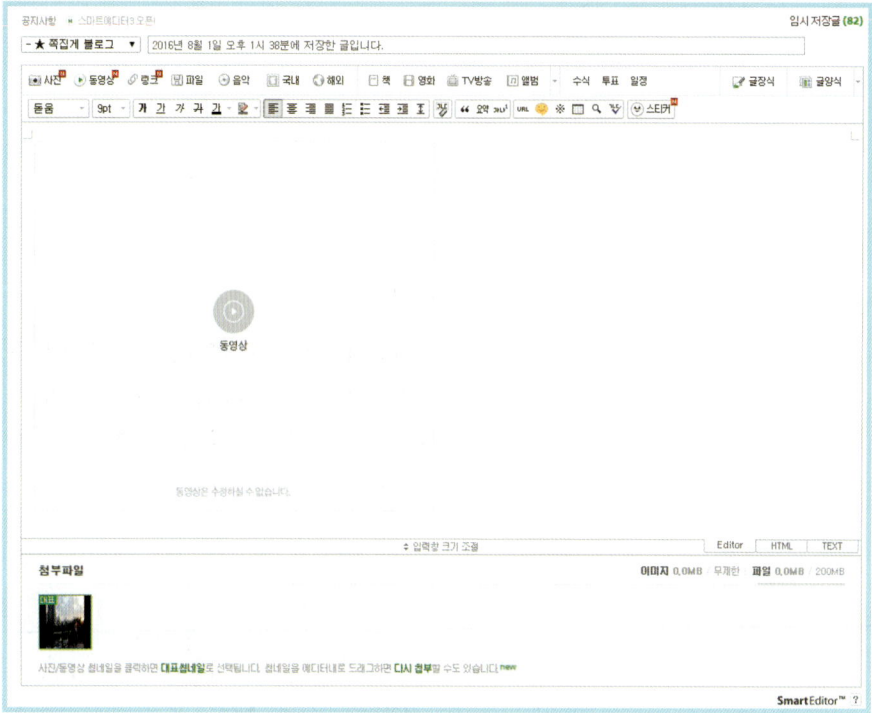

스마트 에디터에 동영상이 입력된 장면이다. 스마트 에디터에서는 동영상이 재생되지 않는다. 동영상이 움직이는 것을 확인하기 위해서는 포스트 작성 창의 하단에 있는 [미리보기] 혹은 [확인] 버튼을 눌러 포스트를 작성을 완료하면 된다. 동영상을 삭제할 때는 아래 첨부 파일의 [×]표시를 클릭하여 삭제된다.

● 링크 걸어 유튜브 동영상 올리기

동영상을 직접 업로드하지 않고 링크 걸기를 통해서도 스마트 에디터로 불러올 수 있다. [링크 걸기] 탭을 사용하여 간접적으로 영상을 사용할 수 있다.

먼저 유튜브에서 포스팅할 영상을 찾는다. 영상을 찾았다면 영상 하단의 [공유] 버튼을 누른다. 해당 링크 주소가 나타나면 그 주소를 선택한 뒤 복사(Ctrl+C)한다.

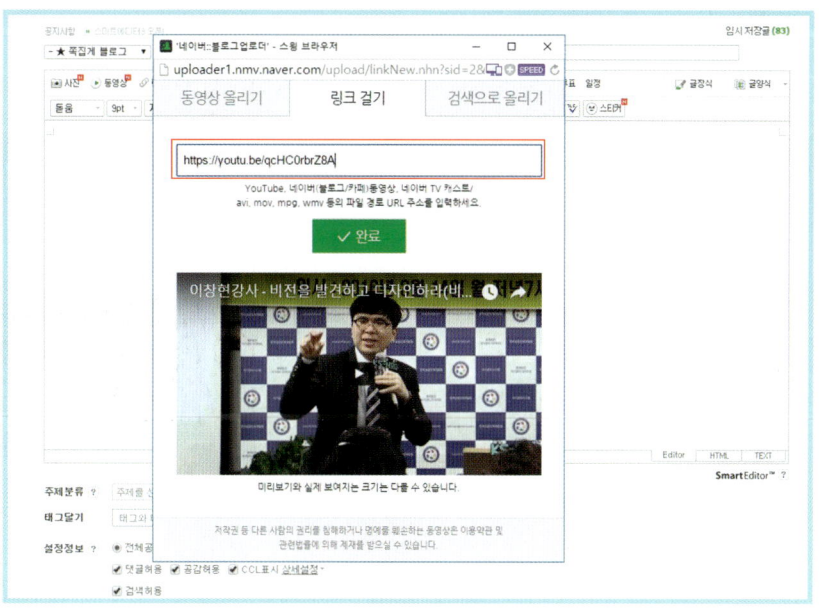

비어 있는 링크 주소 입력 창에 복사한 주소를 붙여넣기(Ctrl+V) 한다. 주소가 입력되면 자동으로 하단에 미리 보기 화면이 나타난다. 링크되지 않는 동영상의 경우 "URL이 올바르지 않습니다."라는 표시와 함께 미리 보기 영상이 나타나지 않는다. [완료] 버튼을 눌러 영상을 스마트 에디터에 삽입한다.

직접 업로드한 동영상과 달리 링크한 영상은 미리 보기가 나타나며, 이 동영상은 스마트 에디터에서 재생도 가능하다.

● 검색으로 동영상 올리기

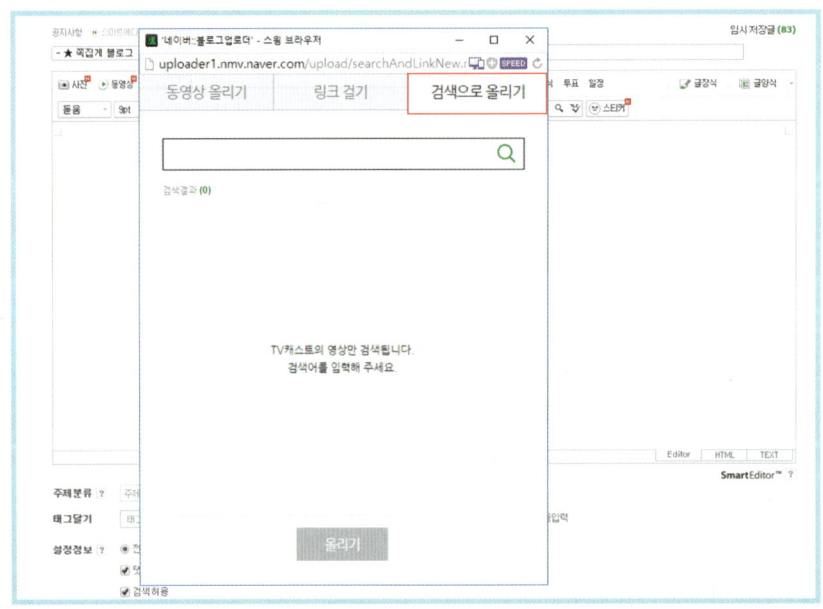

네이버에서는 'TV캐스트'라는 자체 동영상 서비스를 제공하고 있다. 이곳에 등록된 영상은 검색을 통해 손쉽게 스마트 에디터로 불러올 수 있다.

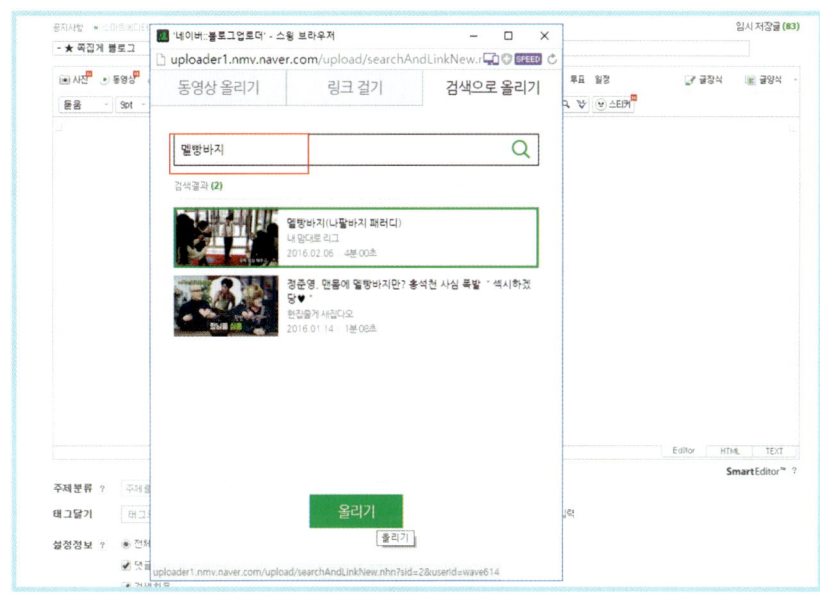

검색할 키워드를 입력하여 검색한다. 키워드에 해당하는 영상이 있으면 아래에 미리보기가 나타난다. 키워드에 해당하는 영상이 없는 경우 미리보기에 아무런 영상도 나타나지 않는다. 영상을 찾았다면 원하는 영상을 선택한 뒤 [올리기] 버튼을 클릭한다.

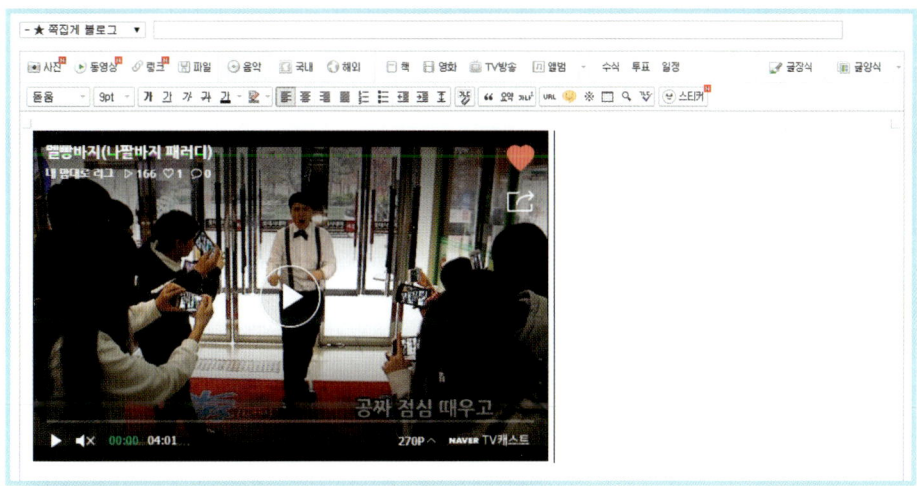

스마트 에디터에 동영상이 첨부되었다. 직접 업로드한 동영상과 달리 검색한 영상은 미리보는 화면에서 재생할 수 있다. 네이버 TV캐스트에서 제공하는 TV 프로그램 영상도 스마트 에디터에서 동영상으로 사용할 수 있다.

 ## 지도 입력하기

블로그 혹은 카페로 공지하는 경우가 있다. 모임, 강의, 행사 등의 위치를 알릴 때 지정된 장소에서 계속한다면 약도 하나로 계속 사용하면 된다. 하지만 지도가 계속해서 변경될 때 또는 약도가 없을 때는 스마트 에디터의 지도를 사용할 수 있다.

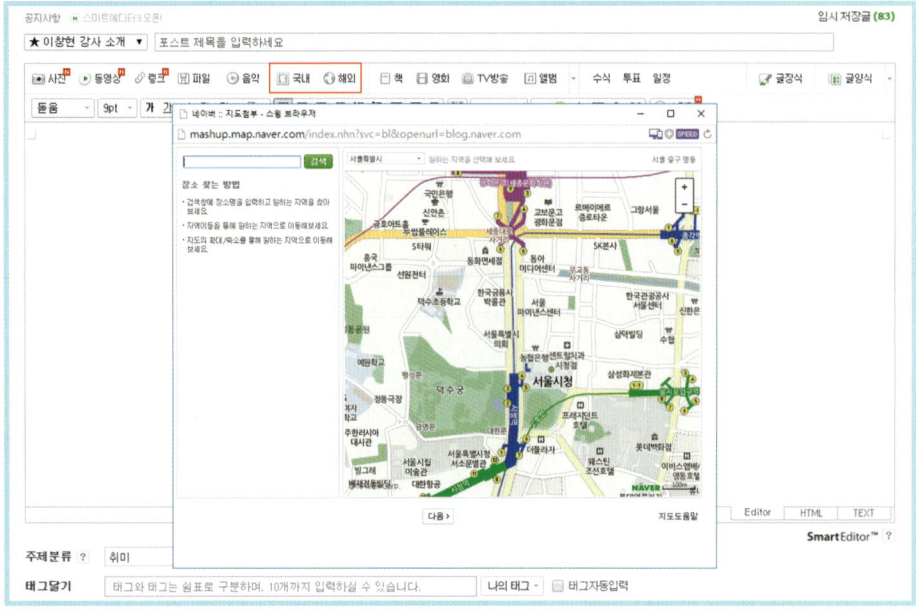

스마트 에디터의 개체 삽입 목록에서 [국내] 또는 [해외]를 클릭하면 지도첨부 창이 나타난다. 지도첨부 창을 통해 자신이 원하는 위치의 지도를 포스팅할 수 있다.

[국내]를 선택하여 지도를 포스트에 입력해 보자.

지도첨부 창의 왼쪽 위에서 검색 란에 검색어 또는 주소를 입력한다. 검색 결과 중 자신이 검색하고자 했던 것을 클릭하면 그곳의 상세한 지도와 위치로 이동하게 된다. 자신이 원하는 위치를 찾았다면 하단의 [다음] 버튼을 클릭한다.

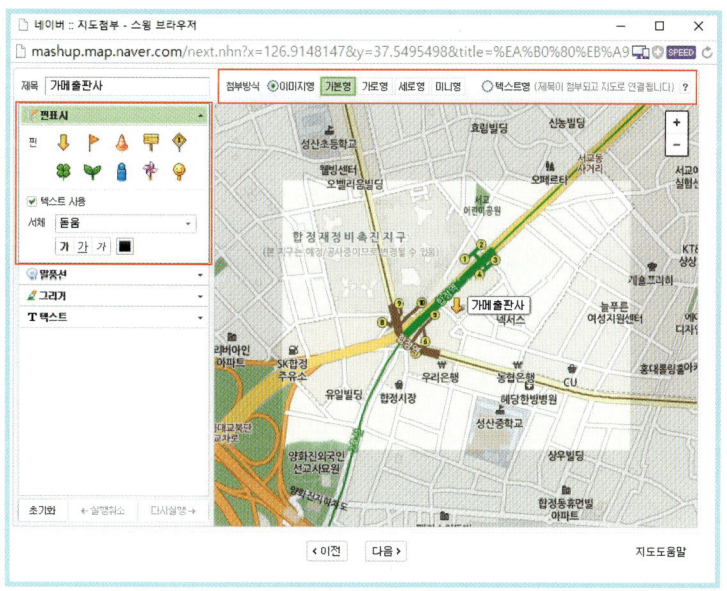

선택한 위치의 지도 제목을 입력할 수도 있다. 제목은 기본적으로 검색했던 이름이 입력되어 있다.

첨부방식으로 〈이미지형〉과 〈텍스트형〉을 선택할 수 있다. 〈이미지형〉은 지도에서 밝은 부분에 해당한다. 이미지형은 [+, -] 버튼을 클릭하여 지도의 축척을 줄이거나 늘릴 수 있다. 지도에서 밝은 부분이 스마트 에디터에 입력이 된다. 〈텍스트형〉은 제목과 주소의 텍스트가 입력된다.

검색된 지도에 원하는 위치를 표시하기 위한 기능으로 핀표시, 말풍선, 그리기, 텍스트 기능이 있다.

[핀표시]는 10개 이미지를 지도에 삽입할 수 있다. 해당 이미지는 텍스트와 함께 사용할 수 있다. 이미지 옆에 텍스트를 입력할 수 있으며 텍스트의 기본적인 서체, 굵게, 밑줄, 기울기, 글자색을 설정할 수 있다.

[말풍선]을 이용하여 지도에 말풍선을 입력할 수 있다. 말풍선은 네모형과 둥근 종류의 말풍선을 선택할 수 있다. 말풍선은 각각 4가지 방향을 선택할 수 있다. 말풍선에 텍스트를 입력한 뒤 굵게, 밑줄, 기울게, 왼쪽 정렬, 가운데 정렬, 오른쪽 정렬 등 텍스트 효과 적용할 수 있다.

[그리기]는 지도상의 이동 경로를 그릴 수 있다. 직선, 화살표, 양쪽 화살표, 사각형, 원의 5가지 모양을 지도 위에 그릴 수 있다. 그리기의 색, 굵기, 투명을 지정할 수 있다. 지도에 선을 모두 그리고 더블클릭하면 그리기가 종료되고 지도에 선이 입력된다.

[텍스트]는 지도상에 주소, 일시를 함께 입력할 때 유용하게 사용된다. 텍스트의 서체, 크기, 굵기, 밑줄, 색, 정렬 등을 설정할 수 있다.

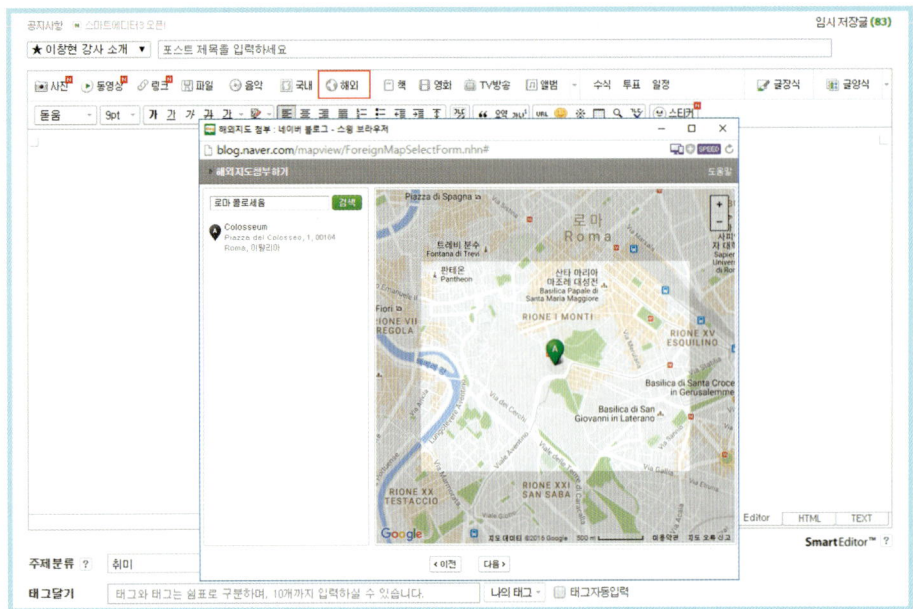

국내의 지도가 아닌 해외의 지도를 사용하고자 한다면 [해외]를 선택해 지도를 첨부할 수 있다. 해외 지도는 구글 맵이 사용된다. 사용방법은 같지만, 국내처럼 꾸미기 효과는 사용할 수 없다.

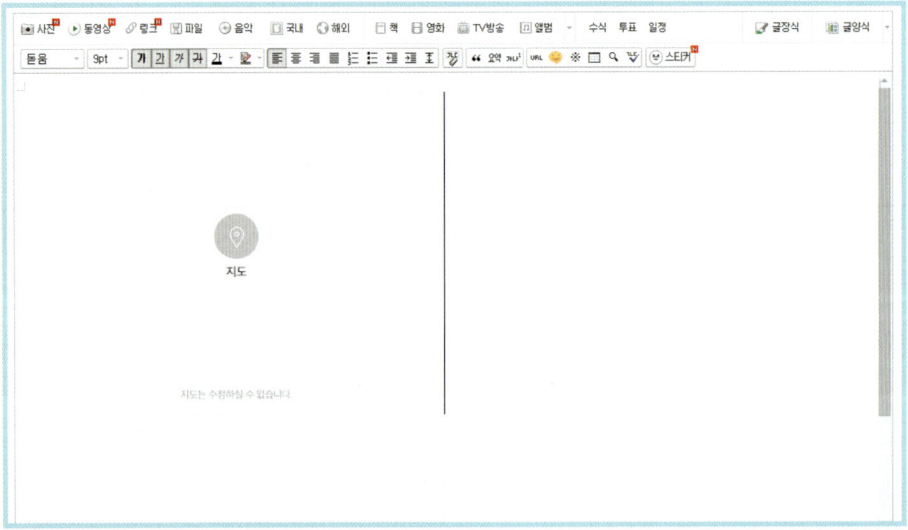

지도는 스마트 에디터에 입력된 모습의 미리 보기를 지원하지 않는다. 포스트를 완성하면 설정한 지도를 볼 수 있다. 맛집, 행사, 강연, 공연 등 다양한 모임을 할 때 유용하게 사용할 수 있다. 블로그의 지도 기능을 이용하여 사람들이 쉽고 빠르게 위치를 알 수 있도록 사용해 보자!

 ## 스마트 에디터 첨부 기능

스마트 에디터의 사진, 동영상, 지도까지 입력해 보았다. 이번에는 링크, 파일, 음악, 지도, 수식, 투표, 일정 등 다양한 첨부 기능들을 알아보자!

[링크]를 클릭하면 링크 추가 창이 나타난다. 링크 주소를 입력하면 미리보기가 나타난다. 자신의 블로그 글이나 다른 참고한 사이트를 표시할 때 유용하게 사용된다. 이 링크 기능을 활용하여 글을 링크하면 방문자에게 더 많은 정보를 줄 수 있다.

[파일]을 클릭하면 파일 올리기 창이 나타난다. [+파일추가] 버튼을 클릭하여 첨부하고 싶은 파일을 선택 후 [확인] 버튼을 클릭하면 된다. 첨부하는 파일의 크기는 10MB(Mega Byte)까지 등록할 수 있다. 파일을 올릴 때는 저작권을 침해하지 않는 파일을 올려야 한다. 파일을 등록하고 포스트를 완료하면 포스트 오른쪽 위에 "첨부파일"이 표시가 된다. 그 부분을 클릭해서 파일을 내려받을 수 있다.

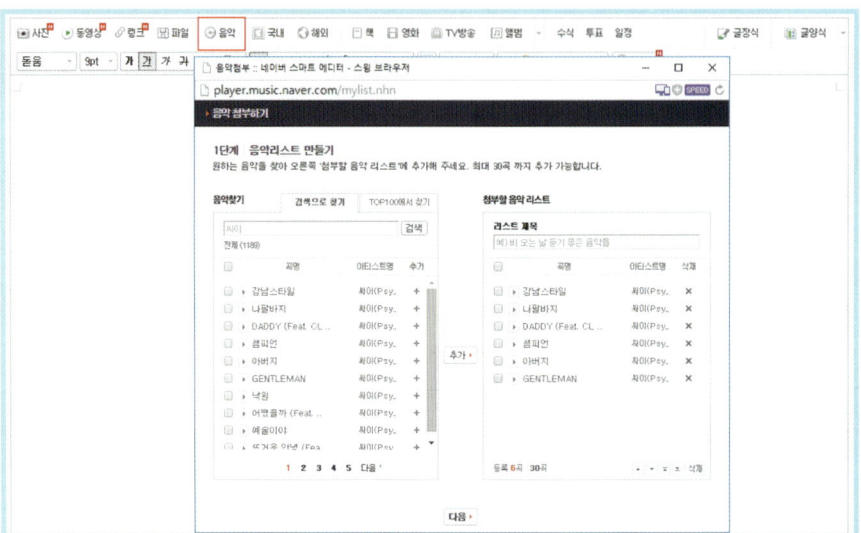

[음악]을 클릭하면 위와 같이 음악 첨부하기 창이 나타난다. 검색을 통하여 원하는 음악을 체크한 뒤 [추가>] 버튼을 눌러 첨부할 음악 리스트에 첨부한다. 첨부한 리스트의 제목을 정한 뒤 [다음] 버튼을 누른다.

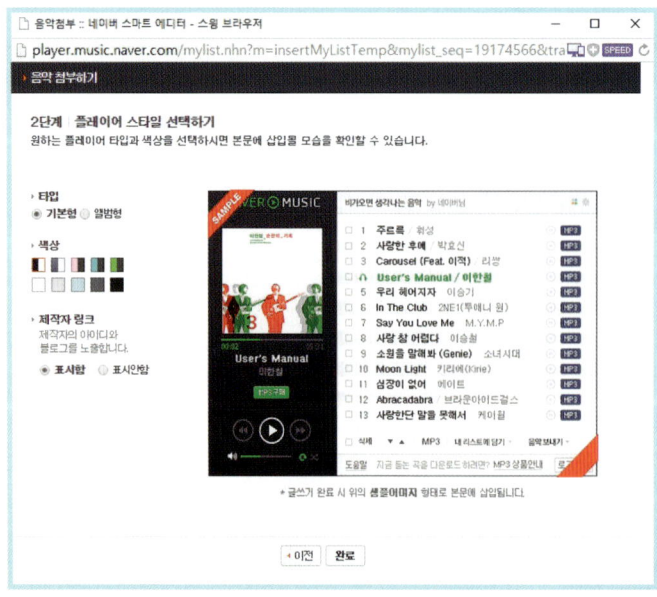

플레이어 스타일을 선택할 수 있다. 기본형과 앨범형을 선택할 수 있다. 원하는 색상도 선택할 수 있다. 설정이 다 되었다면 [완료] 버튼을 눌러 스마트 에디터에 음악을 첨부한다. 구입하지 않은 음악은 미리 듣기 1분까지만 가능하다.

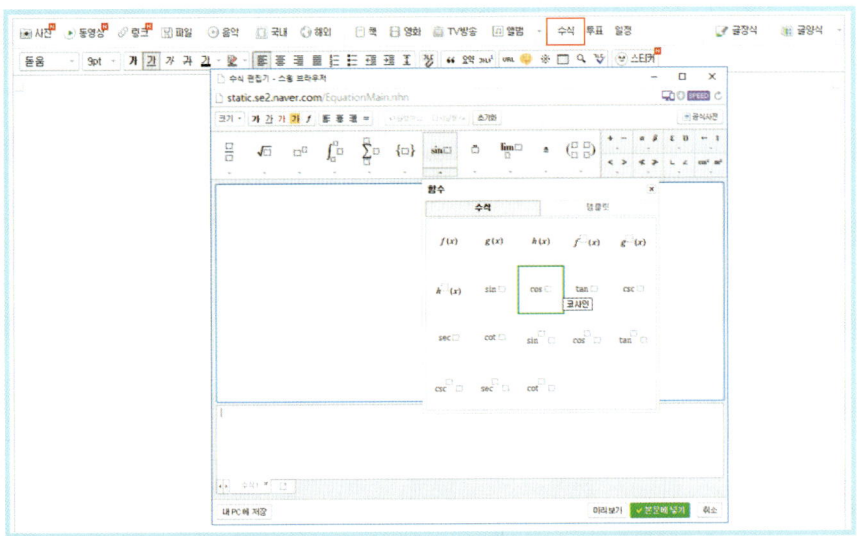

[수식] 기능은 웹에서 사용되는 내용에 수학 기호, 공식 등을 입력할 수 있다. 수식 편집기에는 분수, 근호, 첨자, 미/적분, 대형연산자, 대괄호, 함수, 장식기호, 극한 및 로그, 연산자, 행렬의 기호를 사용할 수 있다. 연산자, 그리스 문자, 관계연산자 등 수학에서 사용하는 수식이 가능하다. 각각의 수학기호 아래에 표시된 ▼ 화살표를 누르면 위의 그림과 같이 확장된다. [공식사전]을 클릭하면 평소에 보던 공식들이 만들어져 있다. 수식은 숫자나 문자를 입력하여 손쉽게 사용할 수 있다.

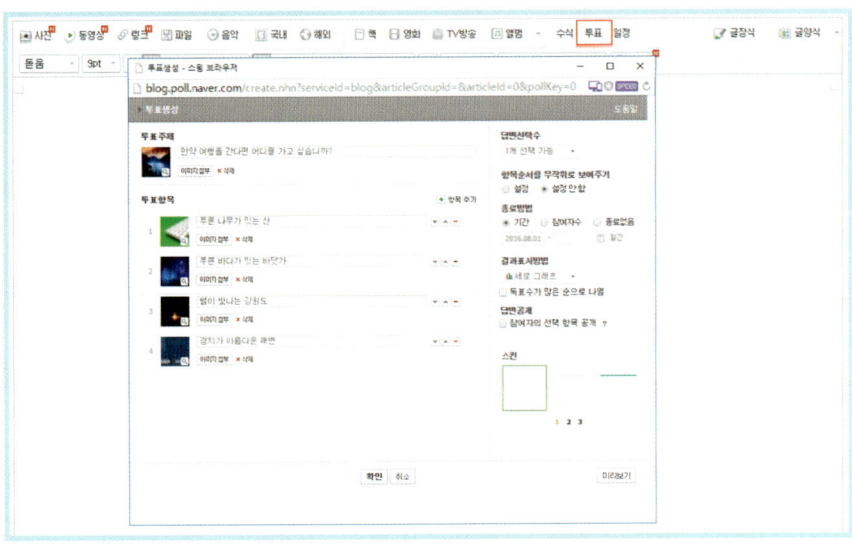

[**투표**] 기능은 주제를 선정하여 포스트를 읽는 사람에게 투표할 수 있다. 먼저 투표의 주제를 입력하고 투표 항목을 선택할 수 있도록 입력한다. 투표 항목이 더 필요한 경우는 [+항목추가] 버튼을 눌러 더 많은 항목을 추가할 수 있다. 오른쪽의 〈답변선택수〉를 설정할 수 있다. 투표 항목의 순서, 종료 방법, 결과표시방법, 답변공개, 스킨까지 옵션을 설정할 수 있다.

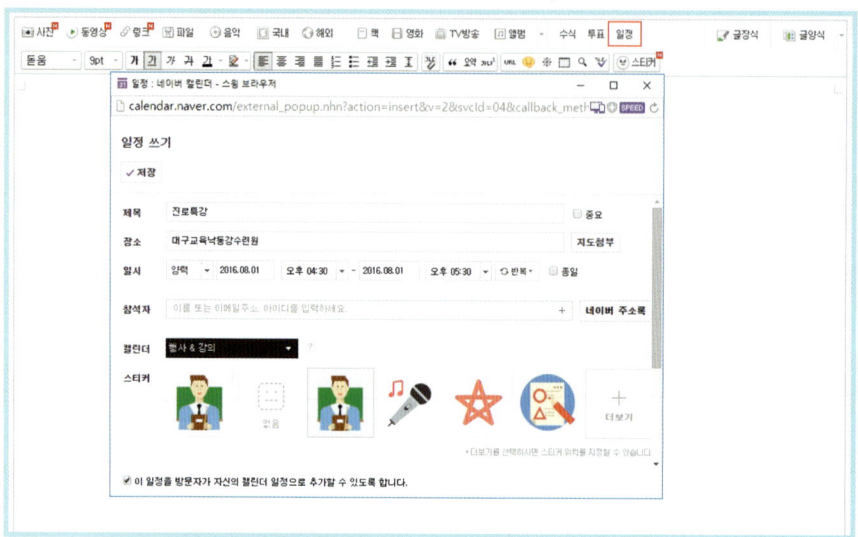

[**일정**]을 클릭하면 네이버 캘린더 창이 나타난다. 네이버 캘린더는 메일, 주소록, N드라이브, 포토 앨범, 가계부와 함께 네이버에서 제공하는 기능이다. 네이버 캘린더는 스마트폰의 네이버 캘린더와 연동된다. 일정 추가하기에서 일시, 내용, 캘린더, 장소, 반복, 반복주기, 반복종료를 설정하여 사용하면 된다.

스마트에디트에서 첨부할 수 있는 〈링크, 파일, 음악, 지도, 수식, 투표, 일정〉에 대해서 알아보았다. 포스트에 이 기능을 사용하여 다양한 형식의 콘텐츠를 첨부하여 작성한다면 더 멋진 포스트를 만들 수 있다.

 # 글감첨부 하기

스마트 에디터가 제공하는 다양한 기능 중 글감(데이터베이스)을 첨부하는 기능이 있다. 글감은 글의 내용이 되는 재료를 뜻한다. 스마트 에디터에서 제공하는 글감에는 책, 영화, TV방송, 음악, 상품, 인물, 백과사전, 날씨, 앱까지 많은 정보를 가지고 있다. 이번에는 스마트 에디터의 글감첨부를 사용해 보자!

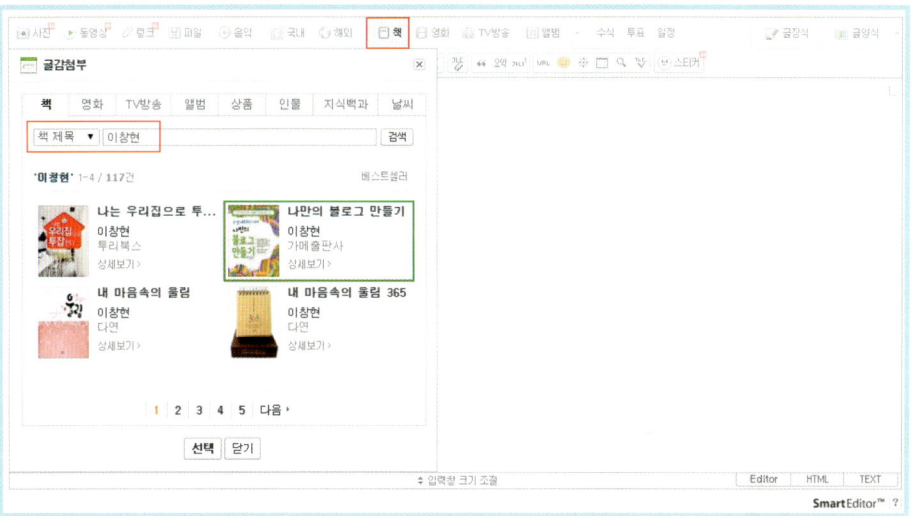

[책]을 클릭하면 하단의 글감첨부 창이 나타난다. 책 제목과 작가 중 선택할 수 있으며 작가 이름을 "이창현"으로 검색했을 때 위와 같이 필자의 책이 나타난다. 자신이 글감으로 사용하고 싶은 책의 제목 또는 작가를 검색하여 선택할 수 있다. 찾고 싶은 책을 찾았다면 [선택] 버튼을 누른다.

책을 선택했다면 다양한 모양의 글감 레이아웃을 선택하여 사용할 수 있다. 〈평점주기〉를 선택해 해당 글감에 대한 평점을 줄 수도 있다. [적용] 버튼을 클릭하면 스마트 에디터에 삽입된다.

[영화]의 글감은 앞서 책을 검색하는 방법처럼 원하는 영화를 검색할 수 있다. 해당 글감을 선택하여 클릭하고 6개의 레이아웃 중 하나를 선택하여 입력한다. 같은 방법으로 [TV방송], [음악], [상품], [인물], [지식백과]의 글감을 검색하여 스마트 에디터로 불러 사용할 수 있다.

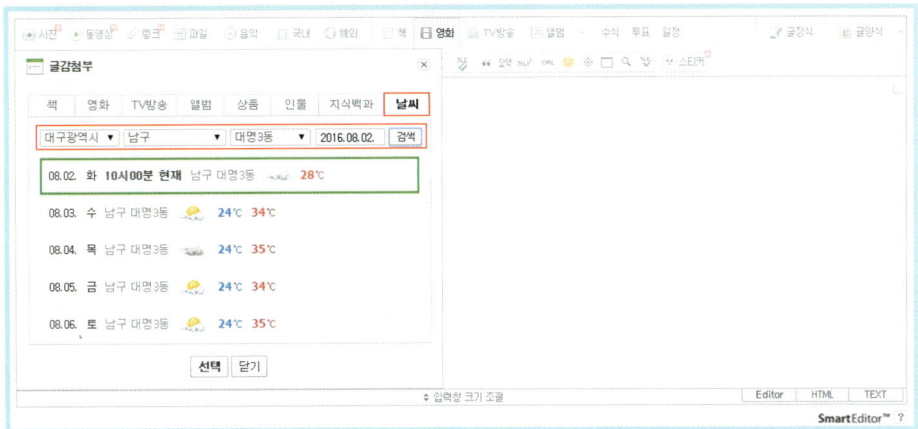

[날씨]는 지역 단위로 검색할 수 있다. 자신이 사는 지역과 날짜를 선택하여 [검색] 버튼을 누르면 아래에 날씨가 나타난다. [선택] 버튼을 클릭한 뒤 레이아웃을 선택하여 사용한다. 예보(미래)는 현재 날짜로부터 일주일 안으로 가능하다. 또한 지나간 날의 날씨도 알 수 있다.

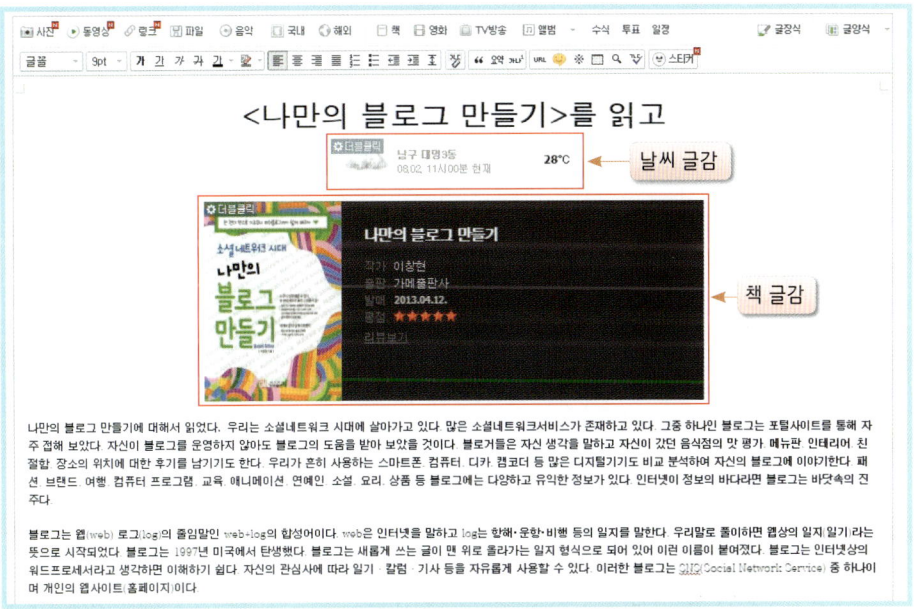

위 그림은 날씨, 책 글감을 첨부해서 포스트를 만들었다. 글감첨부 기능을 사용하면 편리하고 간편하게 정보를 사용할 수 있다. 그리고 글감에 링크가 걸려있어 링크를 열면 더 자세한 사항들을 알 수 있다. 예를 들어 책 글감을 클릭하면 책 정보, 네티즌 리뷰, 가격 비교가 있는 네이버 책으로 링크된다. 글감첨부를 통해 정보가 가득 들어 있는 포스트를 만들어 보자!

글 장식 & 글 양식 사용하기

스마트 에디터의 빈 여백에서 포스트를 쓰려면 '무엇부터 해야 하지?' 하는 막막함이 들곤 한다. 주제가 있다면 글 장식과 글 양식을 통해 쉬우면서 멋진 포스팅을 할 수 있다. 글 장식은 글을 꾸며주는 장식을 사용할 수 있다. 글 양식은 작성하는 포스트의 레이아웃과 템플릿을 제공한다.

[글장식]을 클릭하면 〈요리 장식〉, 〈여행 장식〉, 〈영화·책 장식〉, 〈기타 장식〉을 선택할 수 있다. 쓰고자 하는 포스트의 주제에 맞는 장식을 사용한다.

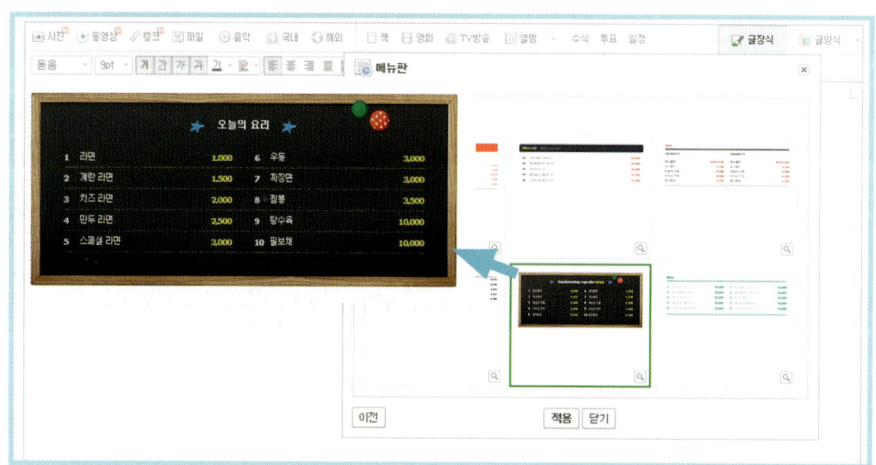

〈요리 장식〉은 요리, 팁, 메뉴판, 요리 소개, 요리 방법, 영양소 열량을 소개하는 장식을 쓸 수 있다. 음식에 관한 포스트를 많이 하는 블로거에게 유용하게 쓰일 수 있다.

〈요리 장식〉의 **메뉴판** 장식을 클릭한 뒤 원하는 모습의 메뉴판을 선택하였다. [적용] 버튼을 클릭하면 해당 장식을 스마트 에디터로 삽입된다. 해당 장식의 빈칸에 주제, 메뉴 이름, 가격을 적었더니 예쁜 메뉴판이 완성되었다.

〈여행 장식〉은 여행, 여행 컨셉, 여행경로, 세계지도, 비용 장식을 사용할 수 있다. 지도와 이동 경로 등 여행에 대한 포스트를 작성할 때 유용하게 사용된다.

위 그림은 〈여행 장식〉의 **여행경로**를 선택한 뒤 꾸민 장식이다. [+경로 추가] 버튼을 클릭하여 중간 경로를 추가한 뒤 텍스트를 입력한 장식이다. 모두 꾸몄다면 [적용] 버튼을 클릭하여 스마트 에디터로 삽입한다.

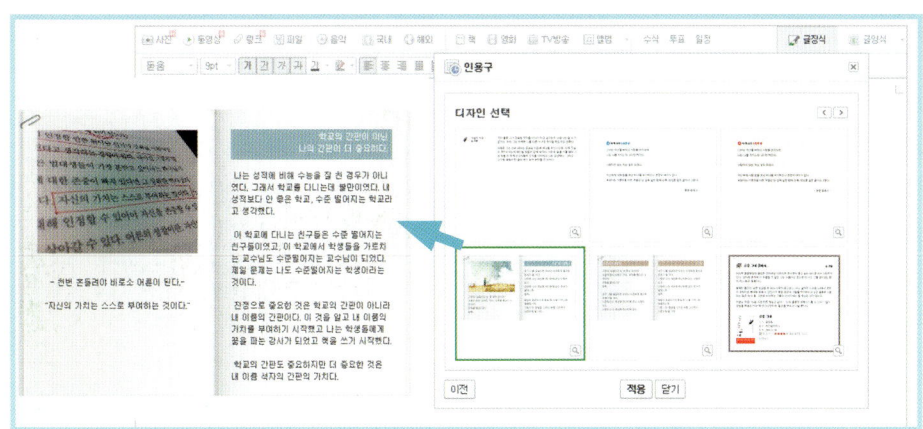

〈영화·책 장식〉은 영화 혹은 책에 대한 장식을 제공한다. 명대사, 명장면, 인용구, 등장인물, 영화포토의 장식을 사용할 수 있다. 필자의 경우 책에 대한 포스트를 사용할 때 많이 사용하고 있다.

위 그림은 〈영화·책장식〉의 **인용구**를 선택한 뒤 디자인을 선택한 것이다. 이미지를 입력한 뒤 빈칸에 자신의 느낌과 생각을 쓴다. 간단하게 책의 인용에 대한 생각을 완성하였다.

〈기타 장식〉은 환율, 별점, 순위, 시계, 상품소개, 장단점, 할 일 장식을 사용할 수 있다. 자신에게 맞는 장식을 골라 사용하면 유용하게 글을 꾸밀 수 있다.

위 그림은 〈기타 장식〉의 **상품소개**를 클릭한 뒤 비교하는 레이아웃을 사용하였다. 리뷰 블로그들이 많이 생겨나면서 상품소개 장식을 많이 사용하고 있다. 상품을 비교하고 상품에 대해 설명을 할 때 유용하게 사용할 수 있다.

[글 양식]을 클릭하면 〈기본〉, 〈책〉, 〈영화〉, 〈TV방송〉, 〈앨범〉, 〈상품〉, 〈여행〉, 〈요리〉의 8가지 템플릿을 제공한다.

〈기본〉은 가장 기본이 되는 글양식을 제공하고 있다. 기본 양식으로 9개의 레이아웃과 10개의 템플릿을 선택할 수 있다. 레이아웃은 구역만 제공하고 특별한 꾸밈은 없다. 템플릿은 색과 이미지를 넣을 공간으로 기본적인 틀과 제목 및 이미지 위치를 제공한다.

템플릿을 선택하고 〈제목을 입력해 주세요.〉, 〈부제목을 입력해 주세요.〉, 〈내용을 입력해 주세요.〉라고 쓰인 텍스트 박스에 텍스트를 입력한다. 이미지는 〈권장사이즈는 OOO × OOO px입니다. 더블클릭하면 이미지를 넣을 수 있습니다.〉라고 적혀 있다. 해당 영역을 더블 클릭해서 포토업로더로 이미지를 입력한다. 여러 개의 이미지가 있다면 개별적으로 더블클릭하여 입력하면 글 양식의 모양에 맞추어 사용할 수 있다.

〈책〉 양식은 8개의 템플릿을 제공하고 있으며 책 리뷰를 적을 때 유용하게 사용할 수 있다. 〈책 글감을 입력해주세요.〉를 더블클릭하여 앞서 배운 글감 검색을 통해 출판된 서적의 정보를 입력한다.

〈영화〉 양식도 같은 방법으로 사용할 수 있다. 검색을 통해 글 양식에 맞추어 입력하면 멋지고 쉽게 포스팅할 수 있다. [TV방송], [앨범], [상품]의 글양식도 같은 방법으로 사용하면 된다.

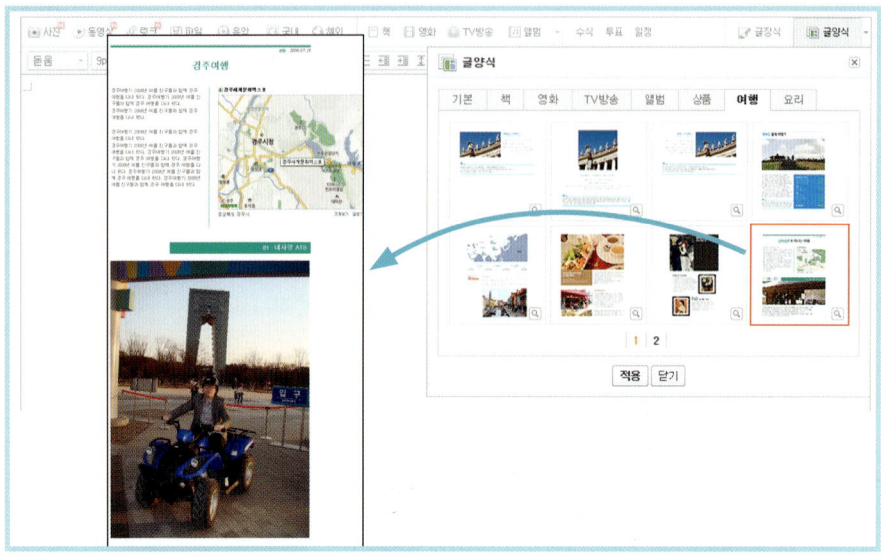

〈여행〉 양식은 자신이 다녀온 여행지에 대한 정보를 올릴 수 있는 템플릿이다. 블로그에 자신이 다녀온 여행지에 대해 포스팅을 한다면 여행 글양식을 사용하는 것이 좋다. 여행 글양식에는 세계지도와 국내지도를 첨부할 수 있어 편리하게 사용할 수 있다.

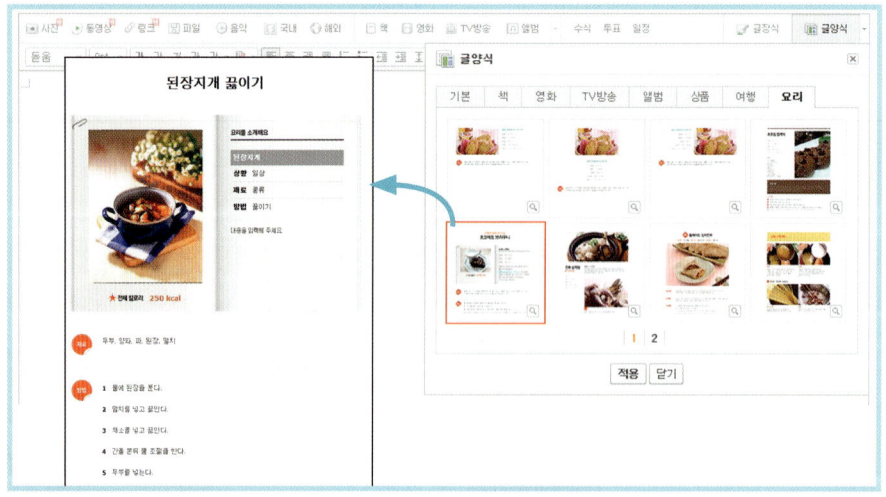

〈요리〉는 요리 조리법을 올리기에 유용하다. 예를 들어 된장찌개 조리법을 올리고자 한다면 먼저 음식의 이름을 적고 요리재료를 적는다. 재료와 레시피를 적어준다. 완성된 사진을 더블클릭하면 포토업로더로 사진을 올린다. 네이버 블로거 중 음식을 주제로 하는 블로거들은 요리 글양식을 유용하게 사용한다.

글 장식과 글 양식에 대해서 알아보았다. 두 가지 모두 포스트를 꾸밀 때 유용하게 사용된다. 간단한 방법으로 포스트를 쉽게 작성할 수 있는 글 장식과 글 양식을 활용해 보자!

Part 4

스마트 에디터 3.0으로 포스팅하기

01 스마트 에디터 3.0

스마트 에디터는 1.0 버전부터 시작해서 2010년에 2.0 버전으로 업그레이드 되었다. 2.0은 1.0에 비해 외관상 달라진 점은 없고 기능적인 업그레이드가 되었다. 그로부터 5년 뒤인 2015년 11월 스마트 에디터 3.0 버전을 발표했다.

스마트 에디터 3.0 버전은 2.0 버전과 비교하여 디자인과 사용 방법이 모두 변화되었다. 블로그도 모바일 접속량이 많아지면서 PC에서뿐만 아니라 모바일에서도 블로그를 사용할 수 있도록 하기 위한 업그레이드로 보인다.

■ 스마트 에디터 3.0의 변화
1. PC에서 쓴 글을 모바일에서 수정 및 글쓰기 가능
2. 사진, 글 편집을 편리하게 사용
3. 포스트 타이틀 배경 이미지 표현 가능
4. 모바일, 태블릿, PC 미리보기 가능
5. 퀵 메뉴의 등장

■ 스마트 에디터 3.0의 단점
1. HTML 미지원
2. 본문 스크랩 미지원
3. 스토리포토 미지원
4. 트랙백 미지원
5. 지도에 꾸미기 기능 미지원

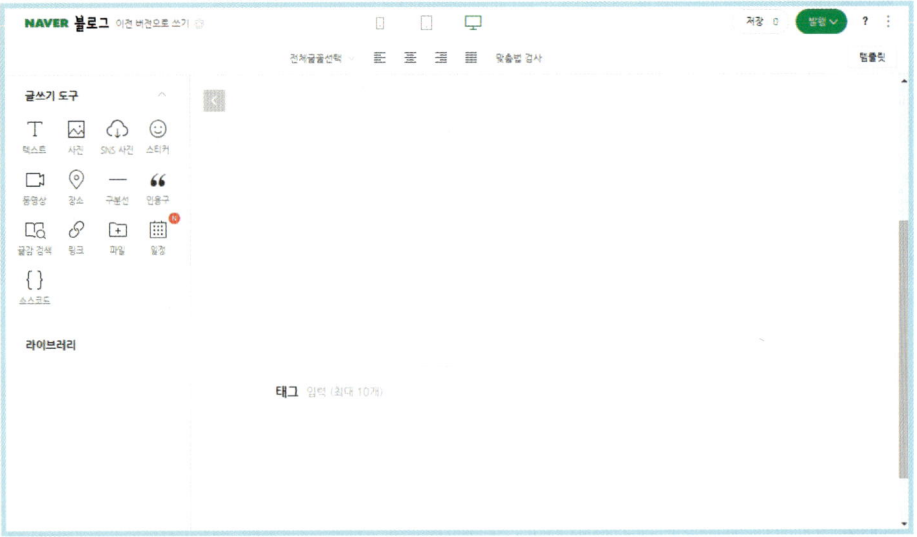

스마트 에디터 3.0 버전은 2.0 버전과 비교하면 단순해졌다. 3.0에서 가장 달라진 점은 PC와 스마트폰, 태블릿에서 모두 포스트를 이어서 작성할 수 있다는 것이다. PC에서 쓴 글을 임시 저장을 통해 중간에 멈추고 스마트폰으로 계속 쓸 수 있다. 또한, 스마트 에디터 3.0 버전에서는 쉽고 편리하게 사진과 글을 편집할 수 있다. 하지만, 2.0에서 사용하던 스크랩 공유 기능은 '본문 허용'이 불가능하다. 그리고 3.0 버전은 2.0 버전에서 사용할 수 있는 HTML을 사용할 수 없다는 단점이 있다.

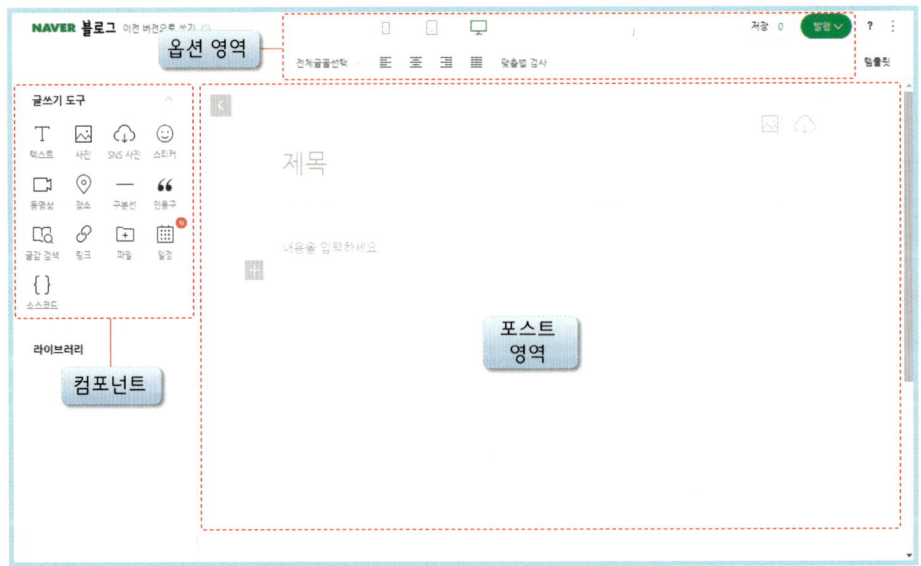

스마트 에디터 3.0은 〈글쓰기 도구(컴포넌트), 포스트, 옵션〉 영역으로 간단하게 나뉘어 있다. 3.0은 모바일에서도 쉽고 편리하게 글을 쓸 수 있도록 하기 위해서 단순하게 구성

되었다.

〈글쓰기 도구〉는 포스트에 삽입할 수 있는 개체들이 단순한 아이콘으로 표시되어 있다. 텍스트, 사진, 동영상 등을 포스트 영역에 삽입할 때 사용한다.

〈포스트 영역〉은 글의 본문이 들어가는 위치이다. 포스트 영역에 개체가 삽입되면 개체와 개체 사이에 퀵 메뉴가 나타나서 쉽게 포스트를 작성할 수 있다.

〈옵션 영역〉은 전체글꼴선택, 정렬, 맞춤법 검사, 미리보기(스마트폰, 태블릿, PC 버전) 옵션이 있다. [발행]을 누르면 숨어 있는 카테고리, 주제분류, 댓글허용 등 다양한 옵션이 나타난다.

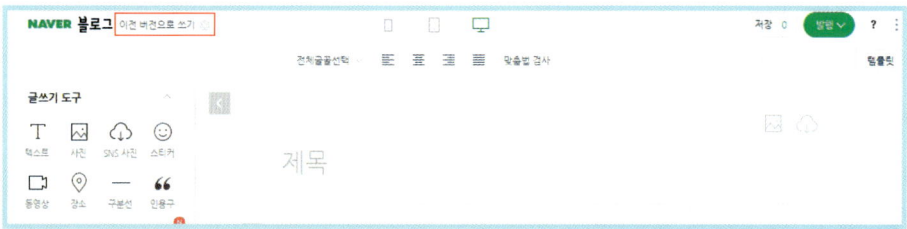

스마트 에디터 3.0 버전과 2.0 버전을 번갈아 가며 사용할 수 있다. 스마트 에디터 3.0에서 상단의 〈이전 버전으로 쓰기〉를 클릭하면 2.0으로 전환된다. 반대로 2.0에서는 상단 바를 클릭하면 3.0으로 전환된다.

스마트 에디터 3.0은 스마트폰을 통해 언제 어디서든 글을 쓸 수 있다. 스마트 에디터 3.0으로 더 멋진 포스팅을 해보자!

 ## 스마트 에디터 3.0으로 글쓰기

스마트 에디터 3.0에서 제공하는 기능들에 대해서 알아보자!

스마트 에디터 3.0으로 업그레이드되면서 원래 보이던 텍스트 설정 창이 사라졌다. 사실 텍스트 설정 창은 사라진 것이 아니라 숨겨져 있다.

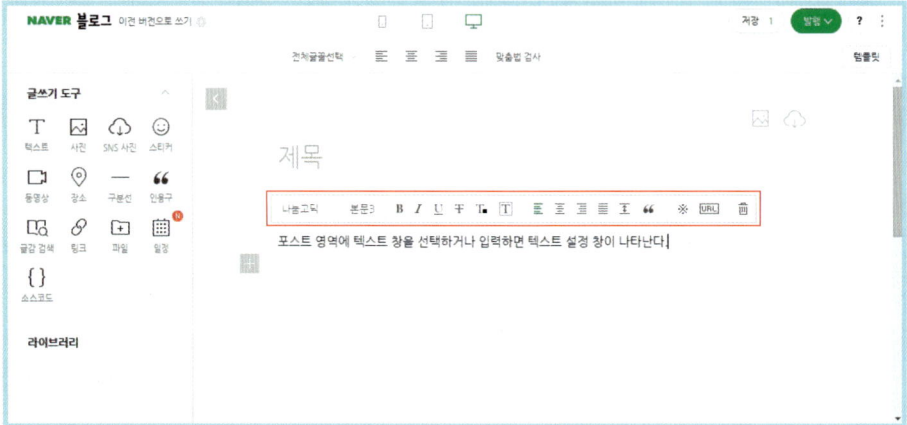

포스트 영역의 텍스트 상자를 선택하거나 텍스트를 입력하면 텍스트 설정 창이 나타난다. 글꼴 지정, 제목 및 본문의 글자 크기 지정, 굵게, 기울게 등의 텍스트 설정 창이 나타난다. 글꼴을 선택하면 선택한 텍스트에 적용된다.

텍스트 설정 창에 대해서 알아보자! (글꼴, 굵게, 기울임꼴, 밑줄, 취소선, 글자색, 배경색, 정렬, 줄간격, 특수문자, 링크입력하기는 스마트 에디터 2.0과 같으므로 상세한 설명은 생략한다.)

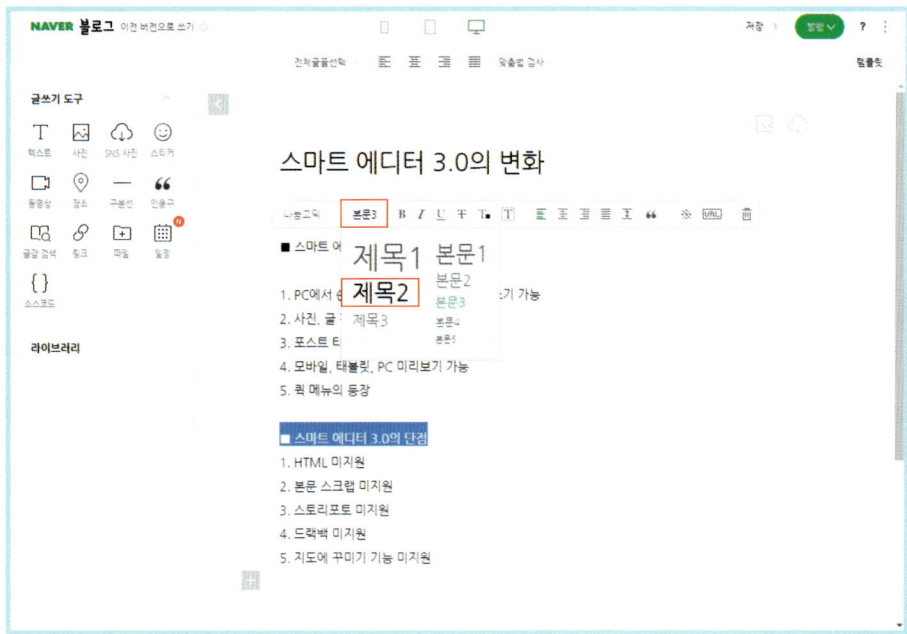

[글자 크기]는 텍스트의 크기를 변경할 뿐만 아니라 다른 글과 구분을 짓는다. 글자 크기의 변경을 원하는 텍스트를 블록으로 지정한다. "본문3"이라고 적힌 [글자 크기] 버튼을 클릭한다. 상자 아래에 제목1~제목3, 본문1~본문5를 지정하는 창이 나타난다. 원하는 크기를 선택한다.

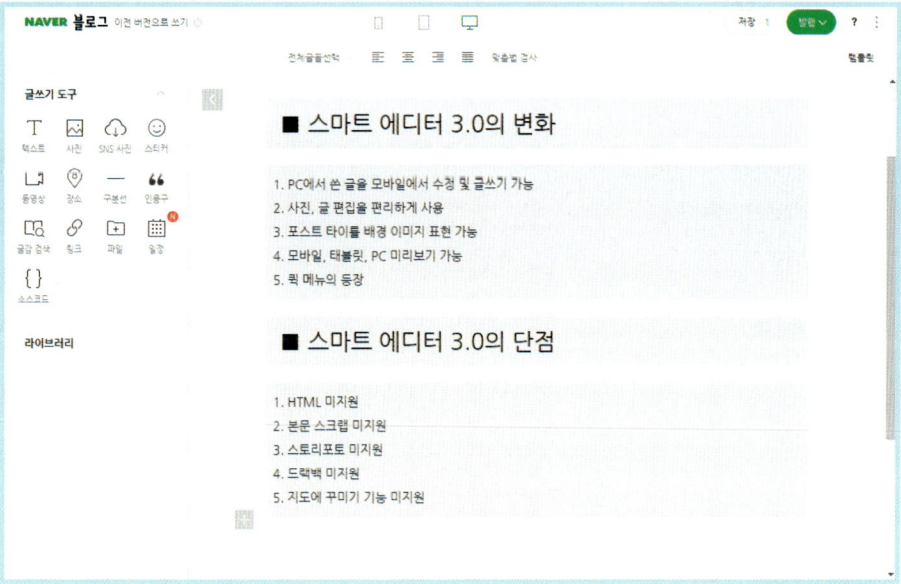

지정된 텍스트는 해당 크기로 바뀌고 텍스트 상자도 구분된다. 위 그림은 텍스트를 모두

입력한 뒤, 두 부분을 〈제목2〉로 설정했다. 위 포스트 영역은 4개(제목2, 본문3, 제목2, 본문3)의 텍스트 상자로 구분된 것을 볼 수 있다.

[컴포넌트 삭제] 버튼은 설정 상자 우측에 휴지통 모양(🗑)이다. 이 버튼을 클릭하면 해당 구간(커서가 있는 텍스트 구간)이 삭제된다.

위 그림에서는 첫 번째 텍스트 상자가 삭제되었다. [컴포넌트 삭제] 버튼은 사진, 스티커, 동영상, 장소, 구분선, 인용구 등의 내용을 삭제할 때 사용된다.

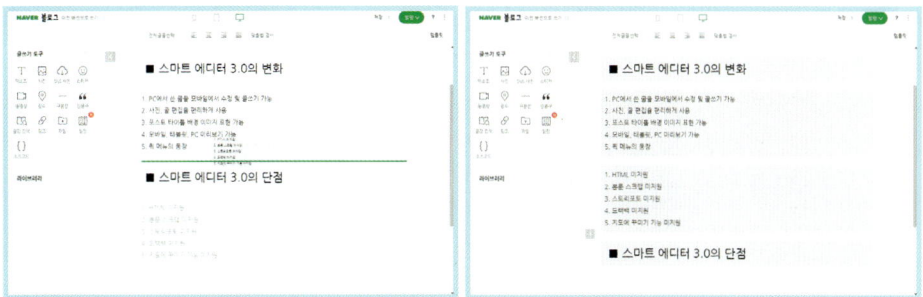

영역이 나누어진 개체는 마우스 드래그를 통해 위치를 손쉽게 바꿀 수 있다. 텍스트뿐만 아니라 모든 개체에서 드래그를 통한 개체의 위치 변경이 가능하다.

포스트 제목을 입력한다. 제목 위치 오른쪽에 있는 그림 아이콘( )을 클릭한다. 커버사진은 제목 영역의 배경이 된다.

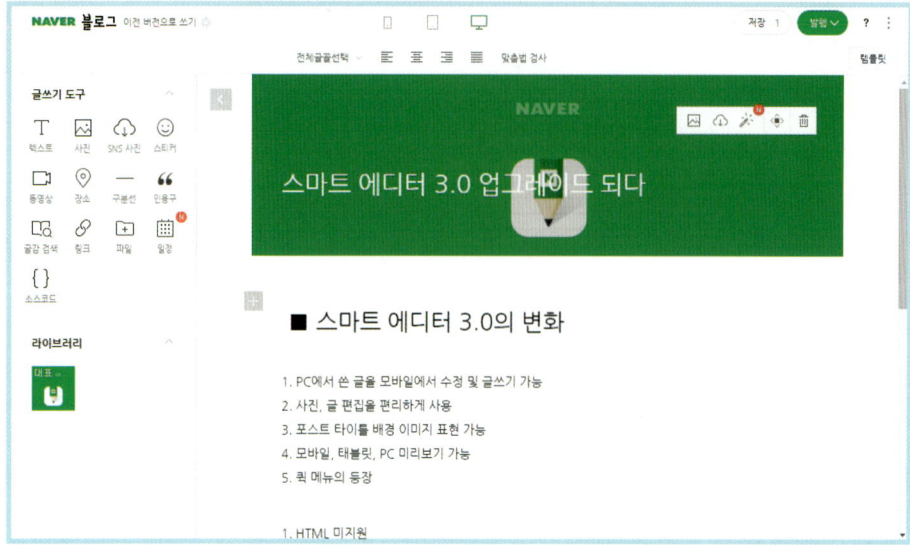

제목에 커버사진(배경사진)이 입력되었다. 이 방법을 통해 제목에 커버사진을 사용하면 더 멋진 제목을 꾸밀 수 있다.

포스트가 완료되었다면 장치에 따른 미리보기를 할 수 있다. 상단을 보면 세 가지 종류의 미리보기 아이콘이 있다. 왼쪽부터 모바일, 태블릿, PC용으로 미리보기 할 수 있다.

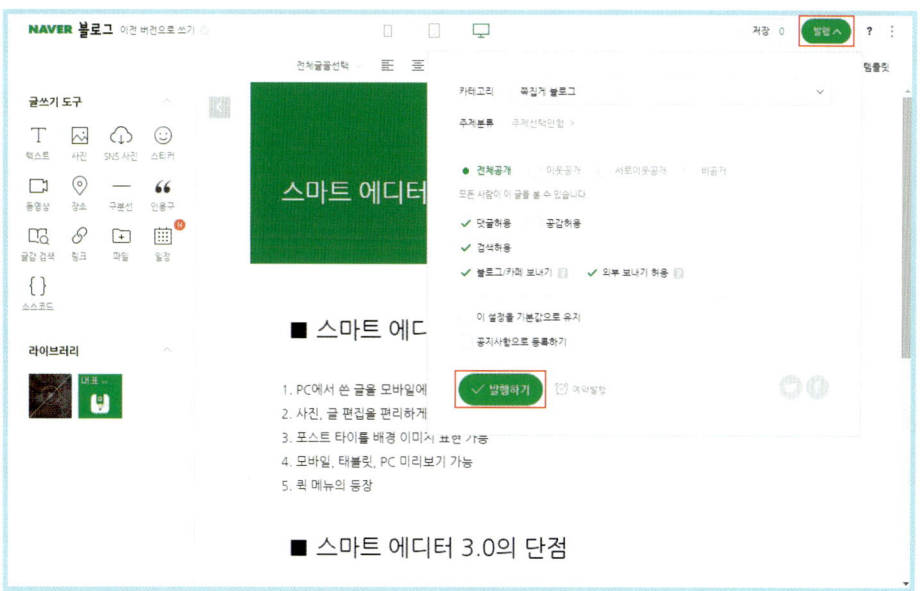

포스트가 모두 작성되었다면 우측 상단의 [발행] 버튼을 누르면 된다. 카테고리 지정, 주제분류, 공개여부 등 상세한 설정들이 이곳에 자리 잡고 있다. 옵션 설정이 다 되었다면 [발행하기] 버튼을 눌러 포스트를 완성한다.

스마트 에디터 3.0은 숨겨져 있는 퀵 메뉴 기능을 사용하여 쉽고 편리하게 포스트를 꾸밀 수 있고 장치에 따른 미리보기도 가능하다는 장점이 있다. 스마트 에디터 3.0을 통해 더 재미있고 멋진 포스팅을 해 보자!

사진을 사용하여 포스팅하기

스마트 에디터 3.0은 포토업로더를 사용하지 않고 사진을 바로 첨부할 수 있으며 첨부한 사진을 쉽게 편집할 수 있다.

[사진] 도구를 사용하여 포스트 영역에 사진을 입력할 수 있다. 글쓰기 도구 아이콘 중 [사진]을 선택한다. 사진을 선택하면 PC에 있는 그림 파일을 사용할 수 있다. 파일은 다중으로 선택할 수 있다. 사진은 한번에 50개까지 첨부할 수 있다.

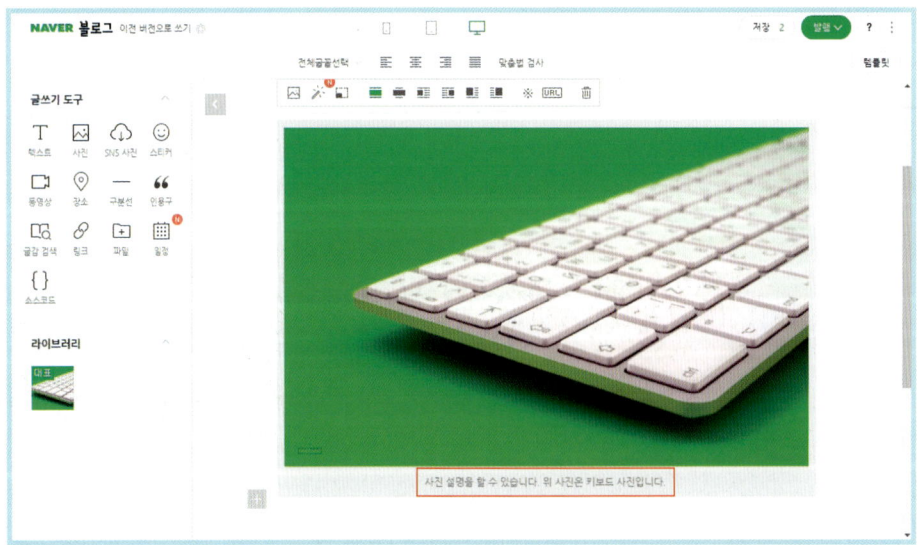

첨부한 사진이 포스트 영역에 삽입된다. 각 사진의 아래쪽을 클릭하면 사진의 설명을 입력할 수 있는 공간이 생긴다. 이곳에 사진을 설명하는 글을 입력하면 된다.

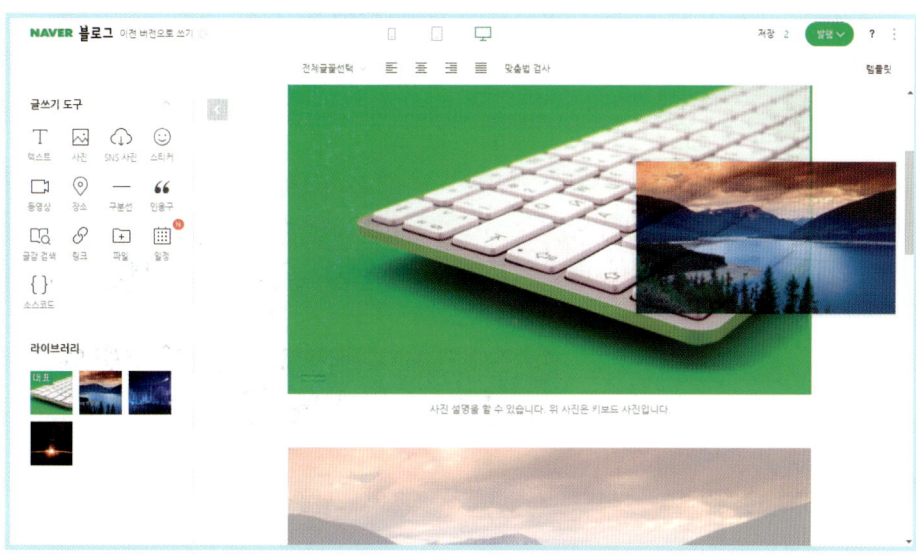

사진이 두 장 이상인 경우 사진을 배열할 수 있다. 이동하고 싶은 사진을 마우스로 드래그해서 다른 사진의 오른쪽 또는 왼쪽에 놓으면 된다.

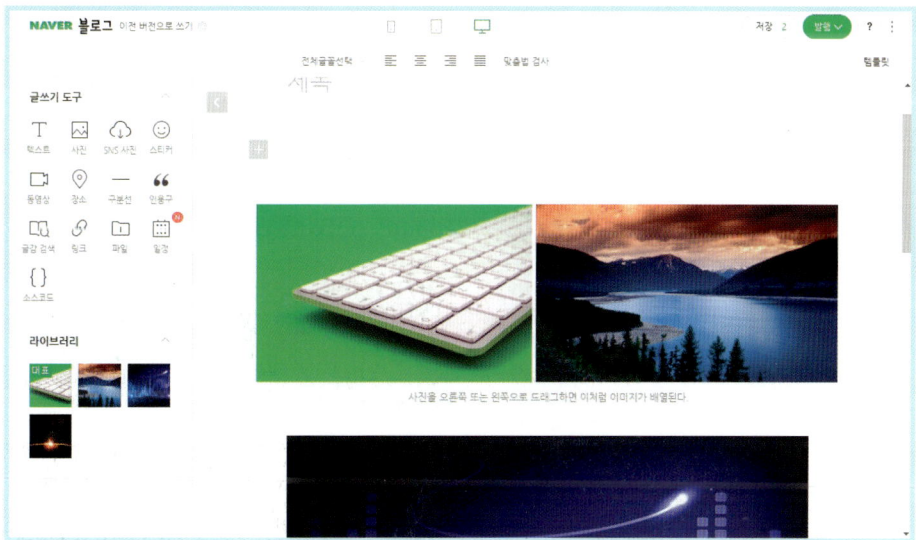

두 개의 사진이 하나의 사진처럼 표현되는 것을 볼 수 있다. 이 상태에서 또 다른 사진을 두 개 사진의 오른쪽에 드래그한다.

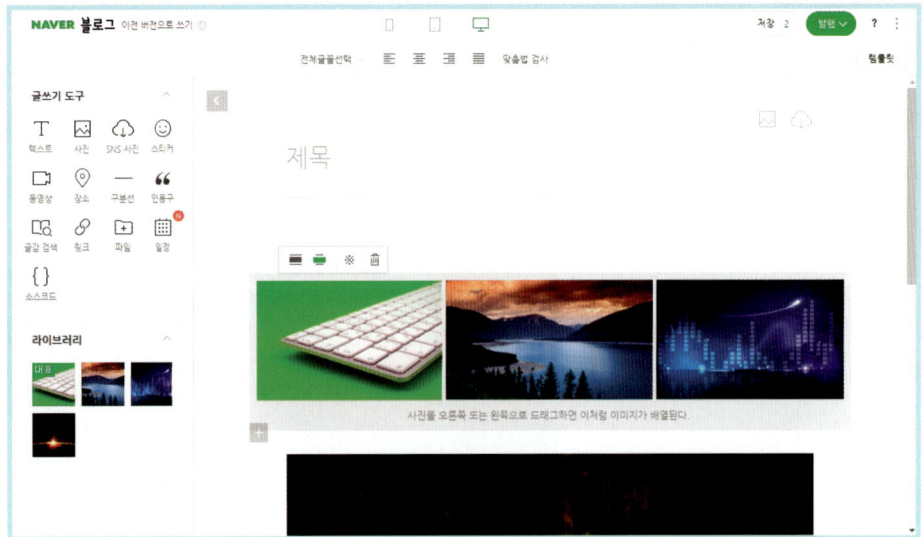

3개의 사진이 하나의 사진처럼 표현된다. 이러한 방법을 통해 편리하게 사진을 나열할 수 있다.

사진을 선택하면 그림설정 창이 나타난다. 그림 설정의 첫 번째는 [사진 교체] 버튼이다. 이 버튼을 눌러 다른 사진을 선택하면 된다. 원래 사진은 사라지고 선택한 사진으로 교체된다.

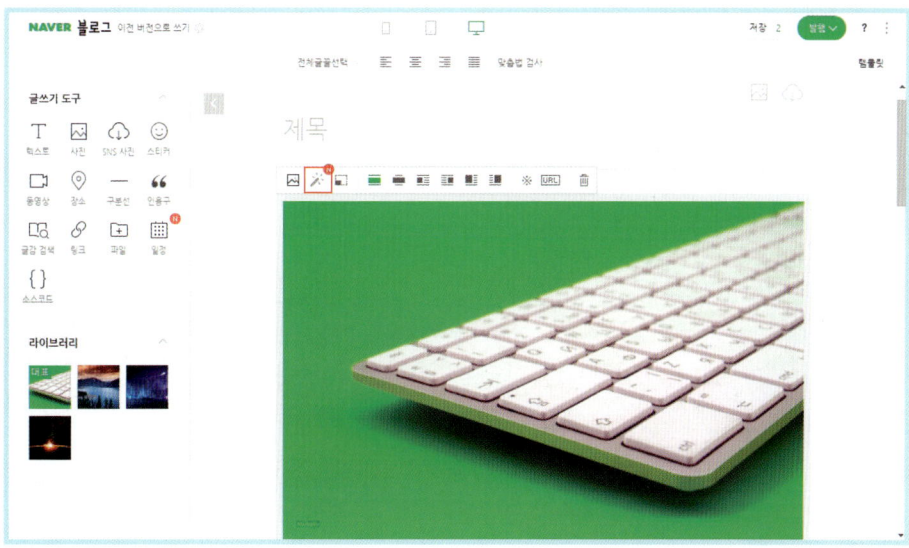

[사진편집] 버튼은 사진을 편집할 수 있는 기능을 제공한다. 사진편집은 스마트 에디터 2.0의 포토업로더에서 편집하기와 유사한 기능이다. 사진을 클릭하고 [사진편집()] 아이콘을 선택하거나 사진을 더블클릭하면 사진편집 창으로 전환된다.

사진 편집 에디터는 필터 기능부터 서명 기능까지 있다.

[필터]는 사진 아래쪽의 달콤한, 차분한 등 다양한 필터 기능을 선택하면 위쪽의 사진이 변화되는 것을 미리 볼 수 있다.

[자르기, 회전]은 사진을 변형할 수 있다. 아래쪽에 기본적인 버튼인 회전, 원본비율, 자유, 16:9 등의 버튼을 사용할 수 있다. 사진의 모서리 부분 드래그를 통해 사진을 원하는 만큼 자르기도 할 수 있다. 사진 오른쪽에 각도를 드래그하면 사진이 기울어진다.

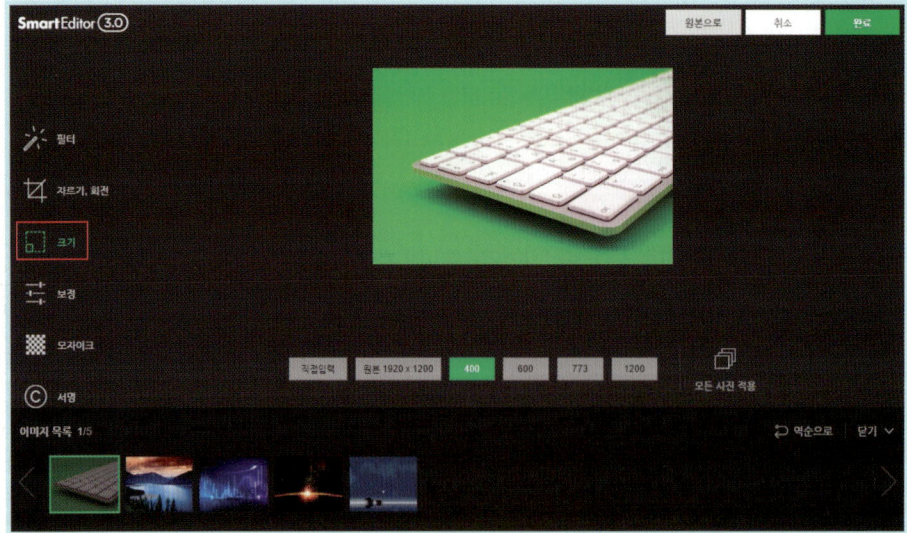

[크기]는 사진의 사이즈를 조절한다. 기본적으로 〈원본, 400, 600, 700, 966〉으로 크기 변형이 가능하다. 이 길이의 기준은 가로 길이이며 길이 단위는 px(픽셀)이다. 〈직접입력〉을 클릭한 뒤 사용자가 원하는 사이즈로도 변경할 수 있다.

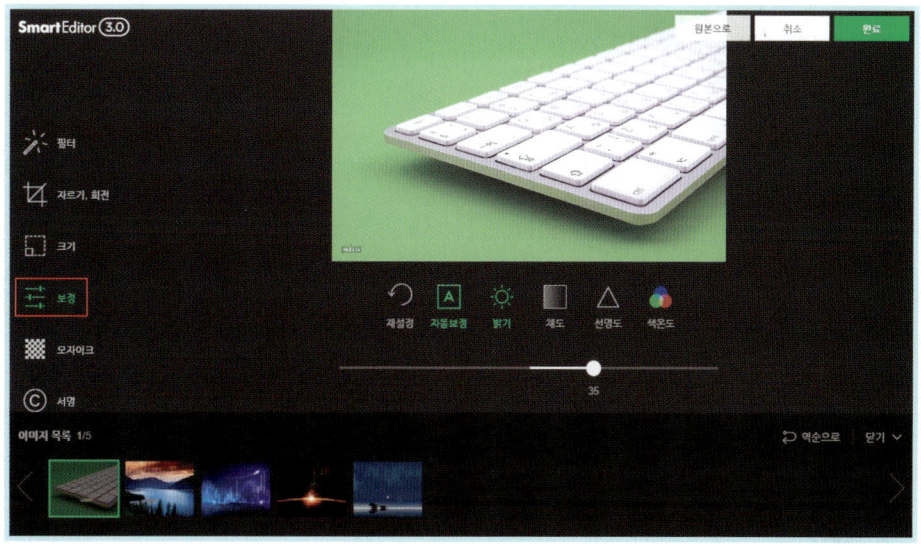

[보정]은 사진을 원하는 대로 수정할 수 있다. 〈자동보정〉을 누르면 사진을 쉽게 보정할 수 있다. 밝기, 채도, 선명도, 색온도를 통해 사진을 보정 할 수 있다. 사진을 마우스로 클릭하면 원본 사진이 순간적으로 나타나서 보정 전후 사진을 바로 비교할 수 있다.

[모자이크]는 사진의 원하는 곳을 모자이크하는 기능이다. 사진 아래의 원하는 모자이크(사각1~5, 원1~5)를 선택한 뒤 사진에서 원하는 부분을 드래그하여 위치를 지정하면 그 부분에 모자이크가 적용된다.

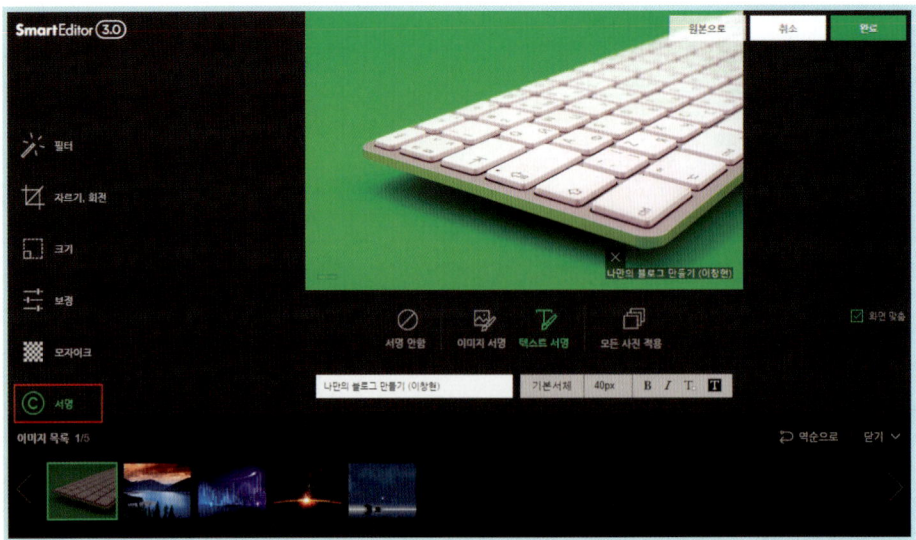

[서명]은 자신이 사용하는 이미지의 출처를 밝히거나 제작자의 저작권을 알리기 위해서 사용하는 기능이다. 이미지 서명과 텍스트 서명 중 하나를 선택한다. (Part5. 파워블로그의 포스트 작성 기법 : 09. 사진 서명 달기 참조)

텍스트 서명을 선택한 뒤 원하는 문구를 입력한다. 해당 문구의 글꼴, 글자 크기, 굵게, 기울임꼴, 글자색, 배경색을 변경한다. 이미지에 해당 서명이 나타나면 서명을 드래그하여 이미지 위의 원하는 위치로 이동할 수 있다.

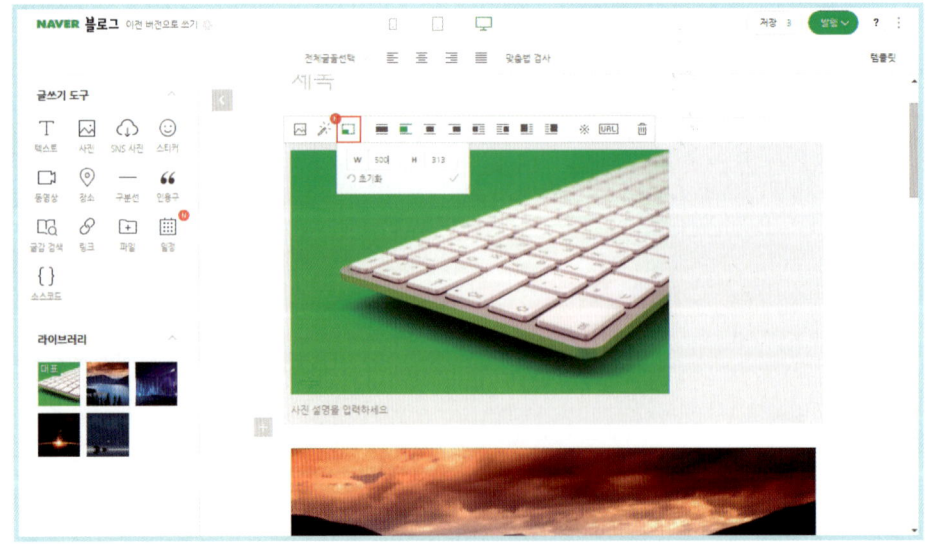

[사진 크기 변경]은 사진 편집에 들어가지 않고 곧바로 사진의 크기를 조절할 수 있다. 사

진 크기 변경 버튼을 클릭한 뒤 W(가로), H(세로) 중 하나의 크기를 입력한다. 만약, 가로 길이를 입력하면 세로 길이가 저절로 같은 비율로 바뀐다.

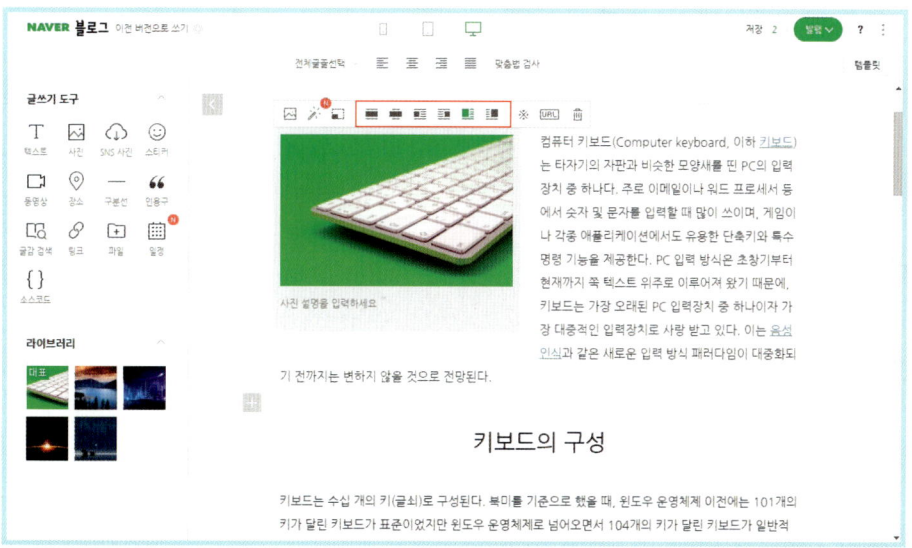

[사진 정렬]은 6개의 정렬 버튼(문서 너비, 왼쪽 정렬, 가운데 정렬, 오른쪽 정렬, 내부 좌측 정렬, 내부 우측 정렬, 큰 이미지 내부 좌측 정렬, 큰 이미지 내부 우측 정렬)이 있다. 위의 화면은 5번째 아이콘인 〈큰 이미지 내부좌측정렬〉을 사용하여 표현한 모습이다.

[특수문자], [링크입력하기], [컴포넌트삭제] 기능은 텍스트를 처리할 때의 기능과 같으므로 설명을 생략한다.

스마트 에디터 3.0을 사용하면 더 쉽고 편리하게 사진을 멋지게 정렬 및 배치할 수 있다. 그리고 사진을 쉽게 수정과 보정 할 수 있다. 스마트 에디터 3.0의 사진 효과를 통해 멋진 포스트를 써 보자!

# 04 글쓰기 도구 첨부하기

스마트 에디터 3.0에서는 13개의 글쓰기 도구 첨부 버튼이 있다. 그중 가장 많이 사용하는 텍스트와 사진에 대해서는 알아보았다. 이 장에서는 SNS 사진, 스티커, 동영상, 장소, 구분선, 인용구, 글감 검색 등 나머지 글쓰기 도구에 대해서 알아보겠다.

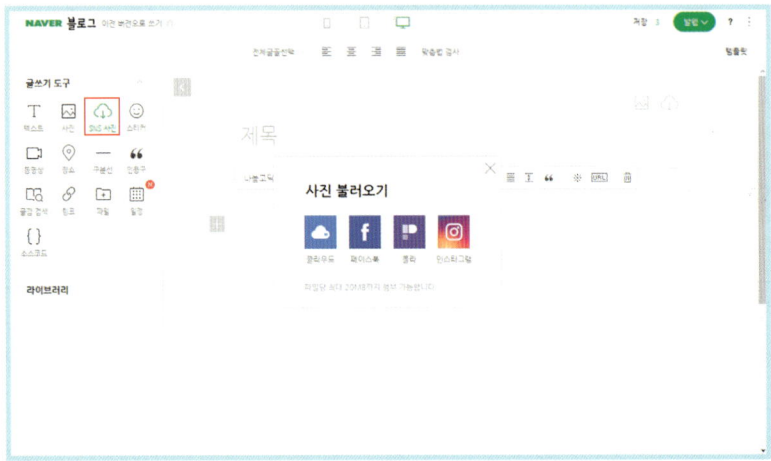

[SNS 사진]은 현재 컴퓨터에 있는 사진이 아닌 다른 곳(클라우드나 SNS)에 있는 사진을 포스트로 가지고 올 수 있다. 이 기능을 처음 사용할 때는 해당 계정과 연결을 해야 한다.

연결할 수 있는 SNS에는 네이버 클라우드와 페이스북, 폴라 그리고 인스타그램이 있다.

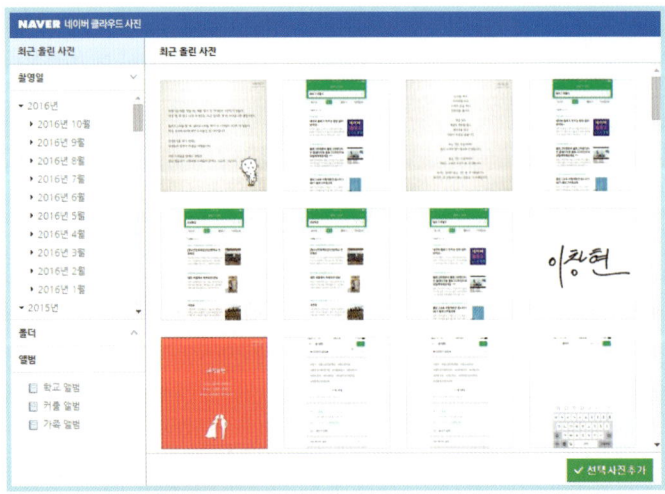

네이버 클라우드는 네이버 블로그를 사용하기 위해 이미 연결되어 있다. 〈클라우드〉를 선택하면 바로 자신의 네이버 클라우드의 사진 목록이 표시된다.

인스타그램에 연결해 보았다. 네이버와 인스타그램 연결을 확인하는 창이 표시된다. [인스타그램 연결] 버튼을 클릭하여 연결을 진행한다. 페이스북과 폴라 SNS를 연결하는 과정도 인스타그램을 연결하는 과정과 다르지 않다. 해당 SNS의 계정이 있다면 인스타그램을 연결하는 과정과 같이 확인해 보기로 하자.

인스타그램의 로그인 정보를 입력한 뒤에 [로그인] 버튼을 클릭한다.

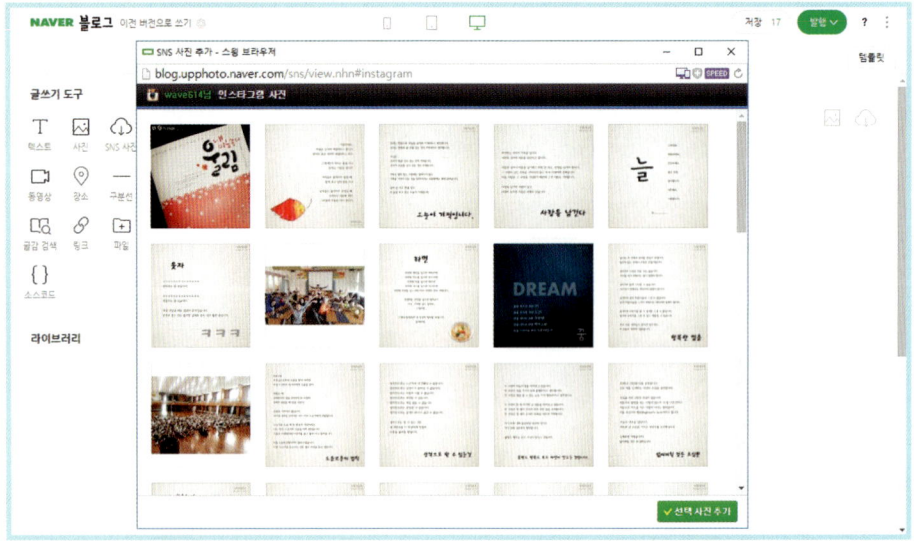

위 그림은 인스타그램으로 연결하여 사진 목록을 가지고 온 장면이다. 원하는 사진을 선택한 뒤 우측 하단에 [선택 사진 추가] 버튼을 누르면 작성 중인 포스트 영역으로 SNS의 사진을 불러올 수 있다.

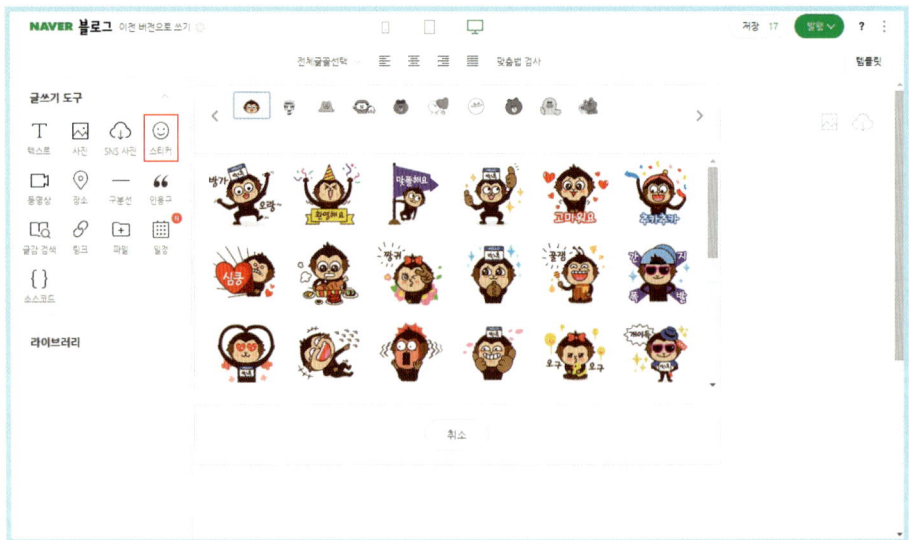

[스티커]는 네이버에서 제공하는 캐릭터를 활용해 감정이나 느낌을 표현해 줄 수 있다. 스마트폰으로 주고받는 메시지에서처럼 글 중간에 글쓴이의 감정을 대변해 줄 수 있으며 재미있는 요소로 사용할 수 있다.

스티커는 포스트에 사진과 함께 사용하면 포스트에 재미를 줄 수 있다. 포스트에 대한 느낌이나 감정, 인사 등을 스티커로 재미있게 꾸밀 수 있다.

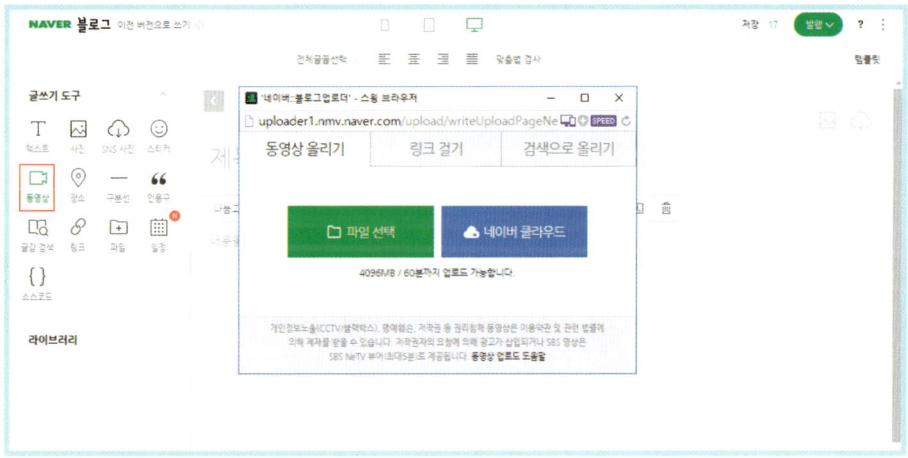

[동영상]을 선택하면 동영상을 업로드할 수 있는 창이 나타난다. 동영상 업로더는 4,096MB 용량까지, 동영상의 길이는 60분까지 업로드가 가능하다. 사용 방법은 스마트 에디터 2.0과 같아 상세 사용법은 생략하기로 한다.

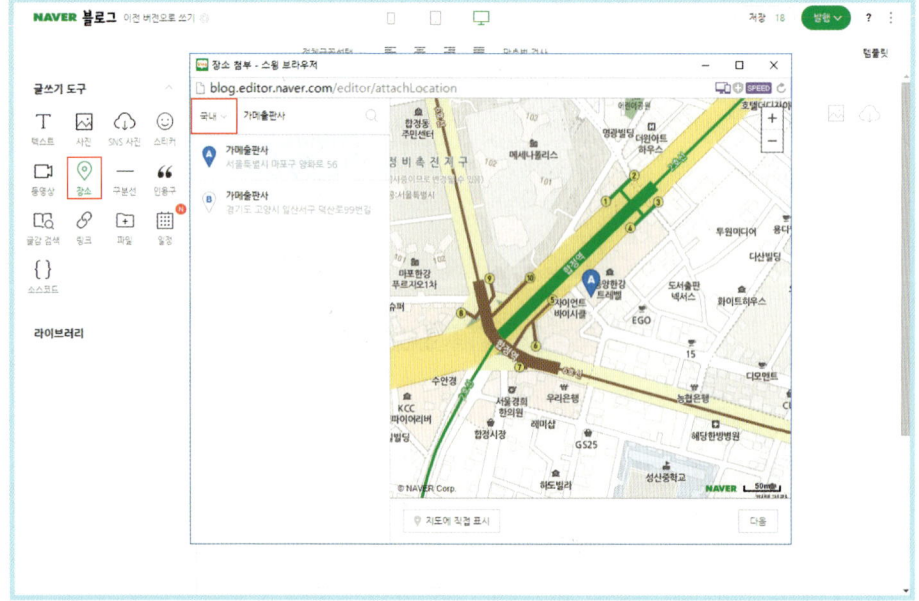

[장소]를 선택하면 장소 첨부 창이 나타난다. 검색창에 원하는 장소를 검색한다. 해외인 경우 검색창 앞의 '국내'를 '해외'로 변경하고 검색한다. 스마트 에디터 2.0의 지도 꾸미기 기능은 사용할 수 없고, 축척 조절은 가능하다. 축척 조절은 우측 상단의 [+], [-] 버튼을 이용하여 설정할 수 있다. 지도가 완료되었다면 우측 하단의 [다음] 버튼을 클릭한다.

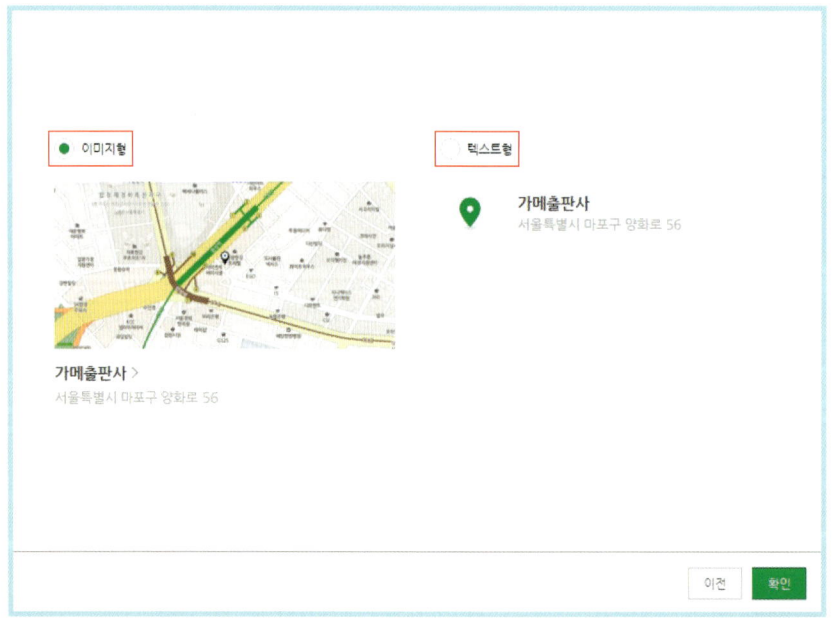

지도를 이미지형과 텍스트형 중 하나를 선택한 뒤 [확인] 버튼을 누르면 포스트 영역에 삽입된다.

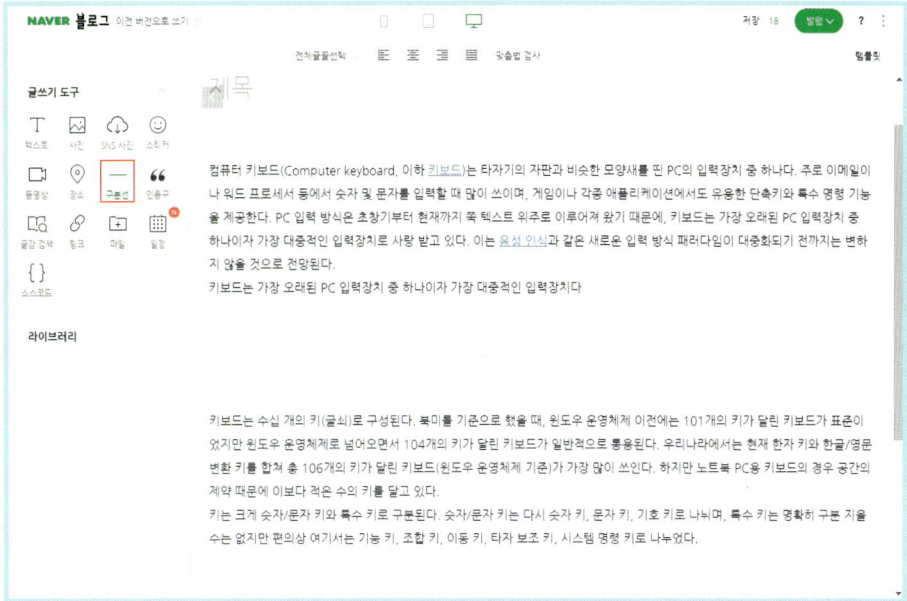

[구분선]은 글이나 사진 또는 맥락을 구분하기 위해 사용한다. 구분선을 선택하면 커서가 위치한 곳에 구분선이 입력된다. 구분선은 〈구분선1(짧은 선)〉과 〈구분선2(긴 선)〉 두 가지 옵션이 있다.

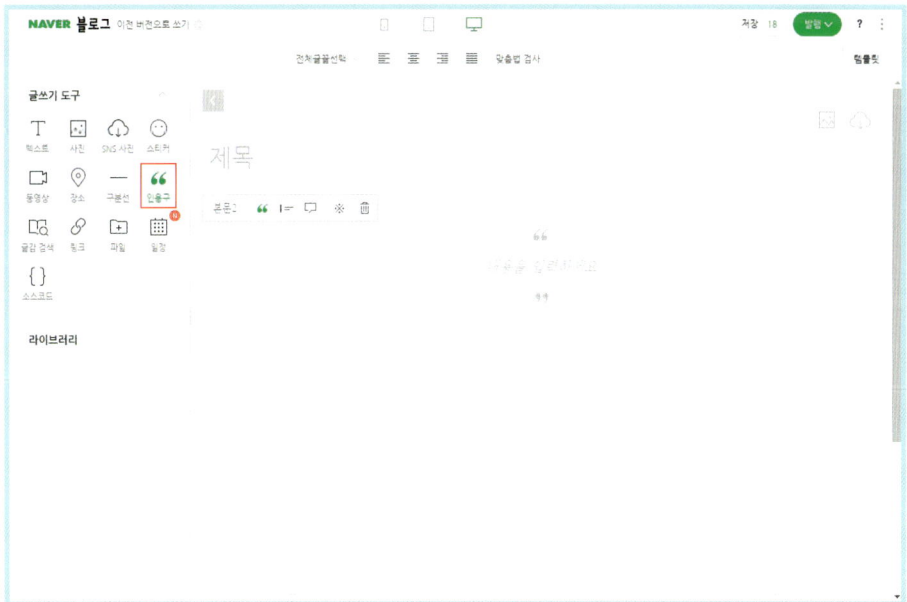

[인용구]는 다른 책에서 인용되는 문구를 사용하거나 글쓴이가 포스트에서 강조하고자 하는 문장을 입력할 수 있다. 인용구에 입력하면 다른 텍스트와는 다른 모양으로 나타나기 때문에 글을 읽는 사람은 인용구가 더 눈에 띄게 된다. "내용을 입력하세요"에 인용구를 입력한다.

인용구를 입력하면 인용구 설정 창이 나타난다. 인용문1, 인용문2, 인용문3의 세 가지 스타일 중 선택하여 인용구 스타일을 변경할 수 있다.

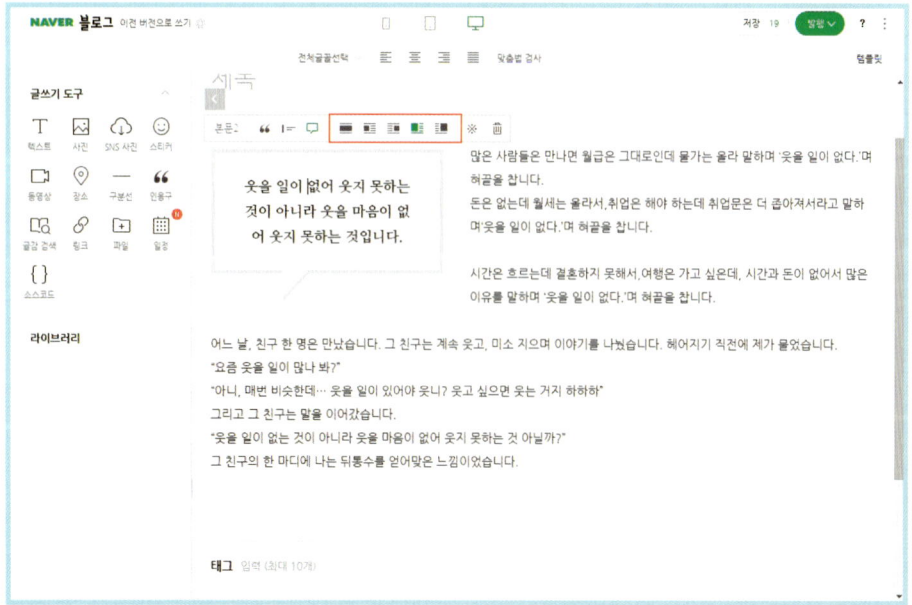

인용구 스타일 중 인용문2와 인용문3은 사진과 함께 텍스트 정렬을 선택할 수 있다. 〈기본 정렬, 내부 좌측 정렬, 내부 우측 정렬, 큰 이미지 내부 좌측 정렬, 큰 이미지 내부 우측 정렬〉을 통해 원하는 정렬 방식으로 사용할 수 있다.

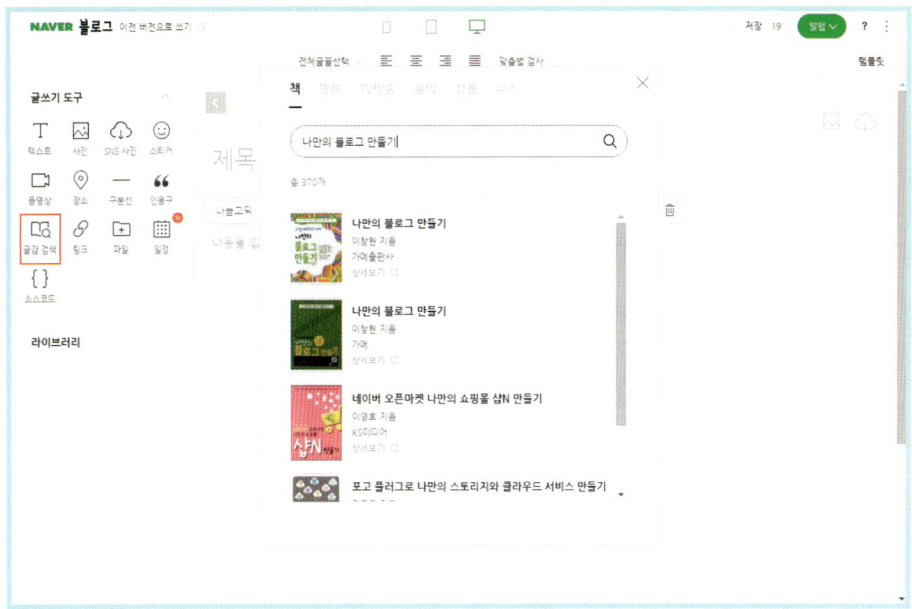

[글감 검색]은 글을 쓸 수 있는 여러 소재를 가지고 올 수 있다. 〈책, 영화, TV방송, 음악, 상품, 뉴스〉 6개의 글감을 사용할 수 있다. 검색창에 원하는 키워드를 넣고 검색하면 해당 글감이 나타난다. 스마트 에디터 3.0에는 평점을 주는 기능이 없다. 스마트 에디터 2.0에 있던 〈인물, 지식백과, 날씨〉 글감이 사라졌고, 스마트 에디터 3.0에는 〈뉴스〉 글감이 추가되었다.

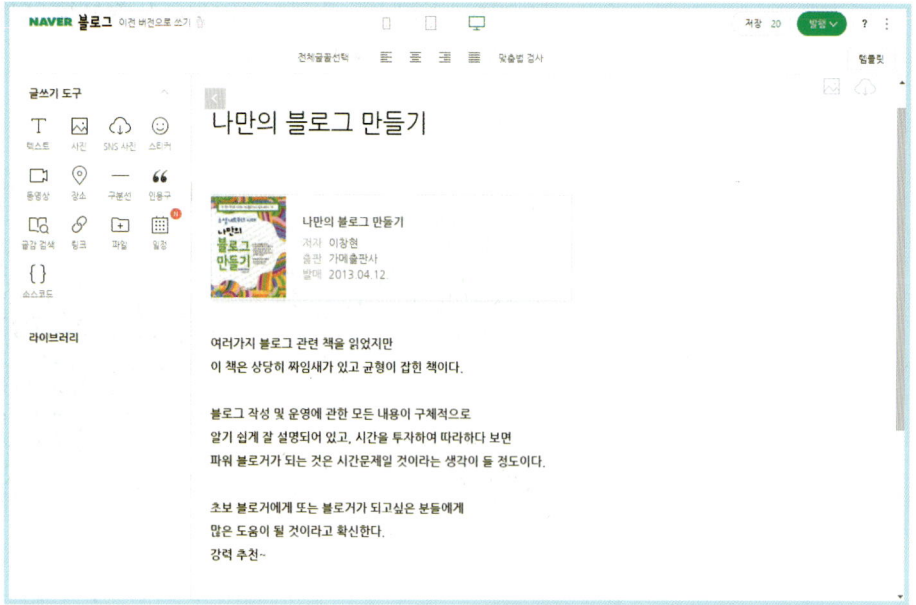

책 글감을 사용하여 포스트에 사용해 보았다. 포스트를 완료하고 해당 글감을 누르면 〈네이버 책〉으로 링크가 되며, 책을 구매할 수 있는 사이트 소개 또는 다른 네티즌의 리뷰 등 더 상세한 정보를 볼 수 있다.

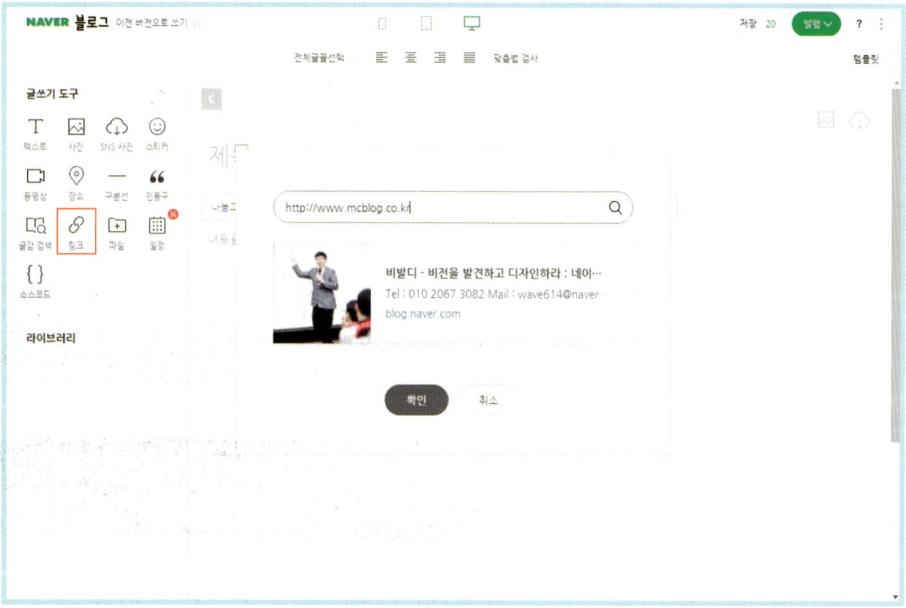

[링크]는 포스트 중 다른 사이트나 자신의 블로그의 다른 글을 링크할 수 있다. 링크를 선택하면 "URL 주소를 입력해주세요"라는 검색창이 나타난다. 그곳에 자신이 원하는 링크

주소를 입력하고 검색을 한다. 입력한 URL의 내용이 표시되었다면 [확인] 버튼을 클릭한다.

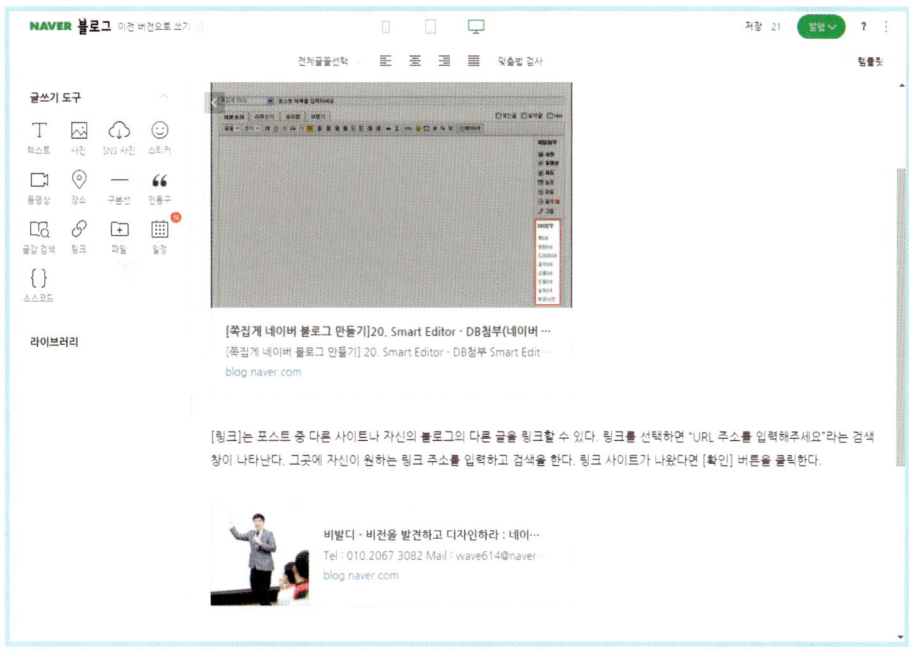

링크가 포스트 사이에 삽입되었다. 링크 주소에 따라 사진의 유무가 달라지기도 하고, 사진의 크기도 달라진다. 그림에서 위쪽의 링크는 URL로 포스트를 입력했더니 큰 사진으로 보이고, 아래쪽 링크는 URL로 블로그 주소를 입력했더니 작게 보인다.

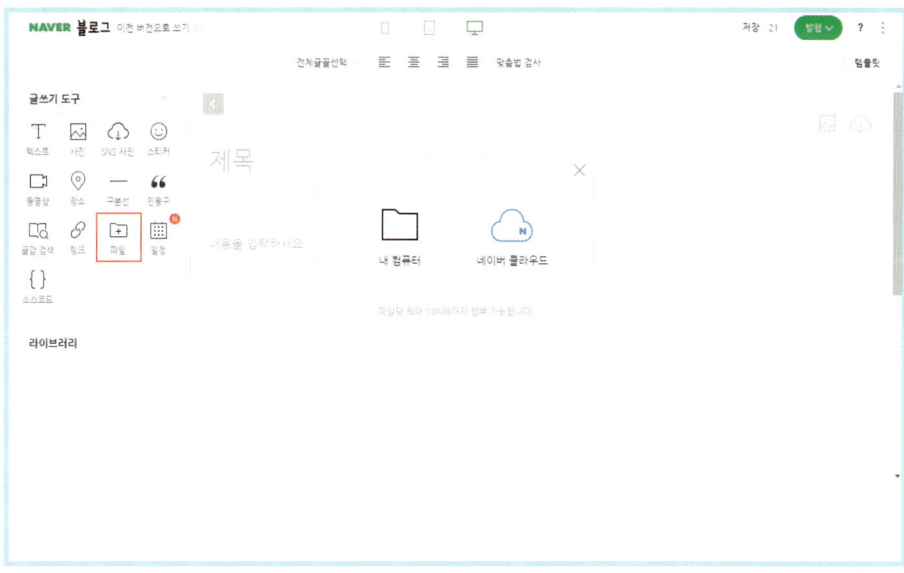

[파일]은 포스트에 파일을 첨부하는 기능이다. [내 컴퓨터]를 선택하면 현재 자신의 컴퓨터에 있는 파일을 업로드할 수 있다. [네이버 클라우드]를 클릭하면 네이버 클라우드에 있는 파일을 포스트로 첨부할 수 있다. 원하는 파일을 찾아서 첨부하면 된다. 첨부 파일의 크기는 10M 이내로 용량의 제한이 있다.

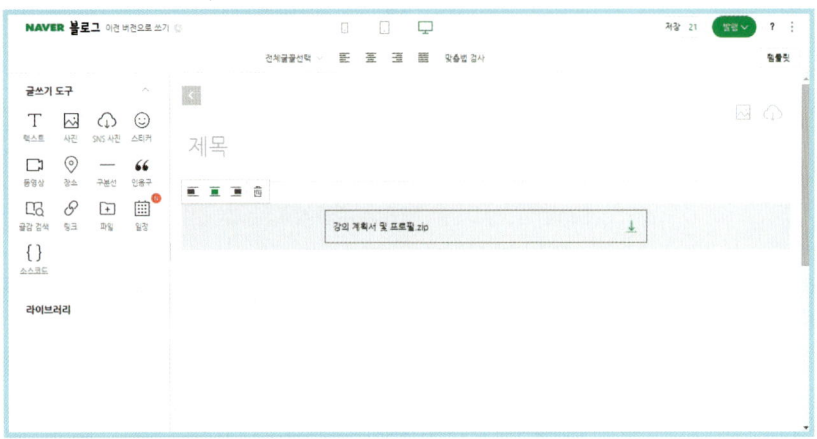

포스트 영역에 파일이 첨부된 것을 볼 수 있다. 스마트 에디터 2.0의 첨부파일은 포스트 우측 상단에 고정되어 표시되지만, 스마트 에디터 3.0에서 첨부 파일은 포스트 영역 중 원하는 위치에 첨부할 수 있게 되었다.

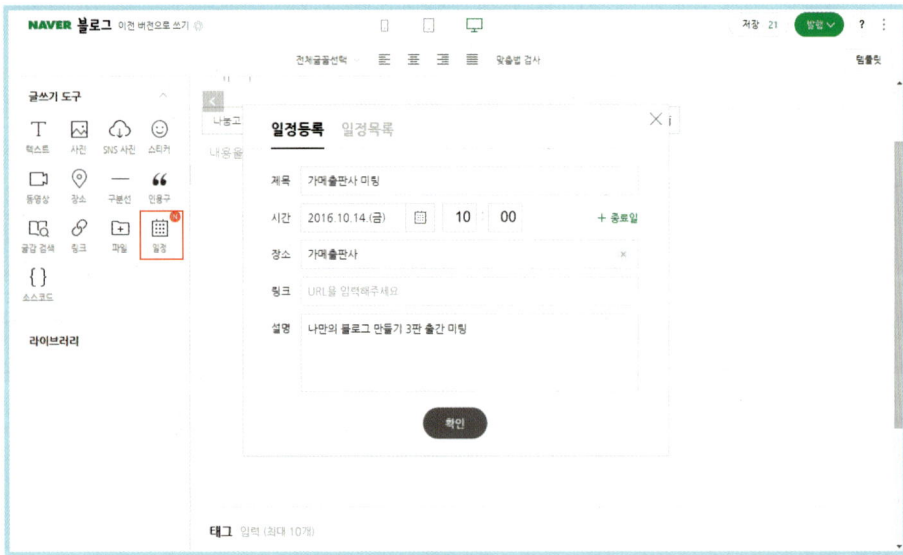

[일정]은 블로그에 자신의 스케줄을 사용하는 기능이다. 일정은 네이버 캘린더와 연동되지는 않는다. [일정] 버튼을 클릭하면 일정 등록 창이 나타난다. 제목, 시간, 장소, 링크, 설명을 입력하고 [확인] 버튼을 클릭한다.

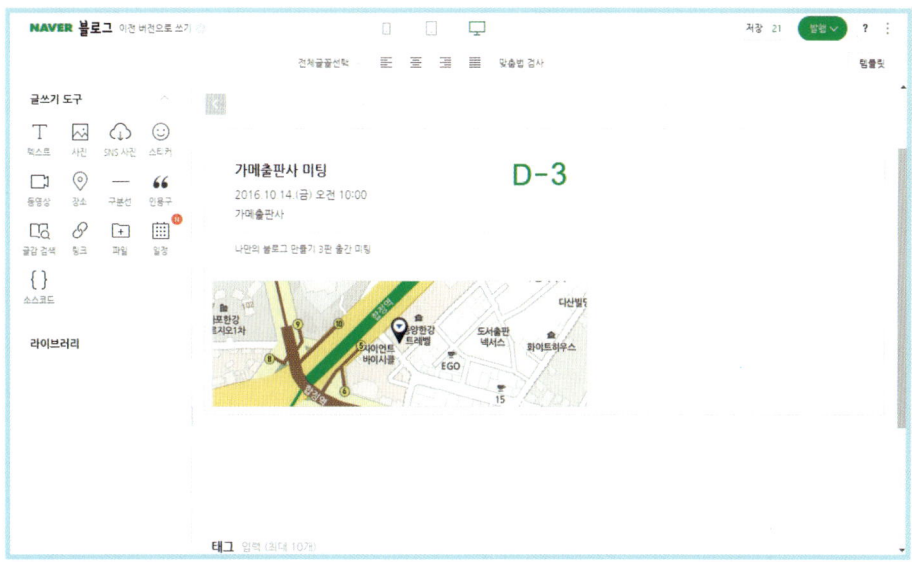

일정이 입력된 모습을 볼 수 있다. 일정에는 며칠이 남아 있는 [D-DAY] 표시도 나타난다. 일정은 강연이나 행사 등을 방문객에게 알리고자 할 때 사용할 수 있다.

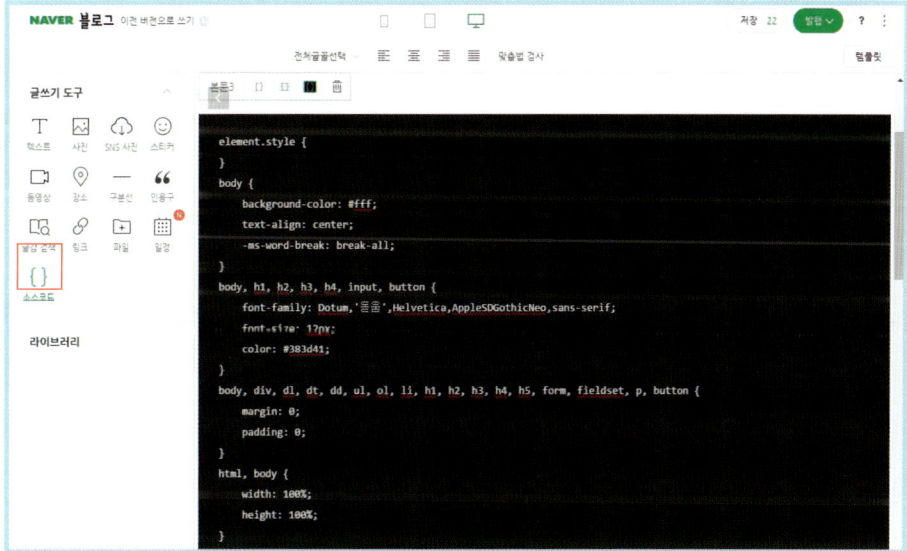

[소스코드]는 JS, CSS, HTML과 같은 컴퓨터 소스 코드를 블로그에서 보기 좋게 표시하는 글쓰기 도구이다. 해당 소스를 입력한다고 해서 실행이 되거나 HTML을 사용할 수는 없다.

스마트 에디터 3.0 있는 글쓰기 도구에 대해서 알아보았다. 이와 같은 글쓰기 도구를 통해 예쁘고 보기 좋은 포스트를 작성해보자!

 **스마트폰으로 포스팅하기**

스마트 에디터 3.0은 모바일에서도 사용하기 편리하도록 구현되었다. 스마트폰의 앱을 통해서 언제 어디서든 블로그에 포스팅할 수 있게 되었다.

스마트폰에서 네이버 블로그 앱을 실행한다. 앱 중간 하단에 [글쓰기] 버튼을 누르면 글을 쓸 수 있다.

모바일용 스마트 에디터 3.0이 나타났다. 본문에 삽입할 글쓰기 도구가 6개밖에 보이지 않지만, […]버튼을 선택하면 더 많은 글쓰기 도구가 나타난다.

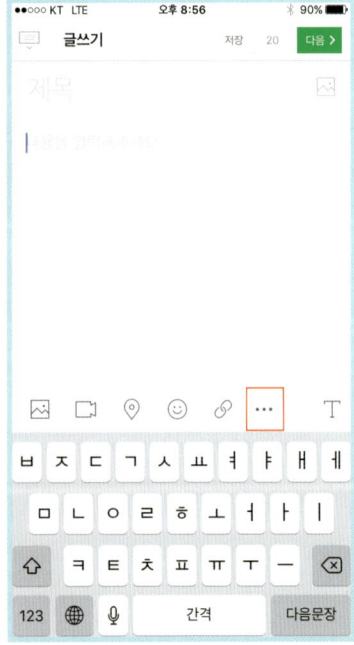

나머지 글쓰기 도구까지 나타났다. 파일, 일정, 소스 코드는 스마트폰 앱에서 사용할 수 없다. 스마트폰으로 포스팅하는 방법도 PC와 같은 방법으로 사용하면 된다.

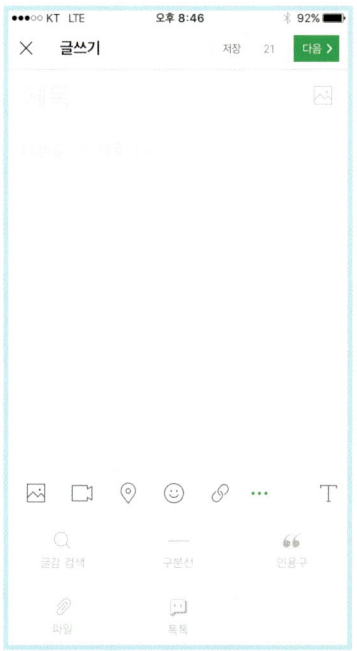

제목에 글을 쓰고 커버사진 아이콘을 눌러 제목의 배경에 사진을 넣었다. 본문에도 글을 쓰고 사진을 첨부했다. 사진을 드래그하여 다른 사진 옆으로 이동하면 사진 정렬 효과가 적용된다. 스마트폰에서도 사진 정렬은 3개의 사진까지 허용된다. 포스트 영역 하단에는 [지도] 글쓰기 도구를 사용하여 지도를 첨부하였다.

스마트폰으로 글을 쓰다가 다른 앱으로 전환하거나 멈출 때는 [저장] 버튼을 눌러 작성 중인 포스트를 임시로 저장한다. 임시로 저장한 글은 스마트폰에서도, PC 버전에서도 이어 쓸 수 있다. 포스트를 발행하고자 한다면 [다음] 버튼을 누른다.

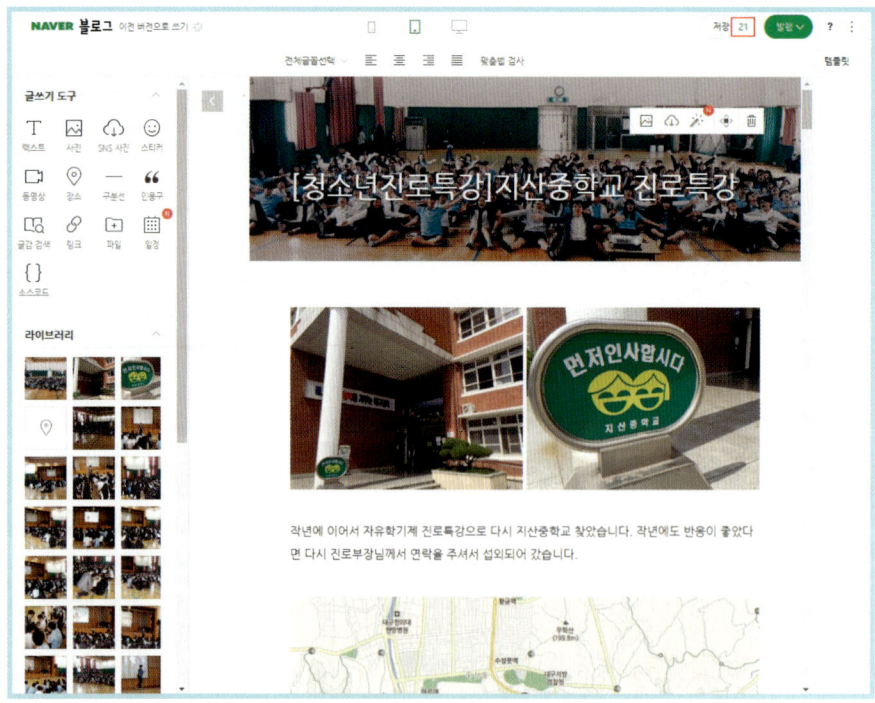

스마트폰이나 PC 버전도 스마트 에디터 3.0으로 들어온 뒤, [저장] 버튼 옆 숫자를 누르면 임시저장된 글의 목록이 나타난다. 그중 원하던 글을 불러와 이어쓰면 된다.

 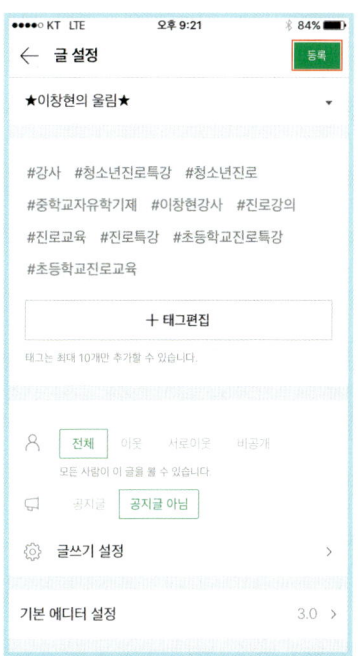

포스트가 모두 완성되었다면 스마트 에디터 우측 상단의 [다음] 버튼을 클릭하면 오른쪽 그림과 같이 [글 설정]으로 화면이 전환된다. [글 설정]에서 카테고리 지정, 태그 입력, 기타 옵션을 설정한다. 모두 완료하면 [등록] 버튼을 눌러 포스트를 블로그에 발행한다.

스마트폰으로 작성한 포스트를 발행했다. 필자는 PC와 모바일 교차하며 사용할 수 있는 기능이 가장 유용한 기능으로 사용하고 있고, 대중교통을 이용할 때나 누군가를 기다릴 때 자투리 시간을 이용해 포스트를 쓴다.

이제는 PC가 없는 곳에서도 스마트폰으로 블로그를 관리하고 포스팅을 해 보자!

Part 5
파워블로거의 포스트 작성기법

 01 나만의 주제로 공략하라!

포스트를 작성할 수 있는 스마트 에디터에 대해서 알아보았다. 이제부터는 자신의 블로그에 본격적으로 포스트를 작성할 차례이다. 블로그에 가장 중요한 것은 포스트의 내용이다. 아무리 디자인이 좋더라도 콘텐츠가 없다면 사람들은 찾지 않을 것이다. 만약 사람들이 찾는다 하더라도 내용이 부실하면 창을 바로 닫아버린다. 다른 블로거가 자신의 블로그에 찾아올 수 있는 매력을 만들어야 한다.

첫 번째는 **한 가지의 핵심 주제**를 선택하는 것이다. 블로거들은 음식, 맛집, 자신이 하는 일 등 다양한 주제를 블로그에 올리고 있다. 다양한 주제가 있으면 좋지만 한 가지조차 제대로 하지 못하는 경우가 많다. 이러면 블로그의 주제가 불분명해진다. 그리고 방문자들이 일회성 방문만 있을 뿐 계속해서 찾지는 않는다.

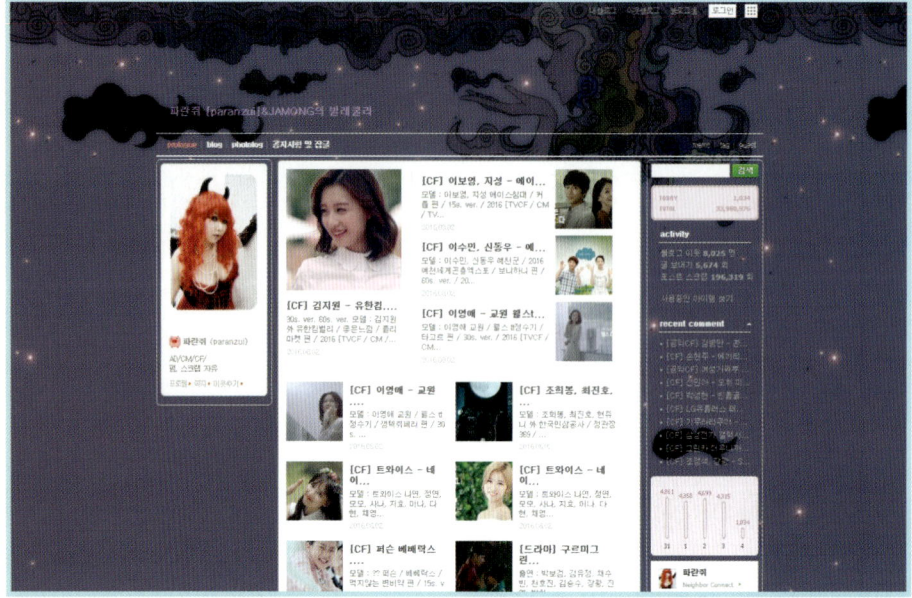

※ 파란쥐님의 블로그 : http://blog.naver.com/paranzui

〈파란쥐 [paranzui]&JAMONG의 빌레쿨라〉 블로그이다. 파란쥐님의 블로그에는 CF가 주제인 포스트가 28,000개 이상 담겨 있다. 이 블로그는 하루 평균 5,000명 정도가 방문하는 파워블로그이다. 파란쥐님의 블로그는 90% 이상이 CF에 관련된 포스트다. 즉, "파란쥐님의 블로그 = CF"라는 주제가 자리매김하게 되었다.

※ EZ세상 블로그 : http://ezworld.co.kr

〈EZ세상〉 블로그는 파워포인트에 대한 주제가 뚜렷한 블로그이다. 이 블로그는 100개 이상의 파워포인트 템플릿을 무료로 사용할 수 있게 나누고 있다. 그리고 파워포인트 사용법 및 핵심 스킬 강의도 250개가 넘는다. 동영상을 통한 파워포인트 노하우도 알려준다. 자신이 가장 자신 있는 파워포인트라는 핵심 주제를 바탕으로 블로그를 운영하고 있다. 이처럼 블로그는 한 주제에 대해서 계속하는 힘이 대단히 중요하다.

두 번째는 **남들이 하지 않는 주제**를 선택하는 것이다. 블로그의 주제 중 요리, 맛집, 여행, 사진, 애니메이션 등을 자주 접한다. 남들이 많이 하는 주제에 대해서는 검색 결과에서 상위에 등록되기 어렵고 사람들에게 각인되기도 어렵다.

※ 블로그 팁 닷컴 : http://bloggertip.com

ZET님이 운영하는 〈블로그 팁 닷컴〉이다. 〈블로그 팁 닷컴〉은 블로그를 운영하는 블로거라면 누구나 한 번쯤은 접해 보았을 것이다. 〈블로그 팁 닷컴〉은 제목 그대로 블로그를 운영할 때 필요한 팁을 담고 있다. 다른 사람이 선택하지 않은 블로그 운영 방법에 대한 주제로 운영되어 많은 사람이 블로그를 방문한다.

세 번째는 **가장 자신 있는 주제**를 선택하는 것이다. 많은 블로그의 주제는 자신이 가장 자신 있는 분야를 주제로 선정하여 운영하고 있다. 대부분의 가정주부는 음식, DIY(Do It Yourself), 육아를 주제로 하고 있다. 젊은 여성의 경우는 맛집, 리뷰, 여행을 주제로 블로그를 운영하고 있다.

많은 경험으로부터 작성된 포스트야말로 최고의 포스트가 될 수 있다. 필자는 레크리에이션 강사로 활동한 경력을 살려 레크리에이션 게임 진행법을 알리려고 블로그를 시작했다. 그 당시에는 레크리에이션 게임 진행법이 가장 자신 있었던 주제였다.

※ 사진가 포토피아의 가슴으로 전해지는 사진 : http://blog.naver.com/worusa0070

포토피아님의 〈사진가 포토피아의 가슴으로 전해지는 사진〉 블로그다. 네이버 파워블로그로 선정되었을 뿐 아니라 포토 부문까지 2관왕을 기록한 블로그다. 블로그 안에 있는 사진 하나하나를 볼 때마다 '이야~ 오~ 멋진~' 이런 감탄이 절로 나온다. 포토피아님은 부산의 구석구석을 다니며 골목을 주제로 포스팅하기 시작했다. 계속해서 서울, 전국, 해외까지 범위를 확대하고 있다. 포토피아님은 자신이 가장 자신 있는 사진이라는 주제로 운영하고 있으며 많은 사람이 찾는 파워블로그이다.

많은 블로거 중 방문객을 많이 유치하거나 파워블로그로 등록되는 블로그는 자신만의 주제를 가진 블로그가 주를 이룬다.

1. 한 가지 핵심 주제를 선택하라!
2. 독특한 주제를 선택하라!
3. 가장 자신 있는 주제를 선택하라!

자신만의 주제로 매력적인 블로그를 만들어 보자!

 ## 단락 & 이미지 & 컬러를 입혀라!

포스트를 읽을 때 텍스트만으로 구성된 포스트는 읽다가 지루해진다. 내용이 좋아도 텍스트만 있는 글은 잘 읽히지 않는다. 그럴 때 사용하는 방법에 대해서 알아보자!

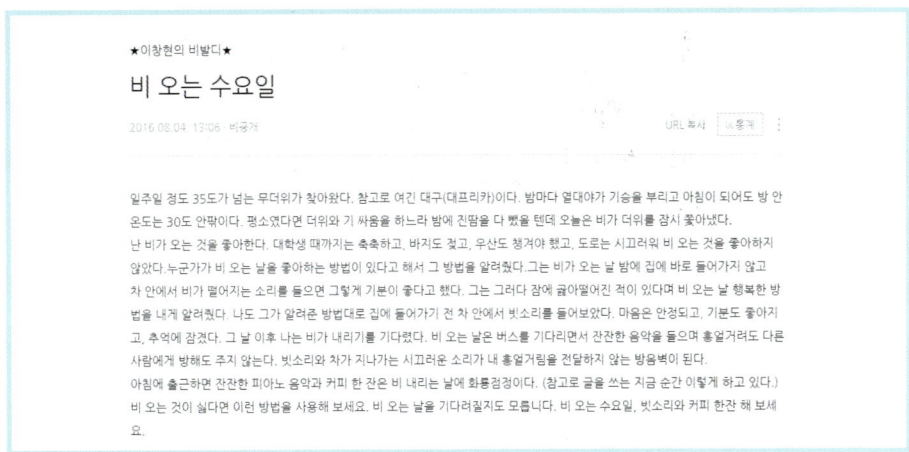

위의 글은 텍스트로만 구성되어 있다. 읽고 싶은 글인가? 별로 읽고 싶지 않은 글인가? 조금 더 읽기 편하게 단락을 구분해 보았다.

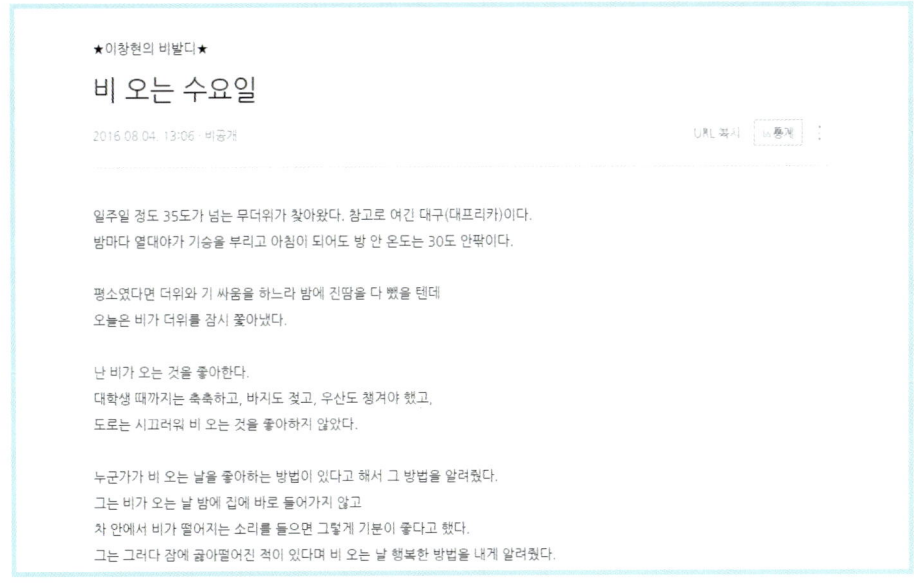

좀 더 읽기 편해졌다. 몇 줄씩 묶어 읽기 편하게 단락을 나누어 보았다. 단락 구분이 안 된 텍스트만 있을 때보다 양도 많아 보이고 읽기도 편해지는 장점이 있다. 하지만 뭔가 조금 아쉬운 면이 있다. 바로 텍스트만으로 구성되어 있다는 점이다.

사진을 글 상단에 넣었다. 좀 더 포스트를 읽고 싶은 의욕이 생긴다. 텍스트와 이미지를 조합하였다. 여기서 조금만 더 꾸며 줄 방법은 없을까?

이번에는 핵심 문장을 빨간색으로 글자의 색상을 변경했다. 신문을 읽을 때 헤드라인이 눈에 띄듯이 색을 처리한 부분이 눈에 띈다. 전달하고자 하는 핵심메시지는 인용구를 활용해서 꾸며 보았다.

1. 읽기 좋게 단락을 구분하라!
2. 이미지와 함께하라!
3. 컬러와 인용구를 사용하라!

아무리 좋은 내용이라도 읽히지 않는다면 무용지물이다. 보기 좋은 떡이 먹기도 좋다는 속담처럼 포스트를 쓸 때 이미지와 텍스트를 조화롭게 배치하여 블로그를 방문하는 사람의 눈을 사로잡자!

03 제목은 검색되도록 지어라

많은 사람은 포스트를 선택할 때 제목(헤드라인)에서 가장 큰 영향을 받는다. 포스트의 제목은 선택을 결정하는 최우선 사항이다. 얼마 전 헤드라인에 〈신세경 첫키스하다.〉라는 제목이 있어 바로 클릭을 했다. 드라마에서 키스 장면이 있다는 뉴스였다. 한마디로 낚였다. 제목을 보고 나도 모르게 단번에 클릭했던 기억이 있다.

블로그의 이름도 마찬가지이다. 블로그의 이름에 따라서 클릭을 할지 또는 말지 고민하기도 한다. 예를 들어 〈이창현의 블로그〉 이렇게 있다면 클릭하고 싶지 않다. 한 단계 더 나아가서 〈MC이창현의 레크리에이션〉으로 만든다면 한눈에 주제가 들어온다. 하지만 조금 딱딱한 느낌이다. 〈MC이창현이 들려주는 즐거운 레크리에이션 이야기〉라고 지으면 어떨까?

※ 파워블로그의 이름
〈누구나 부자되는 세상 만들기 프로젝트〉
〈문성실의 이야기가 있는 밥상〉
〈와인 마시는 아톰〉
〈베비로즈의 cooking & living〉
〈햇살로 동그라미 그리기〉
〈초보 사진사〉
〈미소 짓는 민들레〉 등

자신의 블로그 이름을 쉽게 짓지 못했다면 다른 파워블로그의 이름을 참고하는 것도 하나의 방법이다.

블로그의 제목도 중요하지만, 자신이 쓰는 포스트의 제목도 중요하다. 검색엔진에서 가장 많이 검색되는 것이 바로 포스트의 제목을 통한 검색이다. 그렇다면 이런 포스트의 제목을 어떻게 달아야 할까?

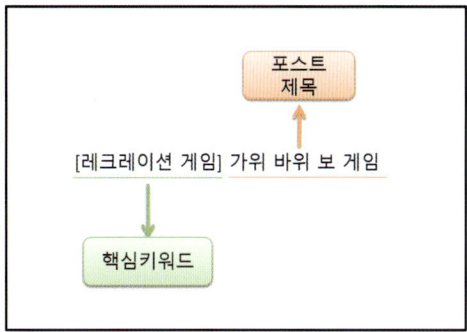

자신만의 핵심 키워드 혹은 주제를 제목에 포함해서 사용하는 것이 좋다. 연재하는 포스트의 제목을 앞에 사용하는 것도 좋은 방법이다. 대괄호나 중괄호를 이용하여 제목 앞에 핵심 키워드 또는 이름을 먼저 적어준다. 그리고 그 뒤에 세부적인 포스트 제목을 적는다.

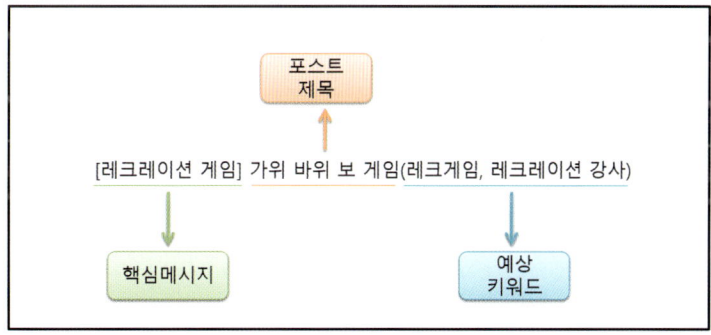

예상되는 키워드를 괄호로 묶어 적어주는 방법도 있다. 예를 들어 예상되는 키워드가 블로그 꾸미기와 블로그 마케팅일 경우에 제목 뒤에 적어주는 방법이다. 단, 너무 많으면 낚시로 오해될 수 있다. 제목이 지저분해 보이기 때문에 예상되는 키워드 1~2개 정도로 적는다.

유명한 마케팅 강사이자 블로거인 세스 고딘(Seth Godin)은 책이나 블로그 포스트 등의 제목을 짓는 세 가지 방식에 대해 다음과 같이 말했다.

1. 내용이 무엇인지 쉽게 이해할 수 있는 제목을 짓는다. (쉬운 이해)
   예 : 파워블로그의 비밀 7가지
2. 자세한 설명을 읽고 싶은 마음이 들 정도로 흥미로운 제목을 짓는다. (궁금증 유발)
   예 : 블로그로 월급을 벌 수 있다.
3. 사람들이 일상생활에서 쓸 정도로 사랑받는 새로운 표현을 만든다. (중독성)
   예 : 비발디 – 비전을 발견하고 디자인하라

블로그가 총이라면 블로그의 포스트는 총알이다. 블로그가 자동차라면 포스트는 연료다. 몇 시간 동안 정성 들여 적는다고 해도 검색되지 않으면 포스트는 빛이 바랜다. 멋진 블로그 이름과 멋진 포스트 제목으로 자신의 블로그에 많은 사람을 방문시켜 보자!

 ## 태그를 달아라!

태그는 원래 우편물이나 화물, 택배물 등에 붙여 화물의 분류나 송수신인, 취급 주의 등을 나타내는 인식표였다. 시간이 지남에 따라 태그는 어떠한 항목을 보충 설명하는 낱말 혹은 키워드의 의미로 사용되고 있다. 블로그에서 태그는 키워드 역할과 보충 설명 역할을 동시에 가지고 있다.

모바일에서 블로그 검색을 하면 위와 같은 화면이 나타난다. 자신의 포스트에 태그를 달았다면 해당 검색에 노출된다. 반대로 포스트에 태그를 등록하지 않으면 태그 검색에서 제외된다.

그렇다면 태그의 단어들은 어떤 것을 사용하면 좋을까?

먼저 자신의 블로그의 주제를 태그에 넣어 준다. 그리고 예상되는 키워드를 태그에 입력한다. 태그는 10개까지 입력할 수 있다.

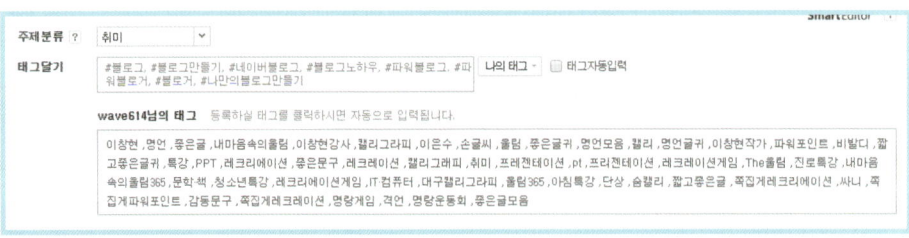

블로그에서는 포스트를 작성할 때 하단의 태그 달기를 통해 작성할 수 있다. [나의 태그] 버튼을 클릭하면 하단에 자신이 사용했던 태그들이 나타나며 그 단어를 클릭하면 태그로 자동입력 된다.

포스트를 작성하고 태그를 작성하는 것이 귀찮은 작업임은 틀림없다. 하지만 자신이 정성껏 쓴 포스트를 한 사람이라도 더 볼 수 있다면 잠깐의 수고로움일 뿐이다. 태그를 통해 정성껏 작성한 포스트가 빛날 수 있을 것이다. 자신의 포스트에 태그를 달아 방문객을 유치해 보자!

멀티미디어를 활용하라!

초창기 블로그의 모습은 텍스트만 처리할 수 있었다. 인터넷의 발달에 따라 블로그에도 사진, 음성, 도형, 영상 등으로 이루어진 다양한 매체를 사용할 수 있게 발전되었다. 다양하게 사용할 수 있는 매체인 텍스트, 음성, 도형, 영상 등의 복합적 요소가 멀티미디어이다. 멀티미디어의 대표적인 것이 UCC(User Created Contents)이다. UCC는 사용자가 직접 제작한 콘텐츠 모두를 지칭하는 말이지만 통상적으로 개인이 직접 만든 영상을 말한다. 즉, "UCC = 동영상"으로 불린다. 캠코더, 디카, 스마트폰 등 디지털 촬영기기의 대중화와 영상 편집 툴의 간편화로 누구나 쉽게 동영상을 만들 수 있게 되었다. 블로그에도 동영상을 올릴 수 있다.

멀티미디어를 사용할 때는 저작권에 침해되는지 주의해야 한다. 저작권은 문학·학술 또는 예술의 범위에 속하는 창작물인 저작물에 대한 배타적·독점적 권리를 말한다. (네이버 백과사전)

1. 어떤 저작물을 이용할 것인지 결정한다.
2. 그 저작물이 보호받는 것인지 확인한다.
3. 저작물 이용 방식이 저작권법상 허용되는 방식인지 확인한다.
4. 저작권자에게 저작물 제목과 이용하려는 방법 등을 자세히 알리고 이용에 대한 허락을 받는다.
5. 허락받은 범위 내에서만 이용하되, 저작권자의 의사에 따라 저작권자 표시, 출처 표시를 명확히 하고 쓴다.

(출처 : 한국저작권 위원회)

블로거들이 가장 많이 사용하는 멀티미디어는 사진이다. 누구나 스마트폰에 카메라를 가지고 있다. 디지털카메라와 디지털캠코더가 대중화 되면서 가격도 저렴해졌다. DSLR(Digital Single-Lens Reflex) 사진기도 가격이 낮아지면서 대중화가 되었다. 그래서 지금 시대는 누구나 멋진 동영상과 사진을 찍을 수 있다.

(출처 : http://blog.naver.com/songhs3420)

〈멋쟁이 준혁맘〉 블로그이다. 준혁맘님께서 맛집을 찾아 맛집의 전체 풍경, 메뉴판, 음식의 모습을 찍어 블로그에 쓴 포스트이다. 만약 글만 올렸다면 느낌이 오지 않을 것이다. 반대로 사진만 올렸다면 실제로 가본 사람의 의견이나 가보고 싶다는 느낌이 많이 오지는 않을 것이다. 하지만 장단점의 의견과 사진을 조화시켰을 때 가보고 싶은 느낌과 살아 있는 포스트가 된다.

멀티미디어에는 사진뿐만 아니라 소리, 동영상이 많이 활용된다. 스마트폰은 사진 및 동영상 기능을 지원하고 있어 누구나 멀티미디어 생산이 가능하다. 여행지의 모습을 담은 영상, 체험현장의 모습, 기사화될 만한 취재 영상, 공연에서 직접 찍은 영상 등 일상생활에서 일어나는 일을 영상으로 담아낸다면 살아 있는 영상으로 블로그를 꾸밀 수 있다.

〈대한민국 청와대 블로그〉이다. 청와대 블로그(https://blog.naver.com/thebluehousekr)에서는 대통령 연설, 청와대에서 일어난 일 등에 대한 내용을 볼 수 있다.

텍스트로만 이루어진 포스트는 환영받지 못한다. 현재는 얼굴을 보며 통화를 하고 사진과 동영상으로 문자를 보내는 시대이다. 블로그는 텍스트로 눈에 말하기보다는 멀티미디어를 사용하여 눈과 귀에 말한다면 더 효과적이다. **귀가 아닌 눈에 말하는 포스트, 눈이 아닌 마음을 두드리는 포스트**를 만들어 보자!

06 이슈를 집중하라!

지구촌에는 매일매일 사건이 일어나고 계절의 바뀜에 따라 사람들의 관심사가 바뀐다. 김연아 선수가 금메달을 목에 걸었을 때 많은 매체와 블로그에서는 김연아 선수에 대한 글이 폭발적으로 늘어났으며 김연아 붐이 일어났다. 네티즌들도 김연아 선수에 대한 검색이 폭발적으로 늘어났다. 이처럼 일상에서의 일 중에 많은 사람이 관심을 가지는 것을 이슈(issue)라 한다. 이슈에 집중된 포스트를 쓰면 방문객을 늘릴 수 있다.

첫 번째로 **뉴스**를 활용할 수 있다. 즉, 뉴스 중 가장 처음에 나오는 헤드라인 뉴스를 집중하기 바란다. 어느 가정이나 TV가 보급되어 있고 수많은 TV 채널과 온종일 뉴스만 하는 방송국도 여러 개 있어 뉴스는 손쉽게 접할 수 있는 이슈다.

예를 들어 2007년 12월 태안 기름 유출 사고 때 많은 이슈가 집중되었다. 이때 많은 블로거는 직접 봉사활동을 다녀왔으며, 그 현장의 생생한 기록을 남겼다. 〈캐니와 뿌니의 일곱 번째 천국〉의 캐니님은 직접 태안 봉사활동 현장을 다녀온 체험을 자신의 블로그에 올렸다. 생생히 살아 있는 사진들과 자신이 직접 느낀 것으로 구성된 포스트는 다른 사람들을 방문하게 했다. (http://blog.naver.com/namastae/40048613346)

두 번째로 **스포츠**를 활용할 수 있다. 대한민국의 스포츠는 상상을 초월할 만큼의 힘을 가졌다. 올림픽, 동계올림픽, 월드컵, WBC(월드 베이스볼 클래식), 프로야구, 프로축구 등 스포츠는 대한민국을 하나로 만드는 힘이 있다.

위의 그림은 연제연검아빠님의 블로그(http://patriatman.blog.me)이다. 연제연검아빠님은 프로야구 팀인 SK 와이번스의 팬이다. 그는 2010년부터 자신이 좋아하는 SK 와이번스에 대한 포스트를 작성해 왔다. 이 주제에 대한 포스트는 1,100개가 넘는다. 자신이 좋아하는 야구팀의 포스트로 그는 2010년부터 2013년까지 네이버에서 선정한 파워블로거가 되었고 많은 사람들이 블로그를 방문한다.

세 번째는 **계절**이다. 대한민국은 봄, 여름, 가을, 겨울의 4계절을 가진 나라이다. 사람들은 계절에 따라 관심사들이 달라진다. 봄에는 벚꽃놀이 및 지역 축제, 여름에는 피서, 가을은 단풍놀이 및 지역축제, 겨울은 얼음축제, 빙어낚시, 겨울 바다 등 사계절에 따라 찾는 관심이 달라진다. 자신의 블로그에 계절과 맞는 포스트를 쓴다면 더욱 효과적이다.

위의 포스트는 〈상기맘〉 블로그이다. "꼭 가볼 만한 여름 피서지 – 동해 해수욕장 Best3"(http://blog.naver.com/sangi0505/50033099137) 포스트이다. 멋진 사진과 함께 상세한 내용까지 여름에 해당하는 포스트로 여름에 피서를 가고자 하는 방문이 이어졌다. 올여름 이 포스트를 보고 해당 피서지로 피서객들이 찾을 것이다.

네 번째는 **기념일**이다. 우리나라에는 설날 같은 명절, 국경일, 특별하게 이벤트 데이(day)까지 다양하다. 기념일을 차례대로 보면 설날(음 1.1), 정월대보름(음 1.15), 식목일(4.5), 어린이날(5.5), 어버이날(5.8), 스승의 날(5.15), 석가탄신일(음 4.8), 성년의 날(5월 셋째 주 월요일), 초복(음 7.19), 중복(음 7.29), 말복(음 8.8), 추석(음 8.15), 동지(12.22), 크리스마스(12.25)까지 기념일이 있다. 그리고 매달 14일은 〈OOO데이〉이다. 기념일 1월 〈다이어리 데이〉에서 12월 〈허그 데이〉까지 기념일이 많다. 기념일이 되기 하루 이틀 전에 기념일에 대한 포스트를 쓴다면 많은 사람들이 방문할 것이다.

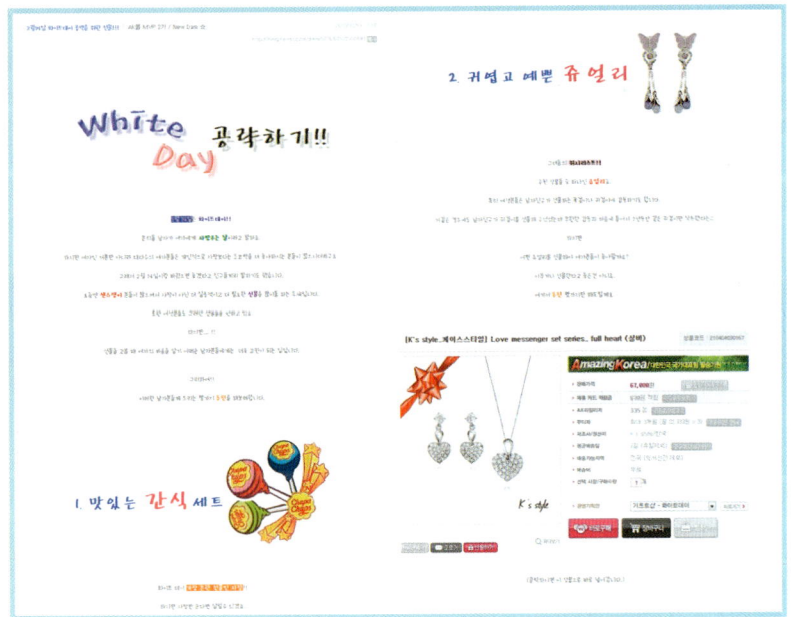

위의 포스트는 〈New daming세상〉 블로그입니다. "3월 14일 화이트데이 공략을 위한 선물!!!"(http://blog.naver.com/dami0076/60102102490) 포스트이다. 화이트데이 남자들이 여자를 공략하기 위해 3가지 공략법이 있다. 이렇게 많은 기념일에 맞는 포스트로 이슈를 잡을 수 있다.

다섯 번째는 **음식**이다. 음식에 해당하는 것은 맛집이나 요리방법에 대한 이야기를 포스팅하는 것이다. 현대는 외식문화가 발달되어 맛집에 대한 검색은 꾸준하다. 먹어 본 맛집 중에 맛있다면 다른 블로거에게 추천할 수 있다. 필자도 강연을 위해 전국을 다니면서 다른 블로그에서 본 맛집에 가기도 하고, 그곳을 소개하는 포스트도 작성한다.

음식을 직접 만드는 것을 좋아한다면 조리 과정을 사진 찍어 포스팅해도 좋은 방법이다. 대한민국은 먹는 방송에서 요리하는 방송으로 진화하면서 블로거들도 요리에 대한 많은 관심이 있다.

위 블로그는 필자 블로그의 한 장면이다. 춘천 여행을 갔다가 다른 블로그에서 소문난 중화요리 식당을 찾았다. 직접 가서 먹어보니 특색있는 음식이었고 맛까지 있어서 포스팅했다. 이 포스트는 한 달 동안 하루 평균 100회의 조회 수를 기록했고, 이 포스트의 누적 조회 수는 3,000회를 넘어섰다.

이 같은 이슈를 통해 포스트를 작성하면 많은 블로거의 방문이 가능하다. 즉, 검색어 순위에 있는 이슈를 검색을 통해 내 블로그로의 방문을 유도 할 수 있다.

1. 뉴스
2. 스포츠
3. 계절
4. 기념일
5. 음식

이슈를 통한 포스트를 작성하면 많은 블로거들이 방문할 수 있다. 하지만 자신의 블로그의 핵심 주제를 계속해서 벗어나서는 안 된다. 이슈도 좋지만 가장 중요한 것은 나만의 블로그의 핵심을 가지는 것이 더욱 중요하다.

바로가기를 만들어라!

네이버 블로그에는 스크랩 기능이 있다. 스크랩 기능은 다른 사람이 내 글을 자신의 블로그, 카페로 옮겨서 볼 수 있는 기능이다. 사람에 따라 자신의 글을 다른 사람이 스크랩하는 것을 좋아할 수도 있고 반대로 싫어할 수도 있다. 좋아하는 경우는 자신의 글이 스크랩되었다는 것은 다른 사람에게 인정을 받아 또 다른 곳으로 퍼져 나가 자신을 알릴 수 있게 된다고 생각하기 때문이다. 반대로 싫어하는 경우는 자신이 힘들여 쓴 글을 다른 사람이 쉽게 가지고 간다면, 노력을 하지 않고 쉽게 자료를 이용한다고 생각하기 때문이다.

만약 스크랩되는 것이 싫다면 포스트를 쓸 때 스크랩허용에 체크를 하지 않으면 스크랩해 갈 수 없다. 혹은 스크랩을 해가더라도 링크를 통해 자신의 블로그에서 보게 하는 방법인 링크 스크랩으로 설정한다.

하지만 Web 2.0 시대는 참여, 개방, 공유는 필수불가결의 조건이 되어 버렸다. 필자는 대부분 공개로 글을 쓰며 본문 스크랩도 허용하였다. 스크랩을 허용하면 포스트를 스크랩해가면서 댓글도 남기는 참여하는 블로그로 발전된다. 그래도 이왕 스크랩했을 때 다른 사람의 블로그에 있는 글로 인해 자신의 블로그로 방문을 유도하는 방법이 있다. 바로 **〈바로가기 버튼〉**을 만드는 것이다.

우선 자신만의 바로가기 버튼을 만들어야 한다. 자신만의 타이틀 만들 때처럼 이전에 만들어 놓은 자신의 타이틀을 사용하면 쉽게 만들 수 있다.

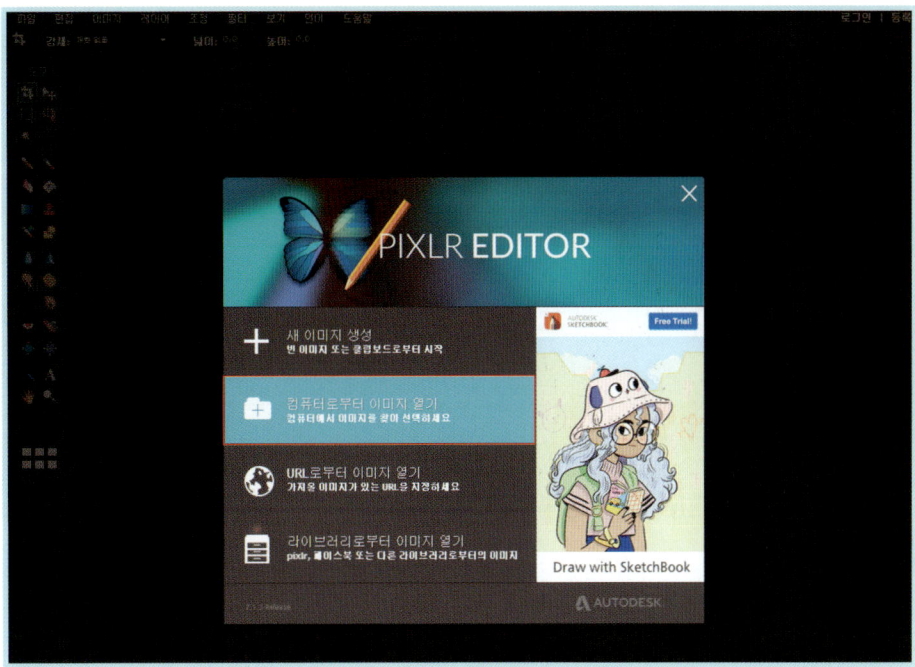

이번에도 무료 이미지 편집 프로그램으로 PIXLE EDITOR를 이용하겠다. 인터넷 주소창에 "https://pixlr.com/editor"를 입력한다. [컴퓨터로부터 이미지 열기]를 클릭하여 기존에 만들었던 타이틀 이미지를 연다.

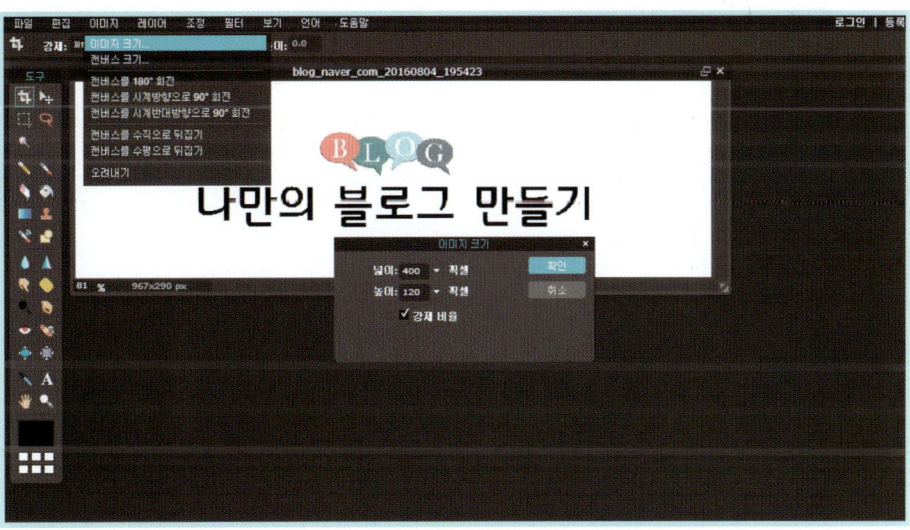

타이틀 이미지를 불러왔다면 이미지 크기를 줄인다. [이미지] → [이미지 크기]를 선택하면 이미지 크기라는 작은 창이 나타난다. 넓이를 400px로 지정한다. (높이는 자동으로 지정) 이미지의 크기는 원하는 크기로 줄여 사용하면 된다.

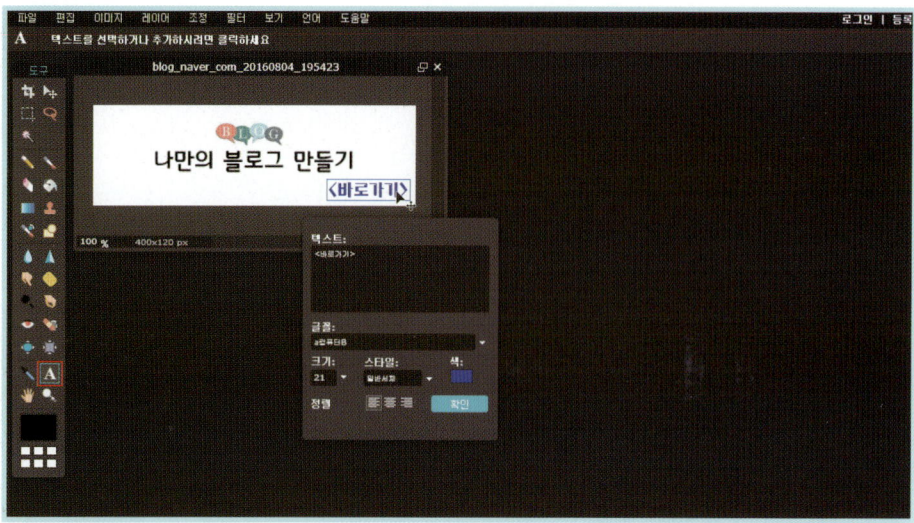

해당 이미지가 작아진 것을 확인할 수 있다. 다음은 도구의 [문자 도구(A)]를 이용하여 이미지 오른쪽 아래에 텍스트로 "〈바로가기〉"를 입력한다. 문자를 입력했다면 모양에 맞게 글자색, 폰트, 크기 수정을 한다.

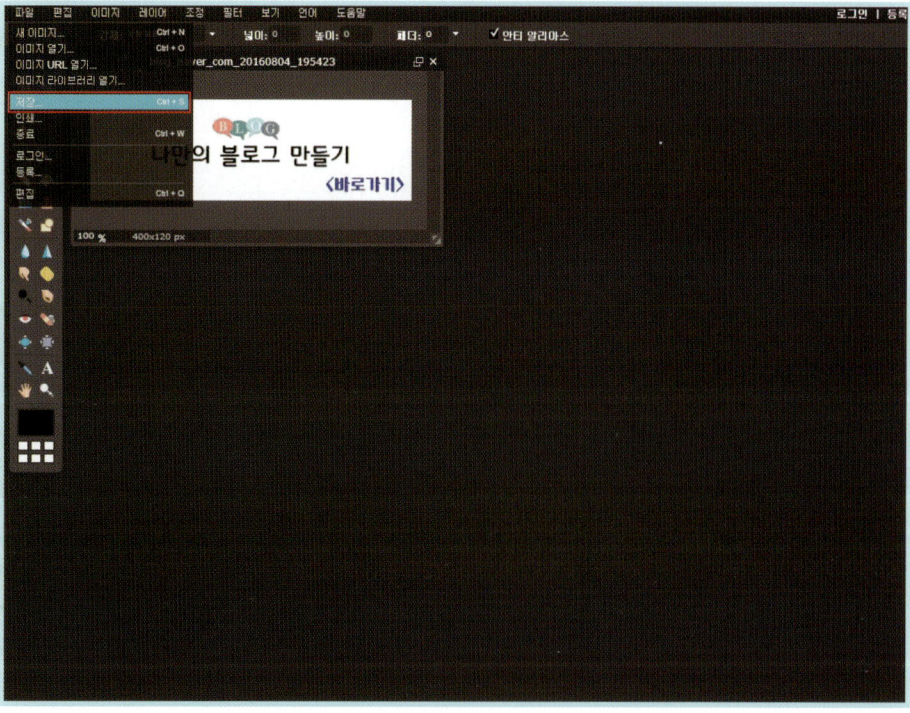

완성된 〈바로가기〉 버튼 이미지를 파일로 저장한다. [파일] → [저장]을 눌러 자신의 컴퓨터에 이미지를 저장한다.

스마트 에디터에서 [사진] 버튼을 클릭해 완성된 바로가기 이미지를 포스트에 추가한다. [바로가기] 버튼 이미지에 테두리가 필요하다면 사진을 클릭한 뒤 테두리 두께를 지정하면 된다.

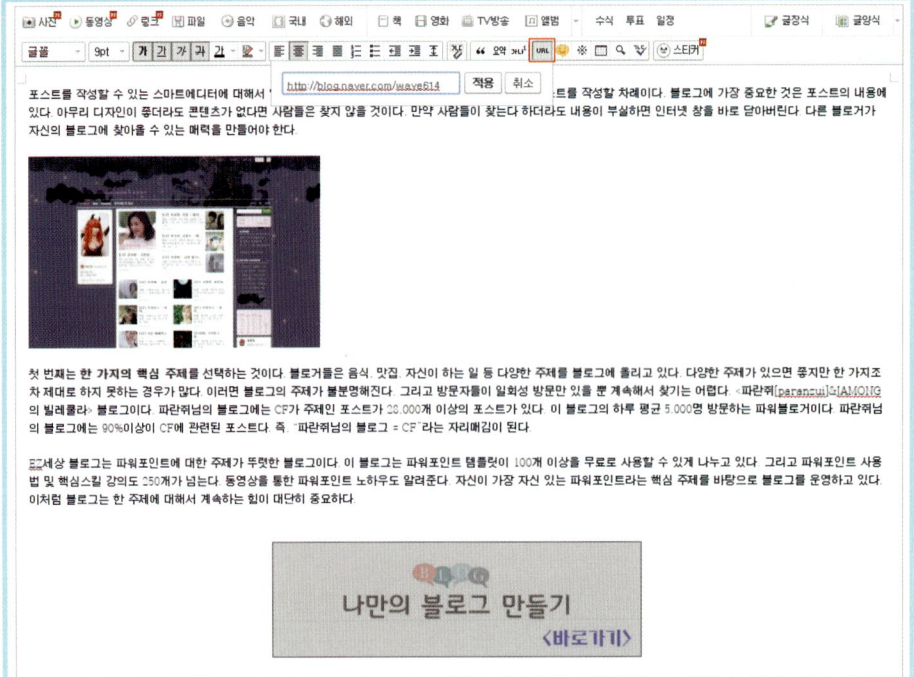

[바로가기] 버튼 선택 → [URL] 클릭 → [하이퍼링크 주소]에 자신의 블로그 주소 입력 → [적용] 버튼을 누른다. 그리고 이 포스트를 완성한 뒤 [바로가기] 버튼을 누르면 새 창에 내 블로그가 열린다.

포스트에 [바로가기] 버튼을 만들어 보았다. 이 포스트를 다른 사람이 스크랩해 간다고 해도 이 버튼을 통해 자신의 블로그로 올 수 있는 링크를 제공한다. [바로가기] 버튼을 사용하면 스크랩하면 할수록 자신의 블로그는 더 많이 알려지게 된다. [바로가기] 버튼을 통해 방문자 수도 늘릴 수 있는 일거양득의 효과이다.

블로그를 통해 쇼핑몰(홈페이지)을 홍보하고자 한다면 같은 방법으로 [바로가기] 버튼을 자신의 쇼핑몰로 홈페이지로 링크하여 사용할 수 있다. 다른 SNS와의 링크도 같은 방법으로 연동할 수 있다.

 ## API로 포스트 작성하기

포스트를 작성하기 위해서는 많은 시간과 노력이 필요하다. 블로거들은 인터넷 창에서 글을 작성하거나 워드프로세서에서 작성하여 붙여넣기를 해서 포스트를 작성한다. 인터넷 창에서 할 경우는 인터넷 창의 오류로 작성하고 있는 글이 날아가는 경우가 종종 발생한다. 누구나 한 번쯤 이런 경험들이 있을 것이다. 긴 포스트를 쓸 때는 인터넷 창보다는 워드프로세서를 사용하기를 권장한다. 다행인 것은 임시저장이 정해진 시간마다 되지만 아직은 인터넷 창이 불완전하다. 마찬가지로 워드프로세서로 글을 작성하는 경우에도 중간중간에 저장하는 습관을 지녀야 한다. 더 안정성이 높은 워드프로세서를 사용하는 것을 권장한다.

그런데 워드프로세서로 작성하면 다시 블로그를 켜서 로그인하고 작성된 글을 이용해야 하는 번거로움이 있다. 게다가 그림이 10장이 넘어간다면 그 그림까지 모두 저장된 파일을 첨부해야 한다. 블로그의 API(Application Programming Interface) 기능을 사용하면 워드프로세서에서 쓴 글을 블로그에 바로 포스팅할 수 있다. API를 사용하는 방법에 대해서 알아보자!

먼저 블로그의 API 기능을 사용할 수 있는 프로그램이 필요하다.

- 한글(HWP) 2010 : http://www.hancom.co.kr
- Microsoft Word 2007 : http://office.microsoft.com/ko-kr/downloads
- Windows Live Writer : http://download.live.com/writer
- Google Doc(구글문서도구) : http://spreadsheets.google.com
- 스프링노트 : http://www.springnote.com
- Zoundry : http://www.zoundry.com

글쓰기 툴로는 다음과 같은 것이 있다. 한글(HWP)과 MS Word는 구매를 해야 사용할 수 있으며 나머지 프로그램은 프리웨어로 무료로 사용할 수 있다. 국산 프로그램인 혼글 2010(이하 HWP)을 통해 API를 활용한 포스트 쓰기에 대해 알아보자!

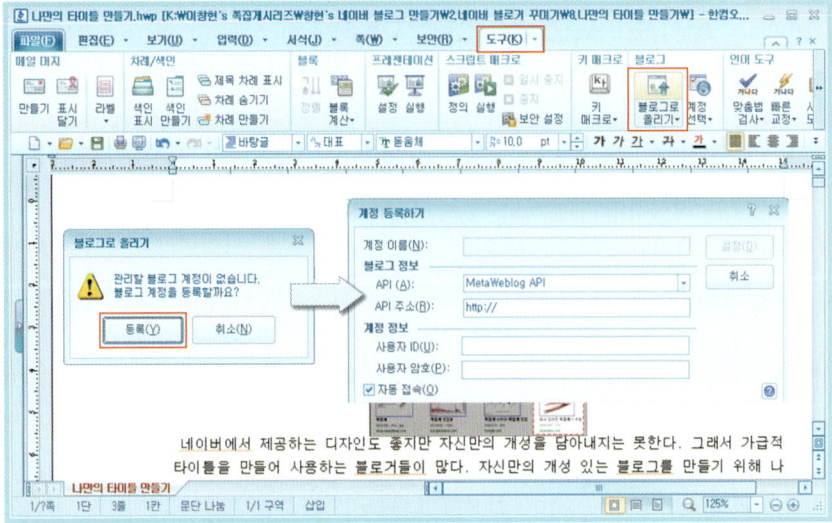

HWP를 사용하여 블로그에 올릴 포스트를 작성한다. 포스트를 모두 작성하였다면 [도구] → [블로그로 올리기] → [등록] 버튼을 클릭하면 [계정 등록하기] 새로운 창이 나타난다.

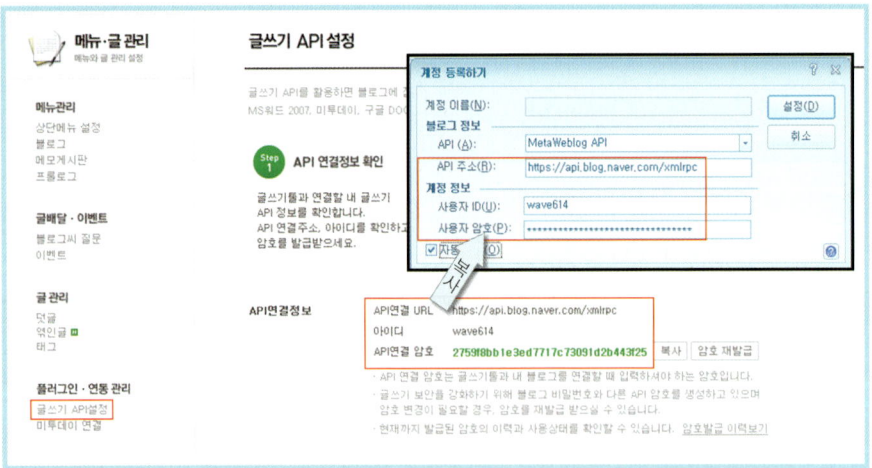

자신의 블로그로 돌아온다. [관리] → [글쓰기 API 설정] 클릭을 하면 **API 연결정보**에 나오는 순서대로 한글의 〈계정 등록하기〉 창에 붙여넣는다. [설정] 버튼을 클릭하면 계정에 연결이 완료되었다는 메시지가 나타난다. API 등록에 성공한 것이다.

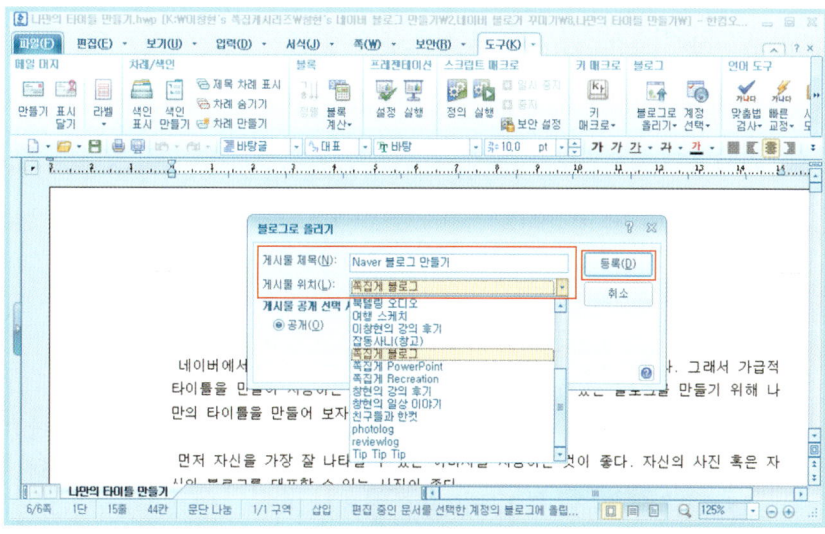

계정등록을 마친 후 블로그로 올리기 창에서 [게시물 제목] 입력 → [게시물 위치(카테고리] 선택 → [등록] 버튼을 클릭하면 "포스트 등록 중입니다." 메시지가 나타난다. 등록한 게시물 확인 창을 통해 포스트가 올라간 것을 확인할 수 있다.

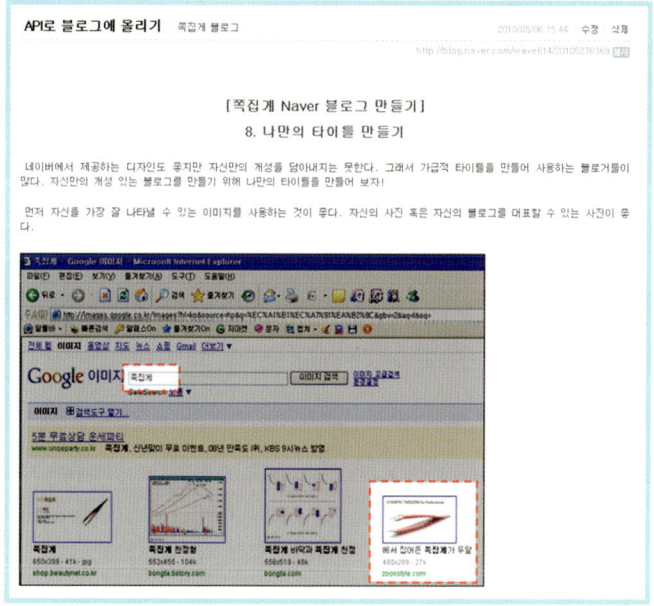

API로 블로그에 올리기 완성! 글과 이미지의 간격을 수정하여 사용하면 된다. [수정]을 선택하여 Del 키와 ← (Backspace)를 이용하여 간격을 맞추면 포스트가 완성된다. 2개 이상의 블로그를 사용한다면 API 기능으로 여러 개의 블로그로 글을 쓸 수 있다. API기능을 이용하여 블로그에 쉽고 빠르게 포스팅해 보자!

 ## 사진 서명 달기

포스트를 작성할 때 사진을 많이 사용한다. 사진을 블로그에 올리면 다른 방문자들이 자신의 그림을 내려받아 무단으로 사용할 수 있다. 이것을 방지하는 방법으로 사진 서명이 사용된다.

〈출처 : 연합뉴스, iStockphoto, MBC, 문성실의 이야기가 있는 밥상〉

서명 또는 **워터마크(watermark)**는 사진 위에 자신의 로고, 이름, 도장 등을 찍어 저작물을 효과적으로 보호할 수 있다. 이런 서명은 다른 사람이 이미지를 보거나 사용하는데 전혀 지장을 주지 않는다. 그리고 원본의 출처나 복제 경로를 찾아내기에 효과적이기 때문에 많이 사용되고 있다. 특히 신문, 방송, 사진관, 블로그, 카페 등 다양한 저작물에 서명을 사용하고 있다.

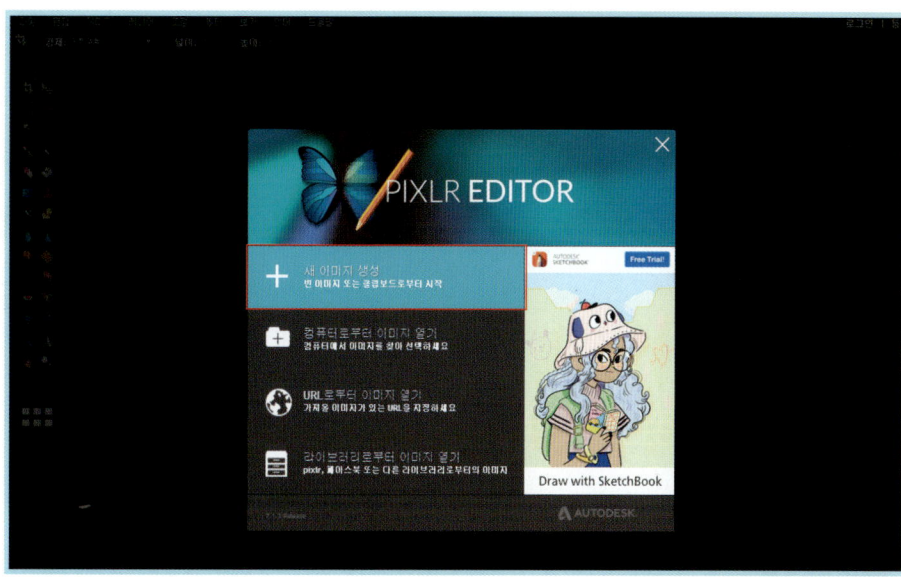

서명을 만들기 위해 PIXLE EDITOR를 이용하겠다. 인터넷 주소창에 http://pixlr.com/editor 입력하고 [새 이미지 생성]을 선택한다.

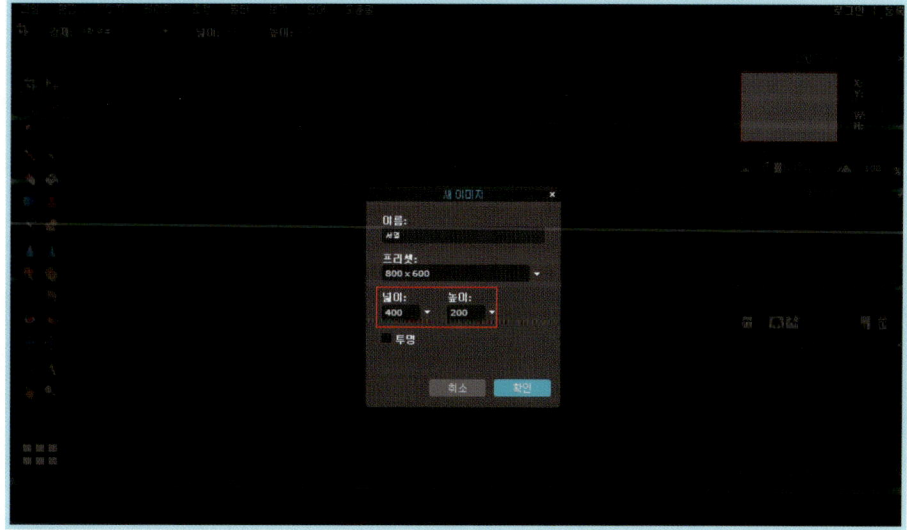

이미지의 이름, 프리셋 또는 넓이, 높이를 입력한다. 프리셋이 아닌 넓이와 높이에 400px, 200px로 설정한 뒤 [확인] 버튼을 클릭한다. (파일 용량은 200KB 이하)

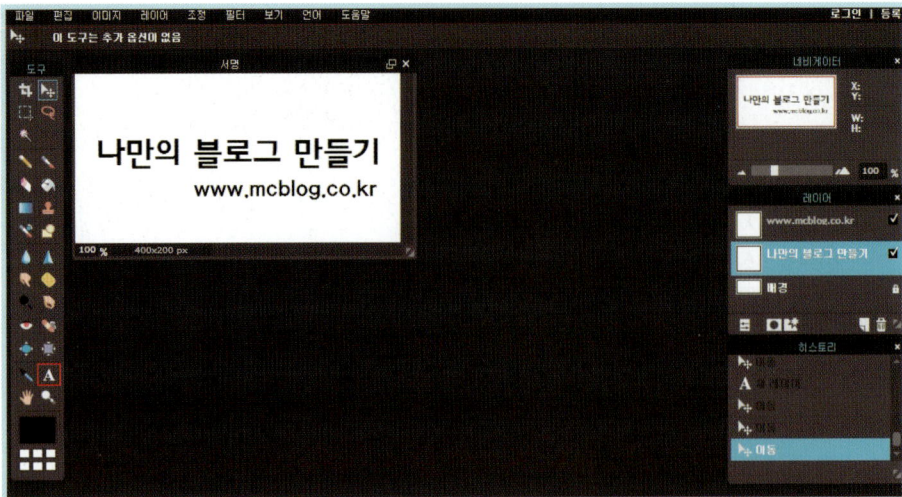

문자 도구 아이콘(A)을 선택하여 이미지 편집 창을 클릭한다. 텍스트를 입력한 뒤 글꼴, 크기, 스타일, 색을 설정한다. 모두 완료되었다면 [확인] 버튼을 클릭한다. 위 그림은 문자 도구 아이콘을 사용해서 두 개의 텍스트를 입력했다.

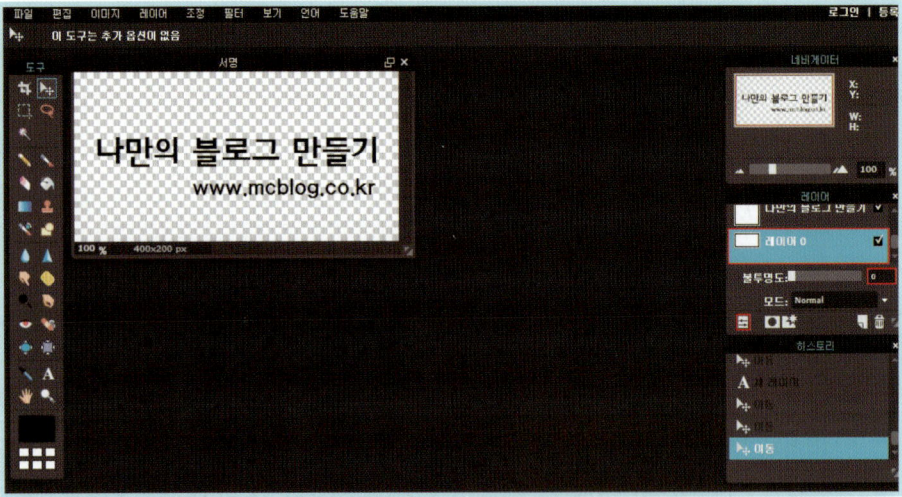

우측 레이어 창에서 [배경] 레이어를 선택한다. 배경 레이어 오른쪽의 자물쇠 모양을 더블클릭한다. 그러면 레이어 이름이 [레이어 0]으로 바뀐다. 레이어 창에서 [옵션] 버튼을 클릭하면 불투명도를 조절할 수 있다. 불투명도를 0으로 지정한다.

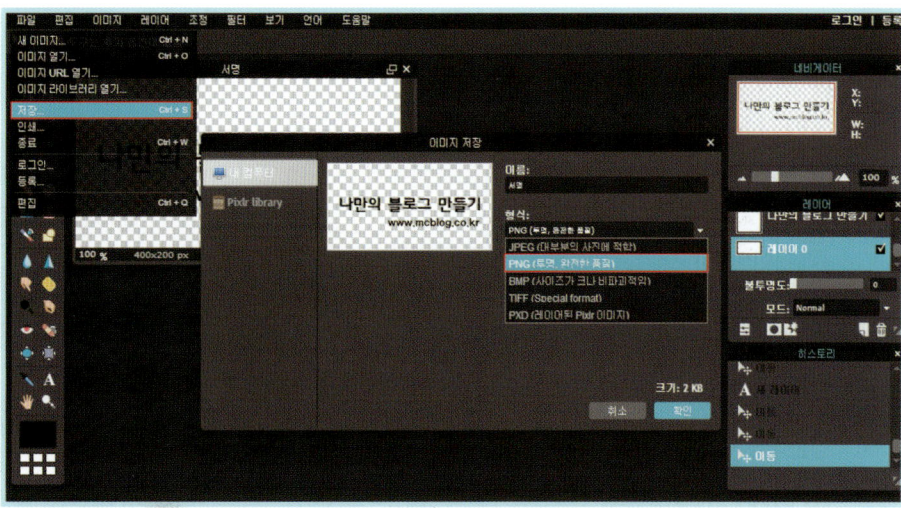

[파일] → [저장] 버튼을 클릭한다. 이미지 저장 창에서 파일 형식을 PNG로 설정한다. [확인] 버튼을 클릭한 뒤 자신의 컴퓨터에 편집한 이미지 파일을 저장한다. 이미지 형식을 PNG로 설정해야 사진 위에 투명한 서명을 사용할 수 있다.

스마트 에디터 2.0 버전에서는 [사진]을 선택해 [포토업로드] 창을 띄운다. [편집하기]에서 자신이 원하는 사진을 첨부한 뒤 [서명] → [이미지 서명]을 클릭한다. [찾아보기]를 선택해 앞서 만든 이미지 서명 파일을 찾은 뒤, [올리기] 버튼을 클릭하면 자신의 서명이 사진에 입력된다. 서명이 잘 보이는 곳으로 드래그하여 위치시킨 뒤 사용하면 된다.

스마트 에디터 3.0버전에서는 [사진]을 첨부한 뒤 사진을 더블클릭한다. 편집 창이 나오면 [서명]을 선택하고 [이미지 서명]을 누른다. 하단에 [불러오기]를 통해 만들어 놓은 이미지를 가지고 오면 사진에 서명이 위치한다. 같은 방법으로 서명의 위치를 지정한 뒤 사용하면 된다.

서명이 찍힌 사진이 업로드되었다. 포스트를 적을 때 서명을 사용하여 자신의 사진에 모두 적용해 보자! 한번 등록된 서명은 다시 업로드하지 않아도 계속해서 사용할 수 있어 편리하다. 만든 서명을 통해 사진의 저작권 및 출처를 밝혀 보자!

10 꾸준히 써라!

"블로그는 상어와 같다."라는 말이 있다. 블로그는 왜 상어와 같을까? 2013년 방영되었던 〈KBS 월화드라마 상어〉에 나온 대사를 보자.

"상어는 부레가 없어."
"그럼 어떻게 살아?"
"살기 위해선 끊임없이 움직여야 한대. 멈추면 죽으니까."
"자면서도 움직여야 상어는 살 수 있어."
"되게 피곤하게 사는 거네."
"그래도 바다에선 상어가 제일 강해."

드라마의 대사처럼 대부분 상어는 부레가 없다. 그래서 가라앉지 않기 위해서는 계속 움직여야 한다. 심지어 자면서도 움직인다. 블로그도 마찬가지다. 블로그도 헤엄치지 않으면 가라앉는다. 블로그에 해당하는 헤엄은 포스트를 쓰는 일이다. 하루에 최소 1개 이상의 글을 쓴다면 블로그 최적화에 한 발짝 한 발짝 다가가는 일이 된다.

● **어떤 주제도 좋다.**

꾸준히 쓰기 위해서는 자신만의 콘텐츠가 있으면 좋지만, 없다면 어떤 주제라도 좋다. 점심때 먹은 식당에 대한 리뷰도 좋고, 옆 사람과의 이야기 내용도 좋다. 책에서 읽은 내용, TV 프로그램 이야기 등 어떤 주제라도 매일 쓰는 것이 중요하다.

필자도 강의를 갔던 후기를 쓰기도 하고, 중간에 들렀던 식당이나 휴게소, 읽었던 책 이야기 등 다양한 주제에 대해서 하루에 한 개 이상의 포스트를 쓰고 있다.

● **예약을 이용해서 포스팅하자!**

운동을 하루에 몰아서 하는 것보다 일주일에 30분씩 나눠서 하는 것이 좋고, 식사도 한 꺼번에 과식을 하는 것보다 조금씩 나눠서 먹는 것이 훨씬 좋다. 블로그도 마찬가지로 하루에 몰아서 포스팅하는 것은 좋지 않다. 조금씩 나누어서 포스팅하는 것이 좋다. 만일 시간이 나서 포스트를 많이 썼다면 그 날 모두 올리지 말고 예약을 통해 분산하여 포스팅하는 것이 더 좋다.

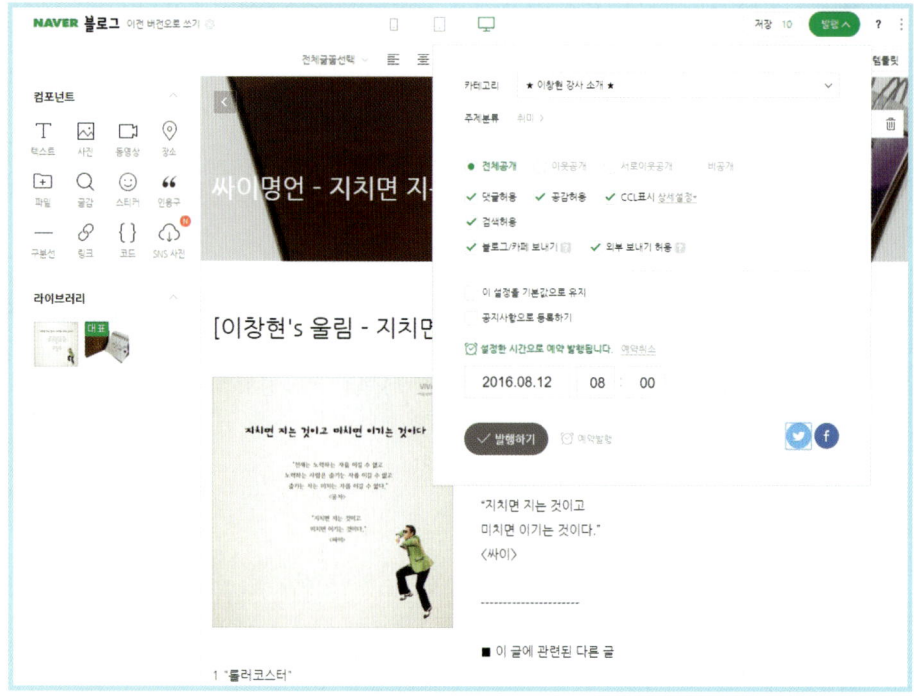

매일 아침 8시경, 내 블로그에 하나의 글을 올린다. 어떤 날은 출장이 있거나 아프거나 하는 날은 올리지 못한 경우도 있었다. 예약 기능이 등장하면서부터 예약을 통해서 전날 미리 포스팅한다. 그래서 정확히 매일 8시면 내 블로그에는 포스트가 등록된다. 블로그뿐만 아니라 다른 SNS에도 같은 내용으로 함께 예약으로 글을 쓴다. 강의가 없는 날이면 몇 개의 글을 미리 써 놓은 뒤 예약 시간을 정해 놓아 포스팅 시간을 분산시킨다.

● 언제나 시간이 나면 쓰자!

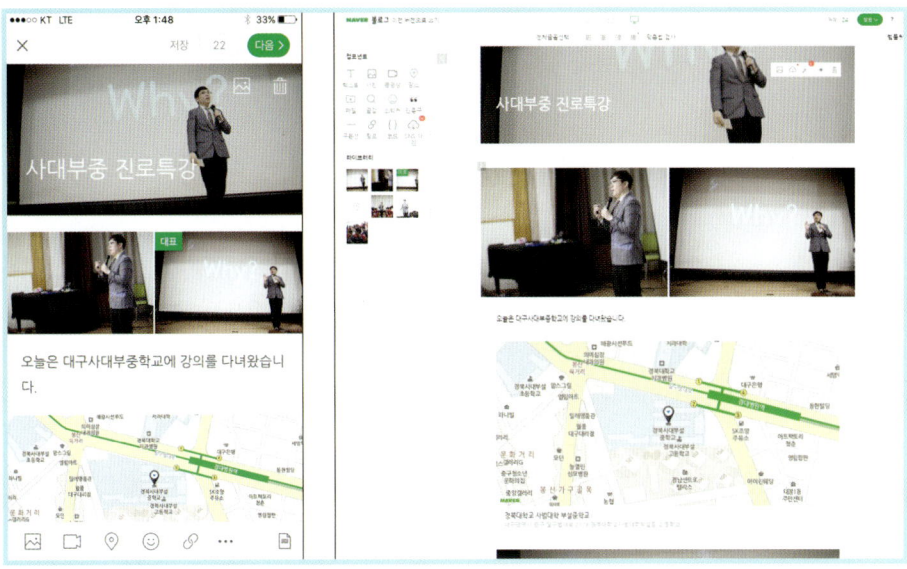

앞서 스마트폰으로 포스트를 쓰는 방법에 대해서 알아보았다. 스마트 에디터 3.0으로는 [저장]을 하면 스마트폰 앱과 PC에서 같은 내용으로 이어서 쓸 수 있다. 필자는 버스나 기차를 이용하여 이동할 때는 스마트폰을 통해 포스트를 쓴다. 누군가와 약속 장소에서 기다릴 때도 포스트를 작성한다. 강의시간이 남아 커피숍에 가서는 노트북을 사용하여 더 편리하게 쓴다. 이런 방법으로 꾸준히 포스팅했더니 하루 방문자 수가 급격히 늘어나게 되었다.

"블로그는 상어와 같다."는 말을 기억하라! 자신의 블로그가 상어처럼 강해지고 싶다면 끊임없이 헤엄을 치기 바란다.

Part 6

파워블로거 되기

 통계 – 내 블로그 바로 알기

고대 그리스의 철학자인 소크라테스는 "너 자신을 알라!"라는 말을 했다. 뜻 그대로 밖에 있는 것보다는 자기 자신을 더 알아야 한다. 〈손자병법〉에 지피지기 백전불태(知彼知己 百戰不殆)는 뜻과 같이 상대를 알고 나를 알면 백 번 싸워도 위태롭지 않다고 말한다. 파워블로거가 되기 위해서는 자신의 블로그 상태를 잘 알아야 한다.

자신의 블로그에 몇 명의 사람이 들어왔는지 그리고 어떤 경로로 들어왔는지 알 수 있다. 바로 통계를 통해 알 수 있다. **통계**는 프로필 사진 아래의 [통계] 버튼을 클릭하면 된다.

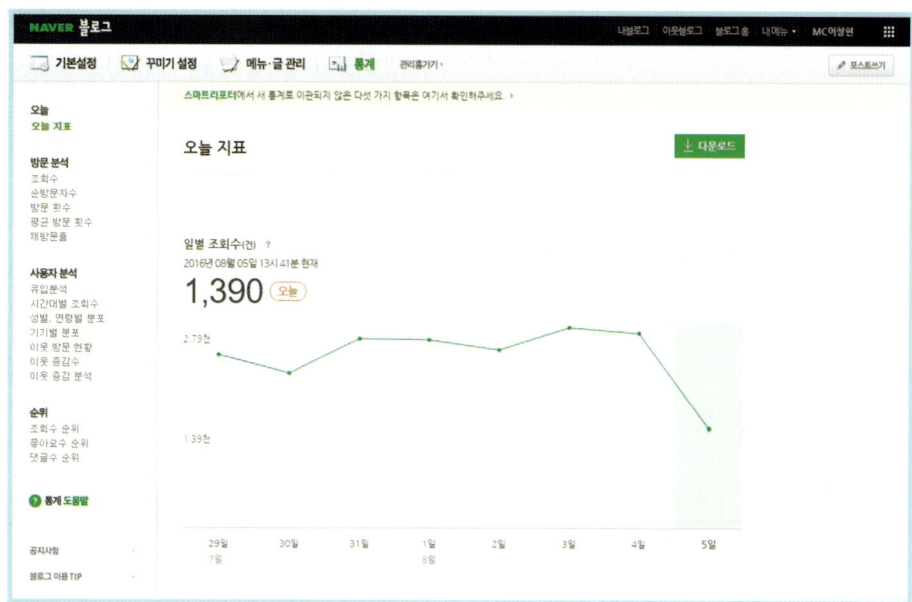

통계에 진입하면 가장 먼저 오늘의 지표를 알 수 있다. 오늘의 지표는 말 그대로 00시부터 시작해서 현재까지의 통계를 한눈에 볼 수 있다. 오늘의 지표에서는 〈일별 조회수, 오늘 조회수 순위, 오늘 유입 경로〉의 3가지 정보를 알 수 있다. 이를 통해 하루에 블로그의 방문자 현황을 한눈에 파악할 수 있다.

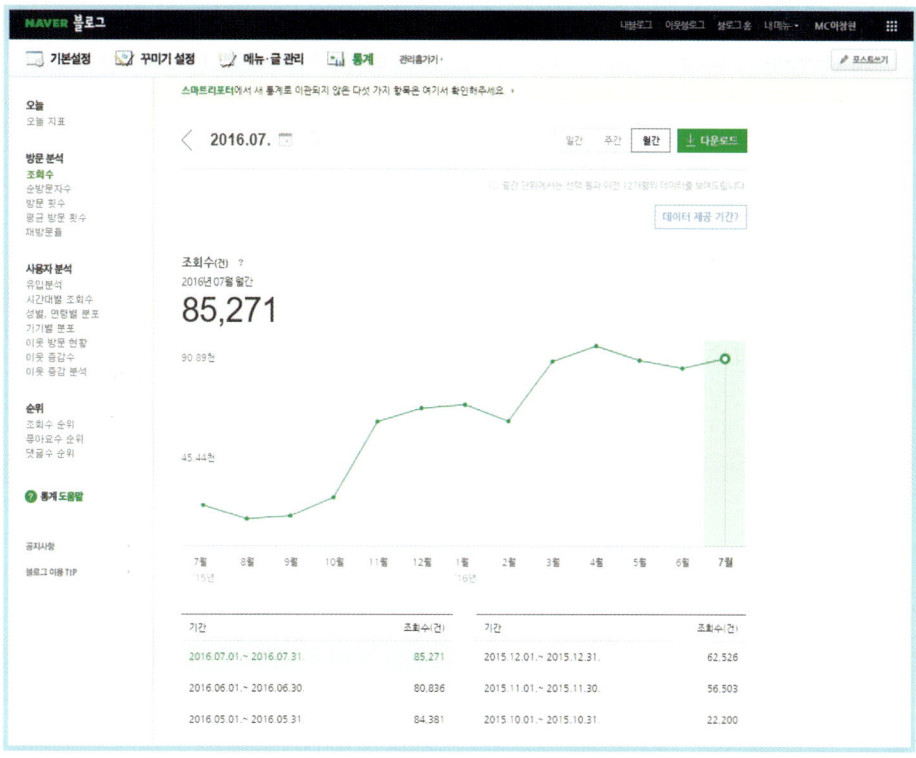

[방문 분석]에서는 〈조회수, 순방문자수, 방문 횟수, 평균 방문 횟수, 재방문율〉을 선택하여 자신의 블로그를 파악할 수 있다.

조회 기간은 〈일간, 주간, 월간〉 조회로 볼 수 있다. 상세한 조회는 일간으로 보고, 지금까지 블로그의 성장을 보고 싶다면 월간으로 보면 된다. 위 그래프를 보면 작년 10월 이후 하루에 하나의 포스팅을 매일 했더니 상승 곡선을 그리고 있는 것이 보인다.

조회수와 방문자수를 비교해서 보면 서로의 상관관계를 알 수 있다. 상대적으로 조회수가 더 높다면 한 명의 방문객이 한 번 방문 때 여러 개의 포스트를 본다는 의미이다. 반대로 방문 횟수와 페이지뷰가 비슷하다면 방문했다가 다른 포스트를 둘러보지 않고 곧바로 블로그를 나가는 경우로 자신의 블로그는 일회성 블로그라 생각하면 된다.

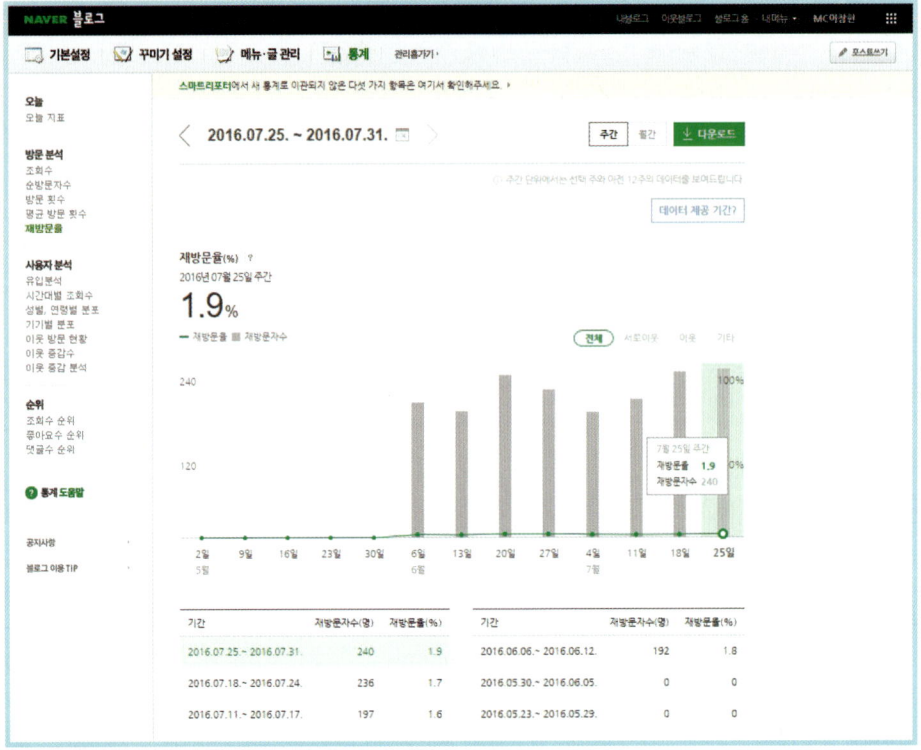

방문 분석에서 방문자수도 중요하지만, 또 하나 체크해야 하는 것은 재방문율이다. 재방문을 한다는 것은 내 블로그가 일시적인 정보에 그치지 않고 계속해서 사람들이 찾고 있다는 것이다. 내 블로그의 재방문자수는 240회로 다시 찾는 사람들이 있다는 뜻이다. (재방문율은 2016년 6월부터 새롭게 생긴 기능이다)

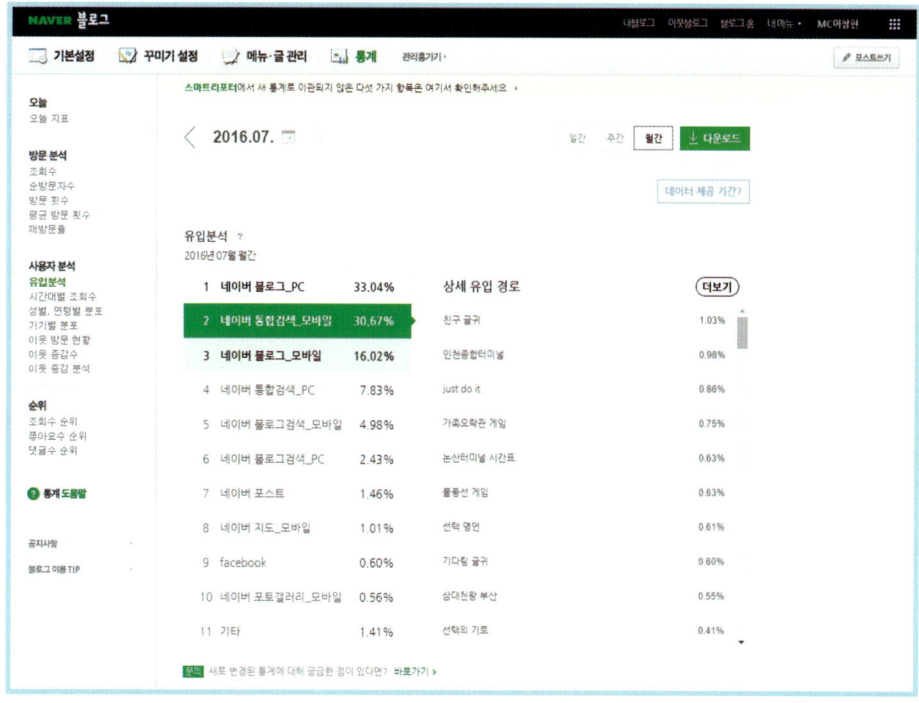

[사용자 분석]은 방문한 사용자들의 패턴을 알 수 있는 유용한 통계이다. 사용자 분석에는 〈유입분석, 시간대별 조회수, 성별·연령별 분포, 기기별 분포, 이웃 방문 현황, 이웃 증감수, 이웃 증감 분석〉이 있다.

유입분석에서는 자신의 블로그에 어느 경로를 통해 유입되었는지 알 수 있다. 2016년 7월에는 PC를 통해서 내 블로그에 가장 많이 접속한 것을 알 수 있다. 여기서 검색을 통한 경로를 클릭하면 상세 유입 경로 즉, 방문자들이 검색한 키워드를 알 수 있다. 필자가 통계에서 가장 많이 참고하는 항목이다.

블로그의 최고의 장점은 다른 사람에게 검색되어 자신의 블로그를 방문한다는 점이다. 자신의 블로그에 검색 유입이 있다는 것은 검색 사이트에 자신의 포스트가 검색되고 있다 증거이다. 통계의 상세 유입 경로에서 확인하기 바란다.

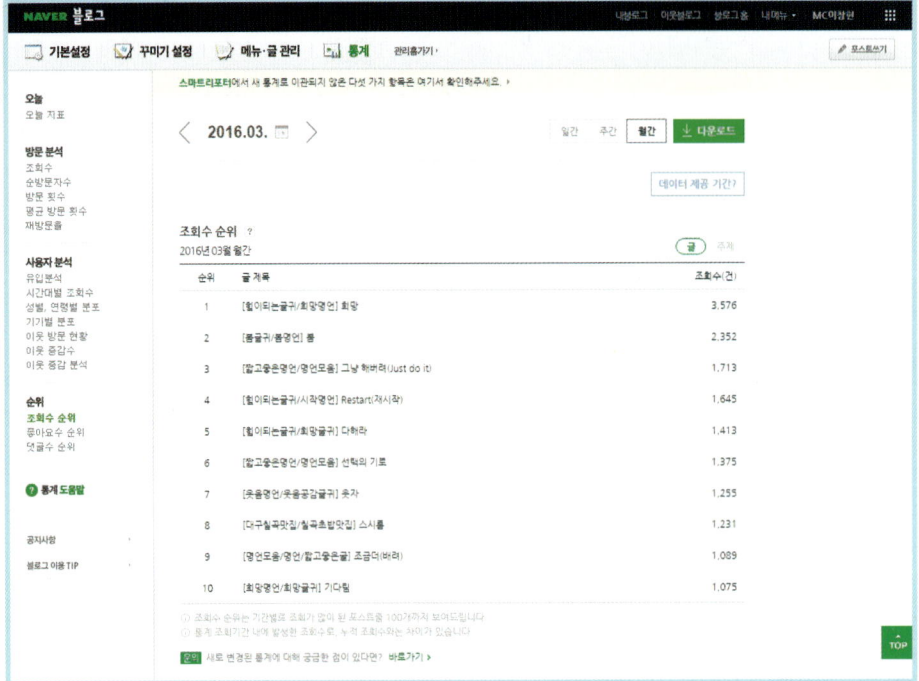

[순위]에는 〈조회수 순위, 좋아요수 순위, 댓글수 순위〉를 볼 수 있다. 조회수 순위를 살펴보면 일간, 주간, 월간별 조회가 많았던 포스트를 알 수 있다.

통계를 통해 방문자는 몇 명, 어떤 곳에서 어떤 검색어, 방문 포스트 중 어떤 포스트가 많이 읽혔는지 알 수 있었다. 자신의 블로그가 어떻게 운영됐으며 앞으로 어떤 방향을 향해 나아갈지 통계를 통해 꾸준히 관리한다면 파워블로그에 점점 가까워질 수 있다.

02 댓글과 이웃 맺기

사람 인(人)자가 어떻게 생겨났는지 모두 알 것이다. 사람과 사람은 기대어서 살아간다는 의미로 만들어졌다. 인생을 살아가는데 혼자서 살아갈 수는 없다. 블로그도 혼자서 운영할 수 없다. 다른 블로거가 다녀가고 댓글과 공감으로 소통하는 블로그는 살아 있는 블로그이다. 그렇다면 어떻게 많은 블로거를 자신의 블로그에 방문하게 할 것인가? 먼저 앞서 알아본 것과 같이 검색을 통한 방문이 가장 좋은 방법이다. 검색을 통해서 많은 방문자를 모으는 방법은 제목과 내용을 알차게 하는 방법이다. 다음으로는 바로 발로 뛰는 마케팅 즉, 댓글과 이웃 맺기를 통한 방법이다. 댓글과 이웃 맺기의 방법은 좋은 블로거와 자신을 맺어주는 좋은 방법이다.

먼저 댓글은 다른 블로거가 쓴 글에 대해 자신의 의견을 반영하는 것이 댓글이다. 좋은 정보를 보았다면 "좋은 정보 감사히 읽고 갑니다."라는 댓글을 적을 수 있다. 물론 다른 사람의 글을 스크랩할 때는 꼭 감사의 댓글을 남기고 공감까지 눌러준다. 그러면 그 블로거는 "이 사람이 누구지?" 하는 생각으로 자신의 블로그에 방문한다. 댓글은 다른 블로거뿐만 아니라 자신의 블로그에 댓글을 달아주는 사람에 대한 답변도 꼬박꼬박 달아주는 것이 좋다. 다른 사람이 나의 블로그에 댓글을 달아주고 내가 거기에 대한 답글을 달면 네이버 메인에 [내 소식]에 댓글이 달렸다고 알려준다. 이것을 본 방문객은 답글을 보기 위해 내 블로그로 재방문으로 이어질 수 있다.

이웃 맺기는 같은 네이버 블로거 사이에 맺는 일종의 친구 맺기이다. 싸이월드로 말하면 〈일촌신청〉이다. 블로그를 보다가 해당 블로그에 자주 볼 정보가 많거나 마음에 든다면 이웃을 맺어 보자! 이웃을 맺으면 이웃의 블로그에 새 글이 올라올 때마다 받아 볼 수 있다. 해당 블로그의 프로필에 있는 **〈이웃 추가〉**를 클릭하면 이웃 추가 창이 나타난다.

〈이웃 추가〉는 **이웃**과 **서로이웃**의 두 가지 형태가 있다. 이웃은 내가 관심을 두는 블로그로 일방적인 관계라 생각하면 된다. 서로이웃은 상대의 동의가 있어야 서로이웃이 된다. 이웃은 서로이웃과 달리 내가 자유롭게 추가할 수 있으며 삭제도 가능하다.

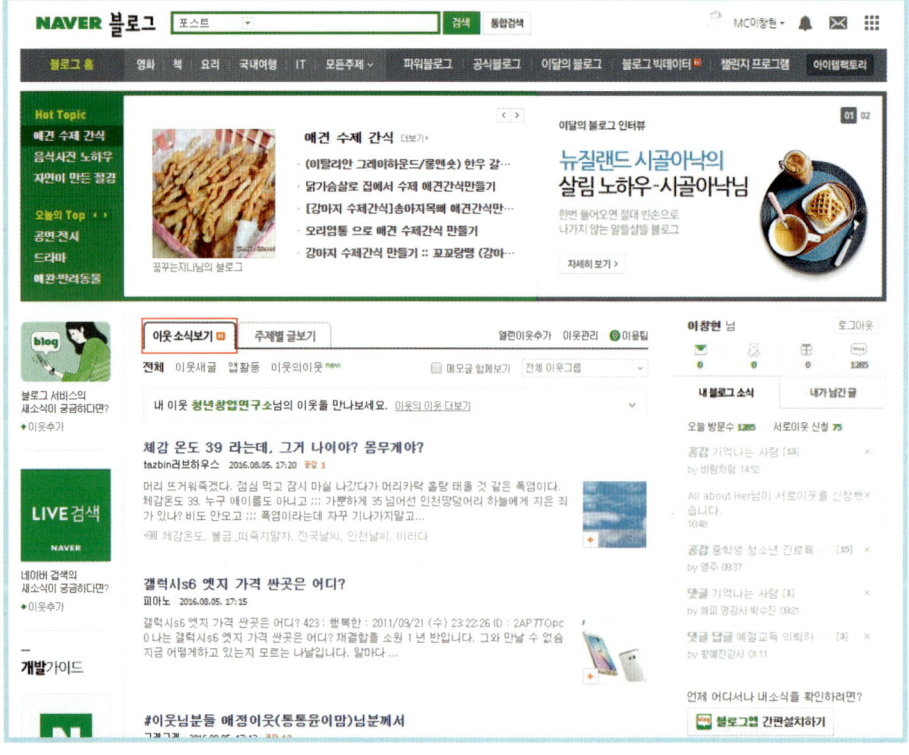

블로그 홈의 [이웃 소식보기]에서 이웃의 새 글 소식을 쉽게 확인할 수 있다. 이뿐만 아니라 스마트폰의 블로그 앱에서도 이웃의 소식을 첫 화면에서 볼 수도 있다.

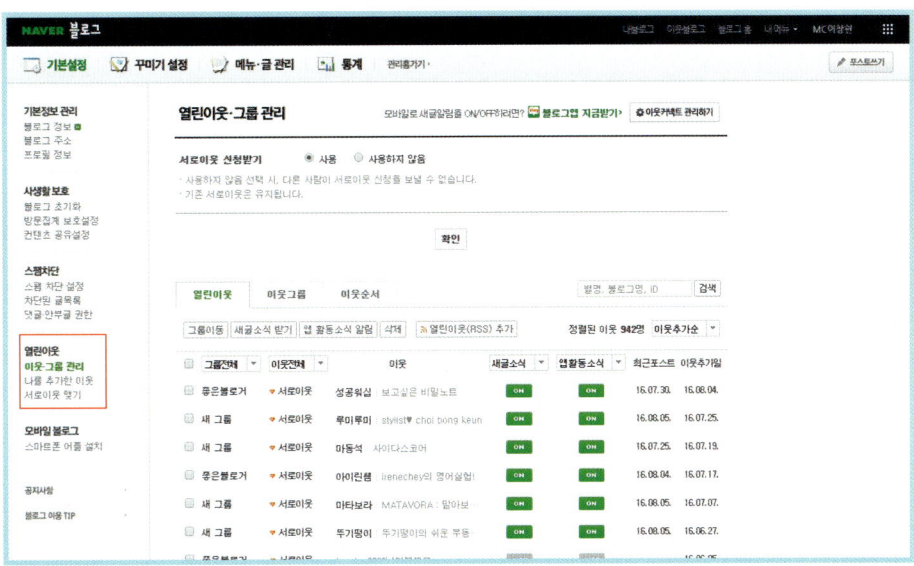

[관리] → [기본설정] → [열린이웃]을 통해 자신의 이웃에 대한 설정이 가능하다. 이웃을 삭제, 그룹이동, 새 글 알림 켜기/끄기 등 이웃에 대해 설정을 할 수 있다.

서로이웃 추가(서이추)를 할 때 기본적으로 설정된 멘트로 서이추를 하면 성공할 확률이 낮다. 필자에게 이렇게 서이추를 하는 사람들에게는 이웃추가를 해주지 않는다. 단지 이웃만 늘리겠다는 무분별한 서이추를 하지 않기 바란다.

블로거들은 많은 방문자가 자신의 블로그로 찾아오기를 원한다. 그러기 위해서는 내가 먼저 다른 블로그를 방문하고 댓글을 남기고 이웃 맺기를 해야 한다. 그러면 그 사람 또한 당신의 블로그를 방문하게 될 것이다. 이웃은 서로 소통과 관심을 통해서 더 깊은 관계를 만들 수 있다.

03 지식iN을 활용하기

지식iN은 네이버에서 서비스하는 지식 교류 서비스이다. 네이버가 지금의 1등 포털이 된 일등공신은 지식iN이다. 2002년 "산타는 왜 빨간 옷을 입을까요?", "모나리자는 왜 눈썹이 없을까요?" 하던 광고가 바로 지식iN의 시작이었다. 지식iN 서비스는 바로 네티즌이 묻고 네티즌이 답하는 내용을 정보의 단계에서 지식의 단계로 업그레이드시켰다. 지식iN을 통해 많은 네티즌이 묻고 답하면서 네이버가 더 알려지고 이용자가 늘어났다.

지식iN은 등록된 질문 건수가 1억이 넘을 정도로 많은 인기를 끌고 있다. 학교의 과제, 생활의 궁금한 것이 있으면 바로 이 지식iN에 묻는 것이 기본이 되었다. 시간이 흐른 지금도 네티즌들은 서로 묻고 답하는 지식iN을 사용하고 있다. 그렇다면 이런 지식iN을 어떻게 활용하면 파워블로그가 되는 데 도움이 될까?

먼저 지식iN은 네이버 홈에서 위쪽의 메일, 카페, 블로그에 이어 4번째에 있다. 지식iN 홈으로 가려면 [지식iN]을 클릭한다.

Part 6 파워블로거 되기

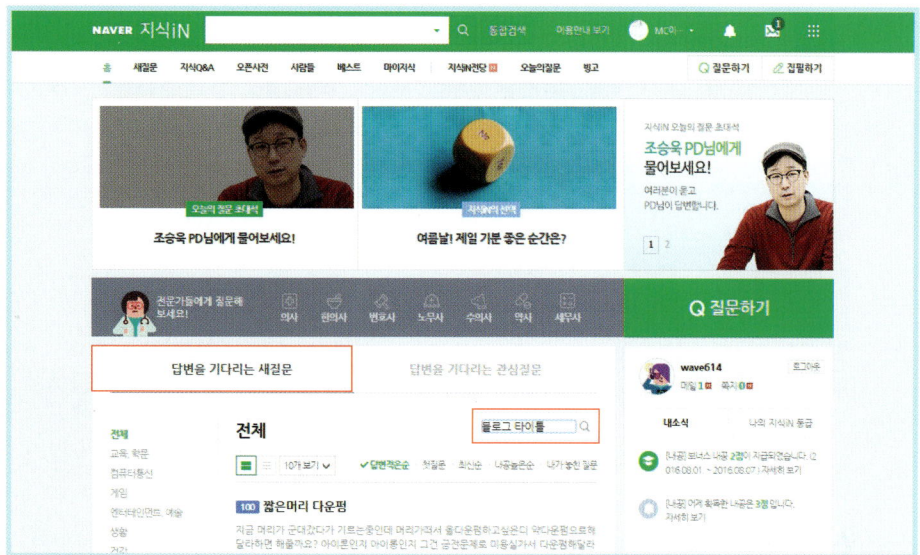

네이버 지식iN 홈은 질문을 할 수도 있고, 답변할 수도 있다. 블로그로 질문한 사람을 방문하게 하기 위해서는 [답변을 기다리는 새질문]을 클릭한다. 답변할 수 있는 키워드를 입력하고 검색한다. 필자는 "블로그 타이틀"이라는 질문이 많이 올라와서 이렇게 검색했다. 검색창에 자신의 키워드를 넣고 검색한다.

검색하면 해당 키워드로 검색되어 답변을 기다리는 질문들이 아래에 보이게 된다. 그 질문들 중에서 자신의 블로그에 등록한 포스트가 답변으로 가능한 질문을 찾아 클릭한다.

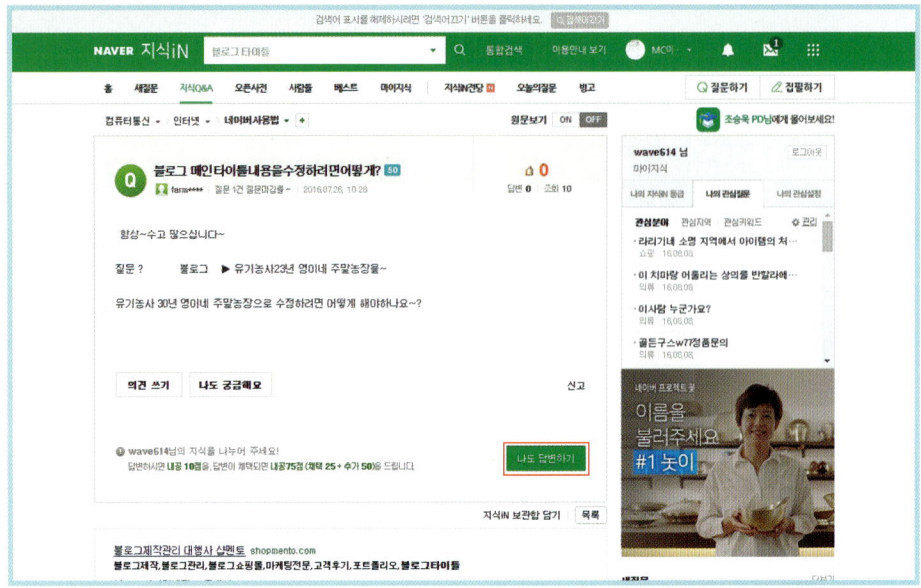

질문을 선택했다. 위의 질문은 자신의 블로그의 메인 타이틀을 어떻게 수정하는가 하는 질문이다. 해당 질문에 답변하기 위해서 [나도 답변하기]라는 버튼을 클릭한다.

답변에 제목을 입력하고 스마트 에디터 사용법과 같은 방법으로 작성한다. 여기에서 중요한 것은 이곳에 답변을 쓰는 것보다는 링크를 거는 것이 좋다. 링크를 걸 때는 답변에 해당하는 포스트의 오른쪽 상단의 주소 옆에 있는 [복사] 버튼을 눌러 붙여넣기(Ctrl + V)를 한다. 그러면 파란색의 자신의 포스트 주소가 복사된다. 답변을 보는 사람들은 이 링크를 클릭하면 블로그가 새 창에 열리게 된다. 그리고 하단부의 부가적인 태그, 답변 출처 등 정보를 입력하고 [답변등록]을 클릭한다.

순위	사이트 URL		유입수	유입률
1	http://naver.com	−	324	97.0%
1-1	http://search.naver.com	+	210	62.9%
1-2	http://kin.naver.com	+	61	18.3%
1-3	http://imagesearch.naver.com	+	21	6.3%
1-4	http://blog.naver.com	+	15	4.5%
1-5	http://opencast.naver.com	+	7	2.1%
1-6	http://naver.com	+	5	1.5%
1-6	http://www.naver.com	+	5	1.5%
2	http://nate.com	+	6	1.8%
3	http://daum.net	+	2	0.6%
4	http://yahoo.com	+	1	0.3%
4	http://google.co.kr	+	1	0.3%

지식iN의 질문에 계속해서 답을 블로그로 유도하면 블로그에 유입되는 방문자가 증가하게 된다. 위의 그림은 통계 중에 [유입URL분석]을 보면 1위 네이버, 2위 네이트, 3위 다음 순서이다. 그리고 네이버 안에서의 순위를 살펴보면 네이버 안에서도 네이버 포털 검색이 1위(62.9%), 지식iN을 통한 유입 2위(18.3%), 3위는 이미지검색(6.3%) 순서로 되어 있다. 지식iN을 통해 블로그에 사람들이 방문한 것을 알 수 있다.

네이버 지식iN은 대한민국의 네티즌이라면 누구나 질문할 수 있으며 어떤 질문도 상관없이 올라오고 있는 소통의 장이다. 어떤 주제에 대해서 궁금해하는 사람에게는 답변을 제공할 수 있으며 답변을 한 사람에게는 블로그로 유입되는 효과를 준다면 이것이 바로 일거양득의 효과가 아닐까! 단기간이 아닌 장기간 지식iN의 질문에 답변했을 때 지식iN과 블로그가 연동되어 더욱 효과를 발휘한다. 지식iN을 활용해 파워블로거로 성장해 보자!

 ## 네이버 포스트 활용하기

네이버는 2015년 4월 새로운 플랫폼인 네이버 포스트를 만들었다. 네이버 포스트의 슬로건은 "콘텐츠 전문가를 위한 공간"이다. 네이버 포스트는 관심사별 태그로 원하는 정보들을 검색해 줄 수 있다. 네이버 포스트는 네이버를 사용하는 누구나 사용할 수 있는 서비스이다. 필자가 생각했을 때 네이버 포스트는 네이버 블로그의 연장선에 있는 모바일 전용의 블로그라 생각된다.

네이버 포스트(이하 포스트)도 블로그와 마찬가지로 회원가입을 하면 자동으로 만들어져 있다. 인터넷 주소창에 "http://post.naver.com"을 입력하면 포스트 메인화면으로 이동한다. 포스트 메인화면은 태그를 중심으로 주제를 분류하고, 태그로 묶어 정보를 나타내준다.

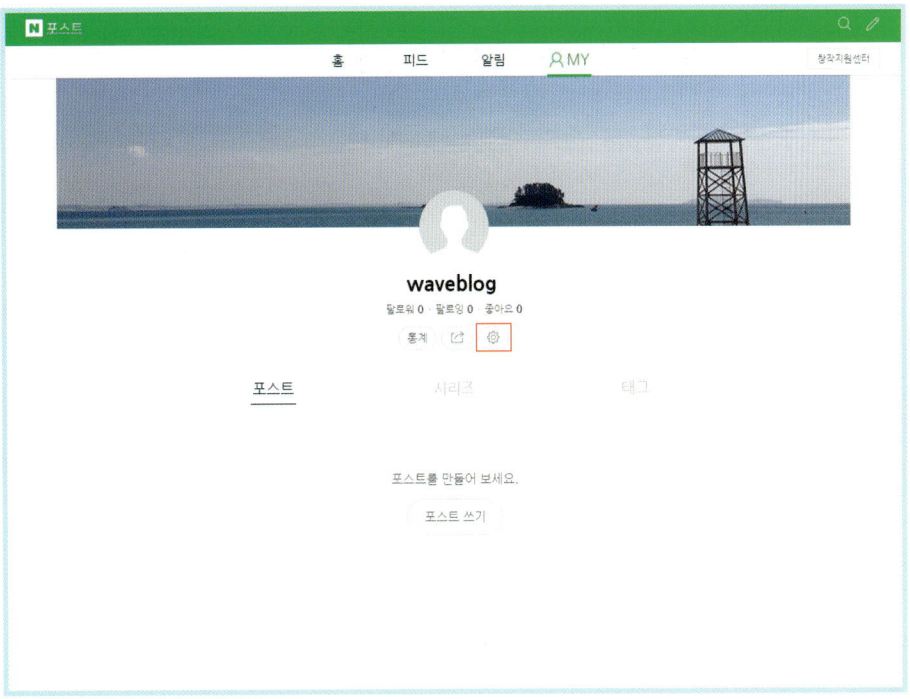

포스트 상단에는 〈홈, 피드, 알림, MY〉가 있다. 피드는 팔로워(이웃)의 소식을 보는 공간이다. 알림은 포스트에 댓글이나 공감, 팔로워 등이 포스트의 새로운 정보를 알려주는 창이다. 운영하지 않은 포스트는 피드와 알림에 아무런 내용이 없다.

[MY]를 클릭하면 자신의 포스트를 볼 수 있다. 처음 들어오면 프로필 및 팔로워 등 아무런 것도 없는 빈 상태이다. 기본 정보 입력을 위해 [설정(톱니바퀴 모양)] 버튼을 클릭한다.

가장 기본이 되는 프로필을 입력한다. 커버 사진, 프로필 사진, 닉네임, 소개글, 경력 및 활동, 웹사이트 URL을 입력한다. (참고로 자신의 블로그 주소는 "http://post.naver.com/(자신의 ID)"이다. 모두 입력했다면 우측 상단에 [체크]를 클릭한다.

포스트의 기본적인 꾸미기가 완료되었다. 지금부터는 글을 쓰면서 포스트를 운영하면 된다. 글을 쓰기 위해서는 [포스트 쓰기] 또는 우측 상단의 [연필(아이콘)]을 선택하면 된다. (포스트에 처음 글을 쓴다면 〈네이버 포스트 운영원칙 확인〉에 동의해야 한다.)

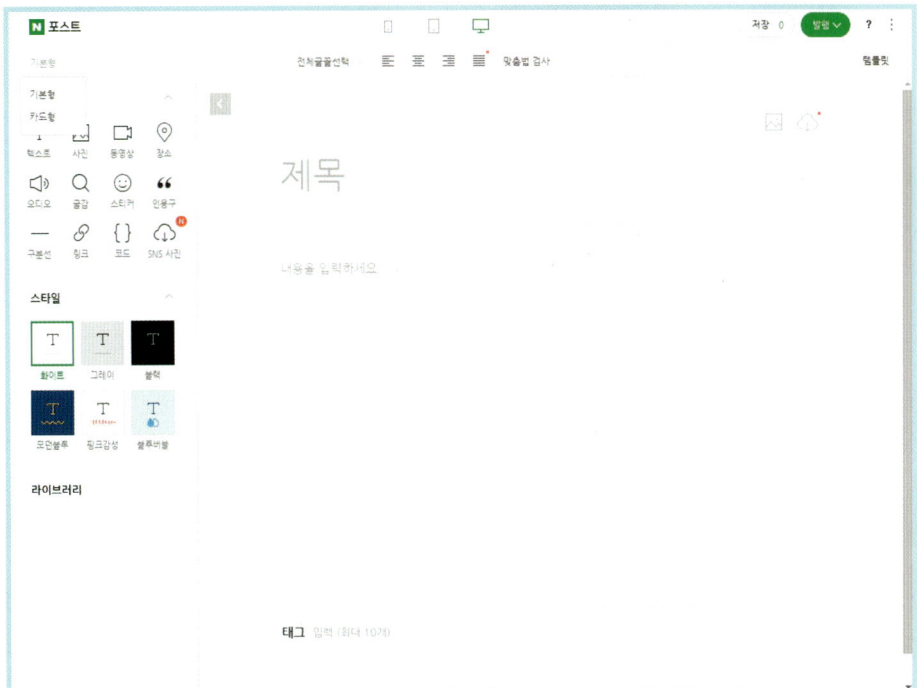

포스트 쓰기에 들어가면 위와 같은 익숙한 화면이 나타난다. 스마트 에디터 3.0이다. 포스트에서는 기본적으로 스마트 에디터 3.0을 사용한다. 글을 쓰는 방법은 블로그와 똑같다. 다만 하나 다른 점이 있다면 기본형과 카드형으로 나눌 수 있다. 블로그에 있는 글을 그대로 사용하고자 한다면 기본형으로 사용하면 된다.

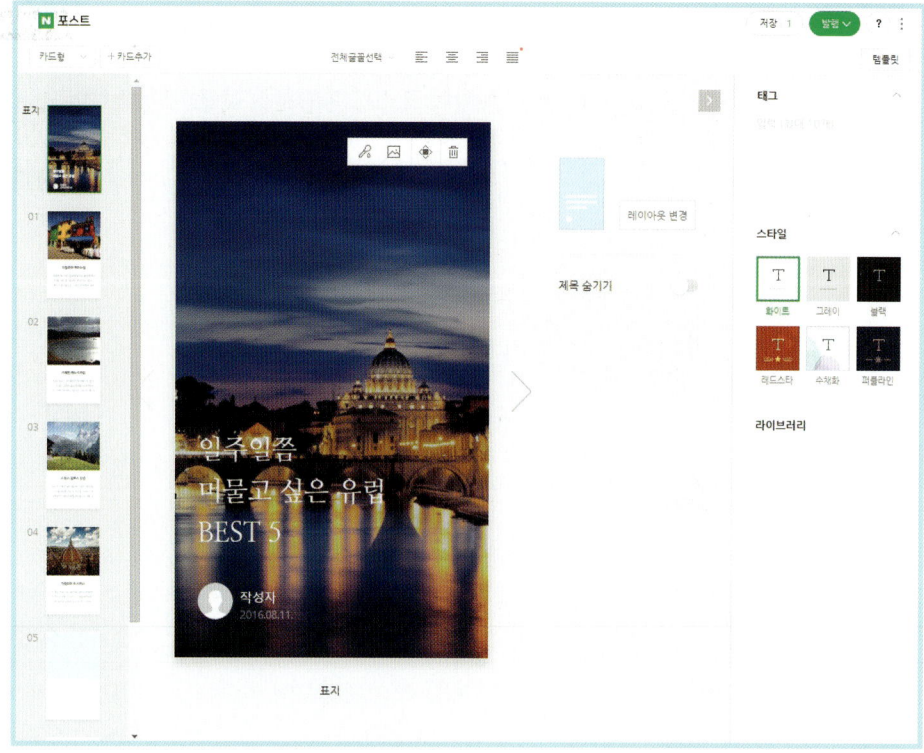

〈카드형〉은 위와 같은 모양을 하고 있다. 기본형은 위아래로 움직여 글을 읽는다면 카드형은 페이지형으로 왼쪽 오른쪽으로 움직여 글을 읽는 방식이다.

Part 6 파워블로거 되기 | 253

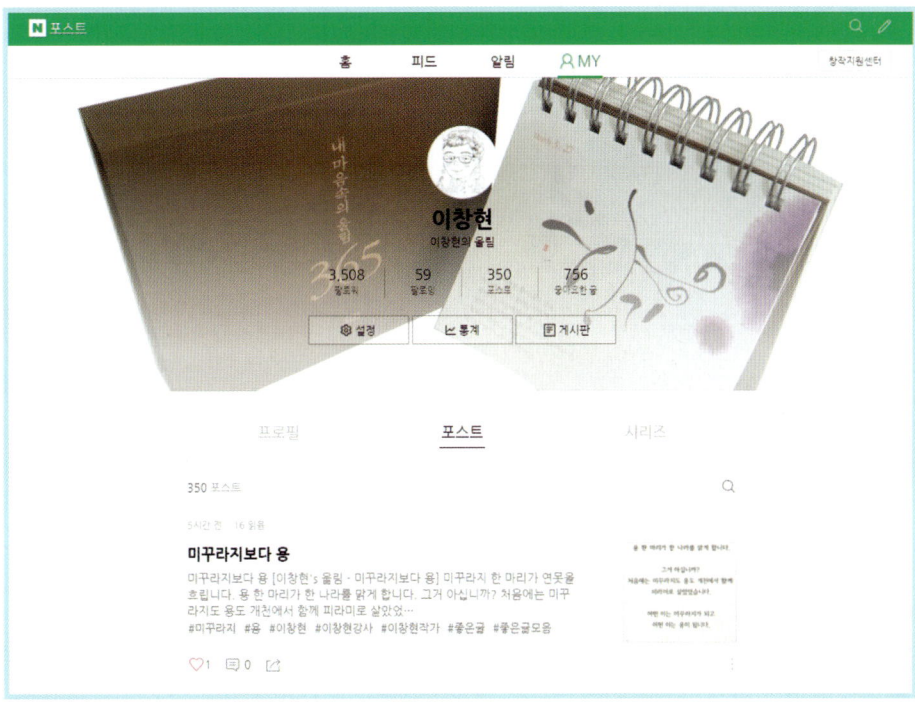

포스트를 블로그와 같이 운영하면 팔로워도 생긴다. 네이버 검색에 노출되기 때문에 포스트를 보는 방문자도 늘어난다. 필자는 포스트와 블로그에 동일한 글을 사용하고 함께 운영하고 있다.

네이버 포스트에 같은 글을 올렸다. 그리고 진로특강이라고 검색을 하면 블로그에는 내 글뿐만 아니라 다른 블로그의 글도 나타나지만, 네이버 포스트는 메인에 내 글만 나타난다. 네이버 포스트는 아직 많이 사용하고 있지 않아 블로그보다 상위 노출이 쉽다. 뿐만 아니라 네이버 포스트의 글은 네이버 블로그처럼 메인화면에 노출되기도 한다. 오른쪽 모바일 화면에서 "과정일 뿐"이라는 필자의 포스트가 메인에 노출되었다.

네이버 포스트는 네이버 블로그와 같은 방법으로 운영할 수 있다. 블로그에 콘텐츠를 만들었다면 한 번만 사용하기에는 아깝다. 네이버 포스트에 한 번 더 사용함으로써 두 배 이상의 효과를 얻을 수 있다.

 # 내 블로그에 광고 달기

자신의 블로그로 수익을 내는 방법이 있다. 바로 블로그에 광고를 다는 방법이다. 블로그도 하고 수익도 낸다면 더 즐겁게 블로그를 즐길 수 있을 것이다. 이번에는 블로그의 광고에 대해서 알아보자!

블로그에 적용할 수 있는 광고는 크게 2가지 유형이 있다.

CPC(Cost Per Click)형은 광고주가 원한 행위가 발생했을 때만 비용을 지급하는 형태이다. 즉, 노출을 통해 수익이 발생하는 것이 아니라 클릭을 했을 때 수익이 발생한다. CPC는 노출은 많아도 클릭이 되지 않으면 수익이 발생하지 않고 수익률이 낮다.

CPA(Cost-Per-Action)형은 광고주가 온라인 광고를 통해서 제품 구매나 회원 가입 등을 유도하고자 했을 때, 온라인 광고를 본 이용자 중 실제로 그에 상응하는 행동을 한 이용자들의 수를 기반으로 광고 단가를 산정한다. 수익성은 좋지만, 횟수가 CPC에 비해 작은 특징을 가지고 있다.

```
CPC
- 구글 애드센스 : http://www.google.com/adsense
- 네이버 애드포스트 : http://adpost.naver.com

CPA
- 알라딘TTB : http://www.aladdin.co.kr/ttb
- 애드픽 : http://adpick.co.kr
```

많은 블로거들이 구글 애드센스를 선호한다. 하지만 네이버 블로그에는 구글 애드센스를 적용할 수 없다. 네이버에는 애드포스트가 있다. 애드포스트는 2010년 4월부터 누구나 신청이 가능하다. 지금부터 네이버 애드포스트에 등록해 보자!

네이버 애드포스트(http://adpost.naver.com)에 들어와 [미디어 등록하기]를 클릭한다. 실명 확인이 안 된 사용자라면 실명 확인(I-pin, 휴대전화)한 뒤 4단계까지 네이버 애드포스트 가입을 완료한다.

    1단계 : 약관 동의
    2단계 : 회원인증
    3단계 : 개인 정보 입력
    4단계 : 가입신청 완료

단계별로 해당 사항을 입력하면 2~3일 후 입력된 메일로 회원 가입 메일이 온다. 단 심사 조건이 있다. 먼저 만 20세 이상의 사용자만 가입할 수 있다. 블로그 운영 기간이 90일 이상이어야 등록할 수 있다. 또 블로그가 공개 운영되어야 하며 지난달의 월 방문자 수, 페이지뷰, 공개 포스트의 개수 등 가입기준의 조건이 만족되어야 가입이 된다.

애드포스트에 가입기준 미달이라고 기죽을 필요는 없다. 사실 블로그로 돈을 벌려고 시작했으면 모를까! 즐겁게 블로그를 운영하다 보면 다시 가입 가능하니 걱정하지 말고 계속 블로그를 운영하면 된다. 애드포스트에 가입되었다면 이제 자신의 블로그에 애드포스트를 적용해 보자!

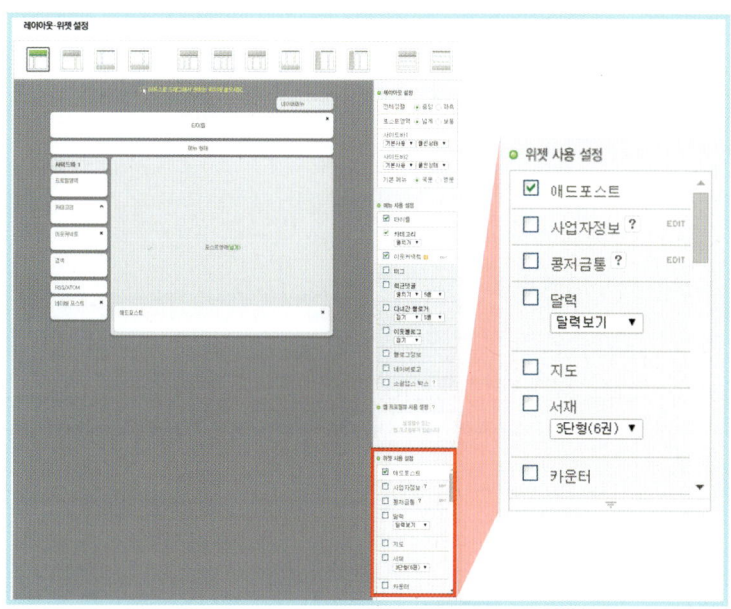

[관리] → [꾸미기 설정] → [디자인 설정 : 레이아웃·위젯 설정] → [위젯 사용 설정] → [애드포스트]에 체크하여 포스트 영역 하단에 애드포스트가 입력되면 [적용] 버튼을 눌러 내 블로그에 적용한다. (위젯 사용 설정 창에 애드포스트 항목은 애드포스트에 가입 완료 되어 있어야 나타난다.)

애드포스트를 적용한 뒤에 자신의 포스트 하단을 보면 문맥 광고가 나타난다. 문맥 광고는 선택하는 것이 아니라 제목의 문맥과 관련 있는 광고가 나타난다. 예를 들어 레크리에이션에 대한 글에는 레크리에이션 광고 혹은 MC 광고가 나타나며 제주도 여행에 관련된 포스트는 제주도 여행사, 숙박업소와 같은 관련된 광고가 나타난다.

날 짜	미디어	노출수	클릭수	클릭률(CTR)	발생 수입(원)
2016.02	비발디 - 비전을 발견하고 디자인하라	160,381	39	0.02%	7,660
2016.03	비발디 - 비전을 발견하고 디자인하라	236,252	49	0.02%	10,974
2016.04	비발디 - 비전을 발견하고 디자인하라	257,623	64	0.02%	10,200
2016.05	비발디 - 비전을 발견하고 디자인하라	234,938	49	0.02%	13,260
2016.06	비발디 - 비전을 발견하고 디자인하라	194,698	45	0.02%	10,541
2016.07	비발디 - 비전을 발견하고 디자인하라	210,721	50	0.02%	13,364
합계	비발디 - 비전을 발견하고 디자인하라	1,294,613	296	0.02%	65,999

그렇다면 수익은 얼마나 발생할까? 애드포스트는 CPC 광고로 광고를 클릭했을 때 수익이 발생한다. 위의 표는 필자의 애드포스트에 대한 보고서 내용이다. 노출은 한 달 약 200,000건 발생되었으며 클릭률은 0.02%를 기록하고 있다. 6개월 동안 애드포스트로 약 66,000원의 수익을 발생했다.

어떻게 보면 적은 돈이지만 블로그로 광고 수익을 받으니 기분은 좋았다. 그리고 매달 수익이 조금씩 늘어났다. 포스트도 쓰고 광고 수익도 벌고, 꿩 먹고 알 먹고, 마당 쓸고 돈도 주울 수 있다. 광고를 통해 블로그의 재미를 느껴보고 약간의 수익도 생기는 광고를 활용해 보자!

 ## 블로그에 위젯 달기

지금은 소셜네트워크 시대이다. 블로그도 그 소셜네트워크 중 하나이다. 요즘은 하나의 소셜네트워크를 사용하는 사람은 드물다. 대부분 여러 개의 소셜네트워크 서비스를 사용한다. 필자의 경우 페이스북, 트위터, 인스타그램, 카카오스토리 등 다양한 SNS를 이용하고 있다.

블로그를 중심으로 다른 소셜네트워크를 연결하는 방법으로는 위젯이 있다. 블로그에 온 사람들을 다른 소셜네트워크로 초대할 수 있으며 그로 인해 소통할 수 있게 된다.

● 페이스북

페이스북(Facebook)은 세계 최대의 소셜네트워크 서비스이다. 페이스북은 미국 대학에서 신입생끼리 서로 친하게 하며 학교에 적응하기 쉽게 하도록 입학한 학생의 얼굴을 모아 놓은 책을 '페이스북'이라고 부르는 용어에서 착안하였다. 일명 전 세계판 싸이월드라고 말하는 페이스북은 자신의 인맥을 통해 연결되는 관계형 소셜네트워크 서비스이다. 친구의 친구를 찾아주어 연락이 끊어졌던 사람과의 소식도 맺어 주기도 한다. 페이스북은 가장 많은 이용자가 이용하는 최강의 소셜네트워크로 군림하고 있다. 페이스북에 가입되어 있지 않다면 간단한 절차를 통해 가입한다.

주소창에 페이스북 위젯 페이지(https://www.facebook.com/badges)를 입력한다. 페이스북 위젯은 4가지 종류가 있다. 이 위젯 중 [프로필 위젯]을 선택한다.

① 프로필 위젯 : 자신이 페이스북에 쓴 글을 위젯에서 표현(단, 사진과 함께 쓴 글은 나타나지 않는다.)
② 좋아요 위젯 : 자신이 "좋아요"를 누른 페이지를 위젯에서 표현
③ 사진 위젯 : 자신이 페이스북에 업로드한 사진을 위젯에 표현(단, 글과 함께 쓴 사진도 표현된다.)
④ 페이지 위젯 : 자신이 운영하는 페이스북의 페이지를 위젯에 표현

위젯을 추가할 장소 선택에 있는 [+ Other] 버튼을 클릭하면 아래에 소스 코드가 나타난다. 소스 코드를 복사(Ctrl+C)한다.

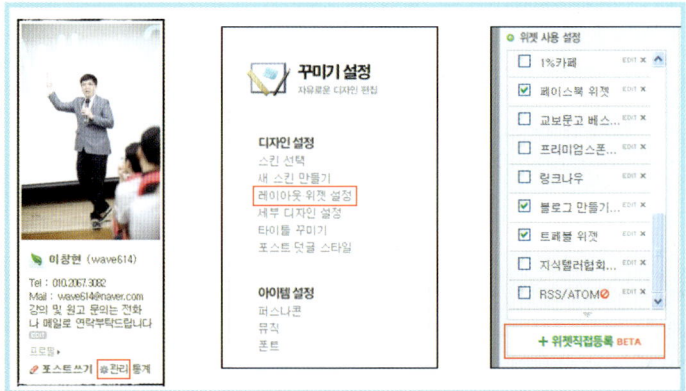

자신의 블로그로 돌아가 [관리] → [꾸미기 설정] → [디자인 설정 : 레이아웃·위젯 설정]
→ [+위젯직접등록] 버튼을 클릭한다.

위젯명에 "페이스북 위젯"이라고 입력한다. 위젯코드입력에 복사한 코드를 붙여넣기
(Ctrl+V)를 한다. 그리고 [다음] 버튼을 누른다. 위젯 미리 보기가 나타나면 [등록] 버튼
을 눌러 위젯을 등록한다.

〈레이아웃·위젯 설정〉에서 페이스북 위젯이 나타난 것을 볼 수 있다. 이 위젯을 마우스로 드래그로 원하는 위치로 이동한다. 위의 그림처럼 자신의 블로그에 페이스북 위젯을 볼 수 있다. 페이스북에서 프로필을 바꾸면 이 위젯은 자동으로 업데이트된다.

● 인스타그램

인스타그램(Instagram)은 사진을 중심으로 운영되는 소셜네트워크 서비스이다. 전 세계에서 페이스북과 더불어 많이 사용하는 SNS 중 하나이다.

구글이나 포털사이트에서 인스타그램 로고를 검색해서 원하는 이미지를 내려받는다.

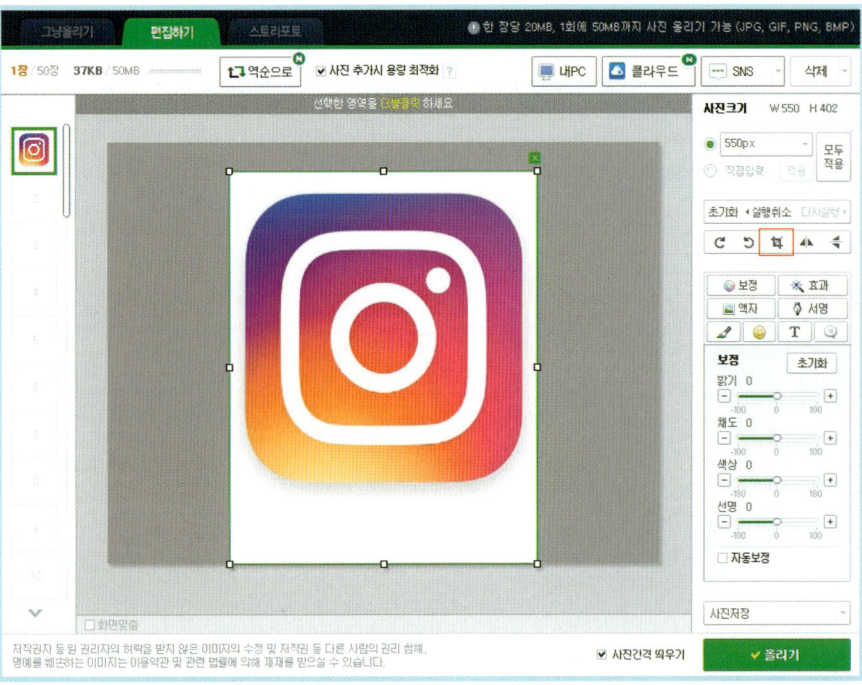

스마트 에디터 2.0에서 [사진]을 누르면 포토업로더 창이 나타난다. 자신이 원하는 사진을 불러온 뒤 [편집하기] 탭을 누른다. 편집하기의 자르기 도구를 통해 적당한 크기로 지정한 뒤 더블클릭한다.

텍스트 도구를 이용해 그림 아래의 공간에 위젯의 이름을 적어 줄 수 있다.

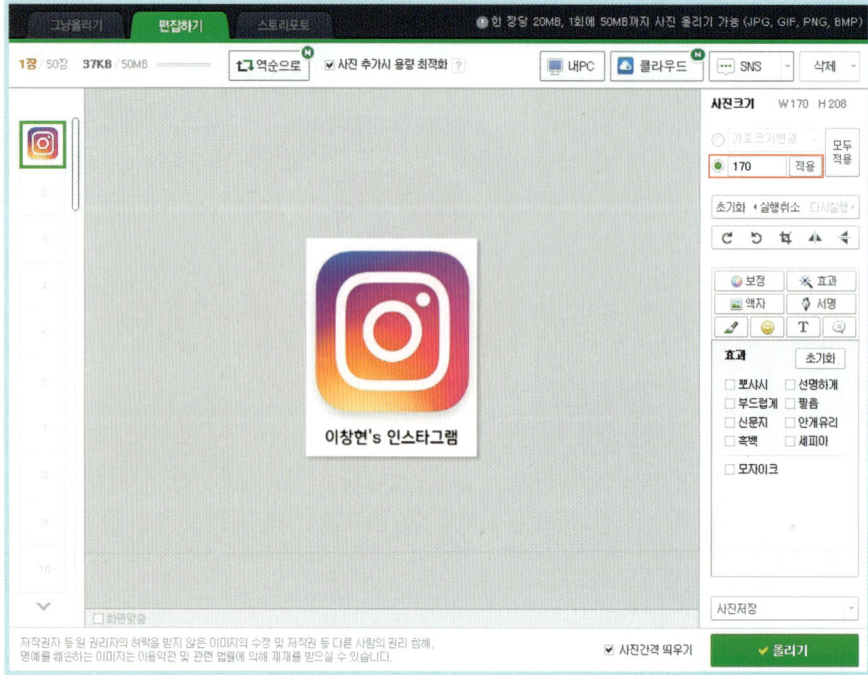

위젯의 가로 넓이는 170px이므로 사진 크기에 170을 입력한 뒤 [적용] 버튼을 누른다. 사진 크기를 변경했으면 [올리기] 버튼을 통해 그림을 스마트 에디터로 올린다.

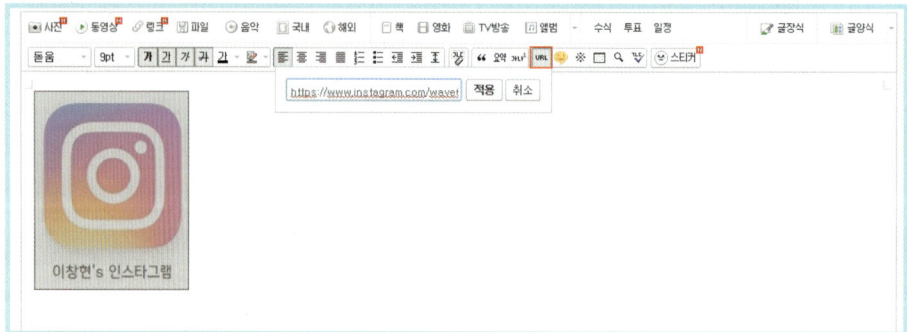

스마트 에디터에 사진이 나타나면 사진을 선택한 뒤 [URL] 버튼을 눌러 자신의 인스타그램 주소를 입력한 뒤 [적용] 버튼을 눌러준다.

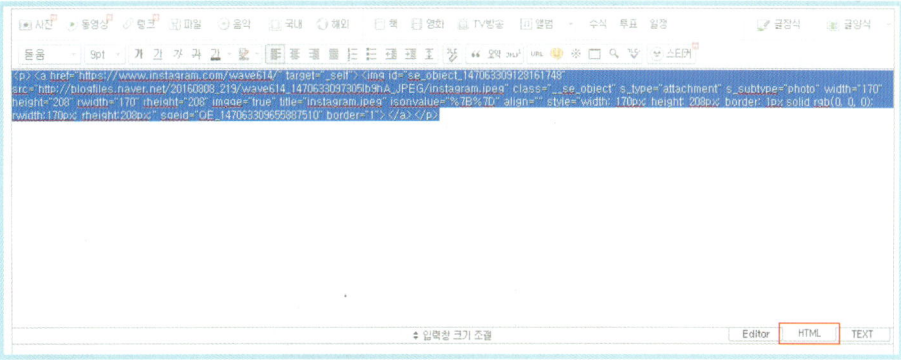

스마트 에디터 2.0 하단에 있는 [HTML] 버튼을 클릭하면 포스트 영역에는 HTML이 나타난다. 모든 글을 선택한 뒤 복사(Ctrl+C) 한다.

블로그에서 [관리] → [꾸미기 설정] → [디자인 설정 : 레이아웃 · 위젯 설정] → [+위젯 직접등록] 버튼을 클릭한다.

위젯명에 인스타그램을 클릭한 뒤 [다음] 버튼을 클릭한다. 만들었던 사진과 함께 위젯이 완성되었다. [등록] 버튼을 눌러 위젯을 등록한다. 등록된 위젯은 레이아웃에서 원하는 위치에 드래그한 뒤 [적용] 버튼을 누른다.

이렇게 만든 인스타그램을 클릭하면 링크시켜 놓은 자신의 인스타그램이 나타난다. 위와 같은 방법으로 다른 SNS 링크도 할 수 있으며 원하는 위젯도 만들 수 있다.

같은 방법으로 자신만의 위젯을 만들 수 있다. 필자는 자신의 소개, 사진 보기, 책 구입하기 등 만든 위젯을 통해 블로그에 접근하기 편리하게 만들었다. 쇼핑몰이나 홈페이지 위젯으로 만들어 블로그에 방문하는 사람들에게 알려보자!

 ## 나만의 도메인 가지기

도메인(domain)이란 쉽게 말해 인터넷 주소이다. 인터넷에는 컴퓨터들이 네트워크로 연결되어 있으므로 일정한 정보를 찾으려면 고유한 위치(주소)를 알아야 찾을 수 있다. 네이버에서 기본으로 제공하는 도메인은 〈http://blog.naver.com/자신의 아이디〉로 지정된다. 이렇게 긴 도메인은 다른 사람들에게 알려주기 어려울 뿐만 아니라 기억하기 어려운 단점이 있다.

네이버 블로그에서는 〈blog.me〉 도메인을 지원한다.

[관리] → [기본설정] → [기본정보 관리 : 블로그 주소] → [blog.me 도메인] 선택 → [확인] 버튼을 클릭한다. 〈blog.me〉로 변경하면 자신의 도메인은 〈http://자신의 아이디.blog.me〉로 변경된다. 개별 포스트 주소, RSS 주소, 네이버 검색 및 네이버 홈에서 연결되는 링크, 스크랩할 때의 출처 주소 등 모두 blog.me 도메인 주소로 변경된다.

〈blog.me〉 주소는 1개의 아이디 당 하나의 주소를 제공한다. 무료로 제공되며 손쉽게 변경할 수 있다. 하지만 〈blog.me〉 주소도 그렇게 흔한 주소로 인식이 쉽게 되지는 않는다. 그렇다면 naver.com, daum.net, yahoo.co.kr과 같은 개인 도메인으로 바꾸는 방법에 대해서 알아보자.

후이즈(whois) 사이트에 접속한다. 그리고 도메인 검색 창에 원하는 도메인 주소를 검색한다. 자신의 블로그 이름 또는 약자 등을 검색한다.

■ 도메인 서비스 사이트
- 가비아(http://www.gabia.com)
- 카페24(http://www.cafe24.com)
- 닷네임 코리아(http://www.dotname.co.kr)
- 아이네임즈(http://www.inames.co.kr) 등

■ 도메인 규칙
- 영문자(A~Z), 숫자(0~9) 또는 하이픈(-)의 조합으로만 가능
- 영문자의 대, 소문자 구별이 없음
- 영어나 숫자로 시작해야 하며 하이픈(-)으로 끝내서는 안 됨
- 도메인 네임의 길이는 최소 2자에서 최대 63자까지 가능 (개인 도메인은 3자부터)
- 콤마(,) 언더바(_) 등의 기호와 특수문자(& %)는 사용할 수 없음

검색 결과를 확인다. 도메인은 〈.com〉, 〈.co.kr〉, 〈.net〉 3가지의 도메인을 추천한다. 3가지 종류의 도메인이 가장 흔히 사용되는 주소이다. 원하는 주소가 있다면 등록할 수 있다. 해당 주소 앞에 체크를 한 뒤 [지금 신청하기] 버튼을 클릭한다.

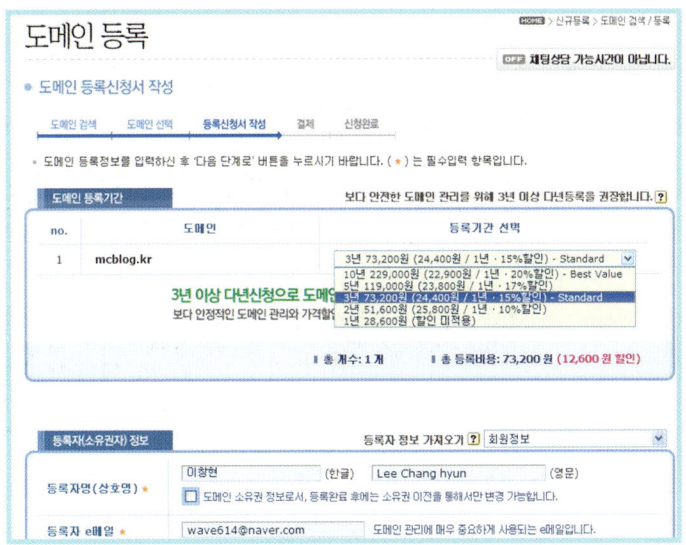

도메인 등록기간을 선택한다. 기간에 따라 가격이 다르며 도메인 제공 서비스 사이트에 따라 가격이 조금씩 다르다. 등록자 정보를 입력한다. 그리고 해당 등록기간별 도메인 등록비용을 결제한다.

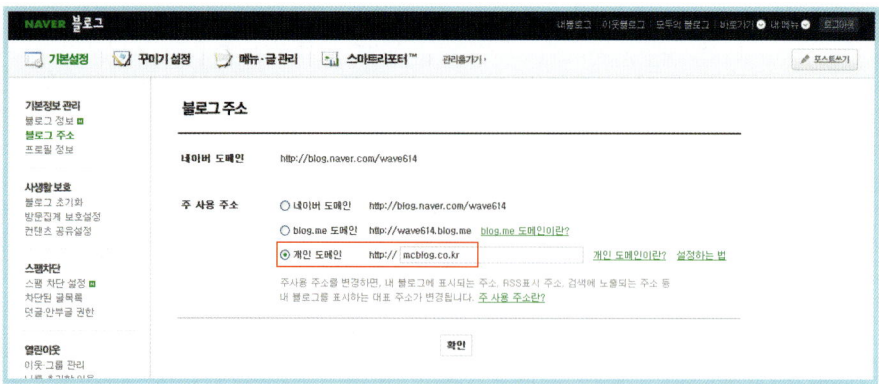

[관리] → [기본설정] → [기본정보 관리 : 블로그 주소]를 클릭해 이동한다. [개인 도메인]을 선택한 뒤 자신이 구매한 도메인을 입력한다. 필자는 구매 주소로 〈mcblog.co.kr〉을 입력하였다. 그리고 [확인] 버튼을 클릭한다. 도메인 설정한 후 바로 적용되는 것이 아니라, 2~3일이 지나야 개인 도메인 적용이 완료된다.

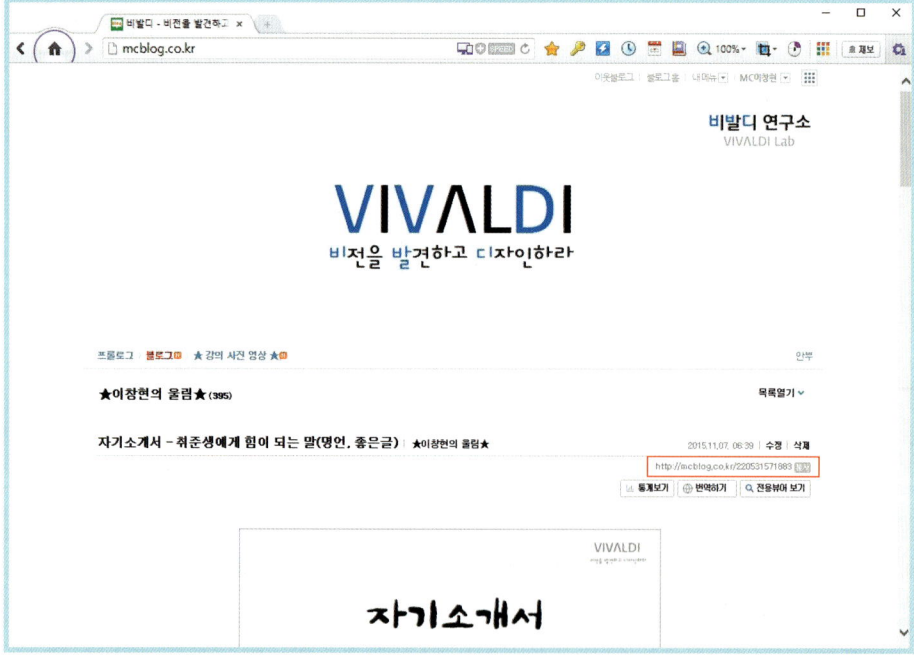

인터넷 창을 그대로 캡처한 모습이다. 등록한 도메인을 입력하면 자신의 블로그로 이동한다. 그리고 기존에 쓴 포스트의 주소도 함께 변경된 것을 알 수 있다. 자신의 블로그 주소를 당당히 알려보자!

 ## 포털 사이트에 내 블로그 등록하기

포털 사이트에서 키워드 검색을 하면 자신들이 운영하는 블로그를 주로 상위에 노출 시켜준다. 네이버에서는 네이버 블로그가 노출되어 좋지만, 다음이나 구글에서는 네이버 블로그의 노출 빈도가 낮다. 다른 포털에서 자신의 블로그 이름을 검색해도 자신의 블로그로 연결되지 않는 경우가 많다. 자신의 블로그를 포털 사이트에 검색등록을 하여 자신의 블로그로 방문자를 유입할 수 있다.

1) 다음 검색등록(https://register.search.daum.net)

다음(Daum)은 우리나라 두 번째로 많이 사용하는 포털사이트이다. 다음 검색등록 사이트로 이동해서 [신규등록하기] 버튼을 클릭한다.

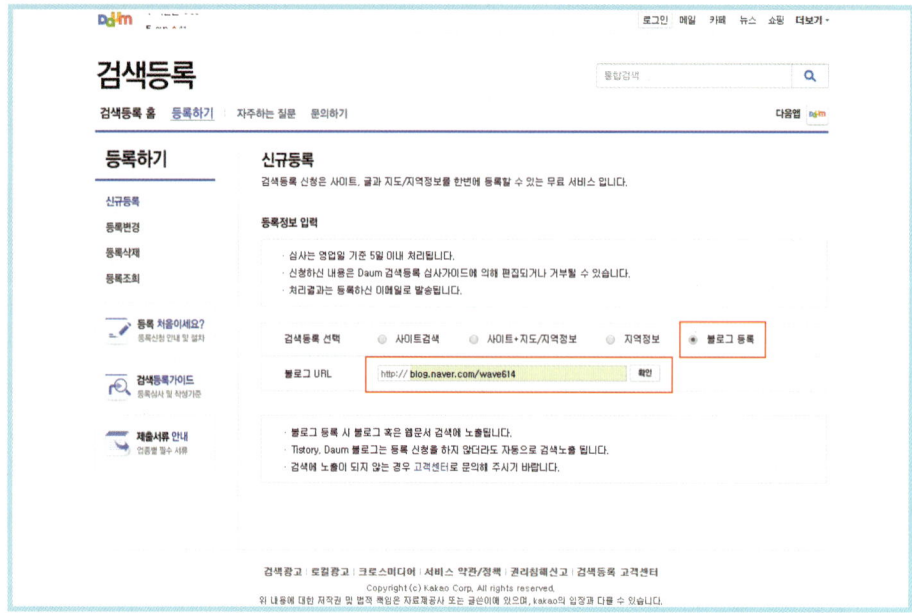

검색등록 선택에는 〈사이트검색〉, 〈사이트+지도/지역 정보〉, 〈지역정보〉, 〈블로그 등록〉이 있다. 〈블로그 등록〉을 선택하고 URL에 자신의 블로그 주소를 입력하고 [확인] 버튼을 클릭한다.

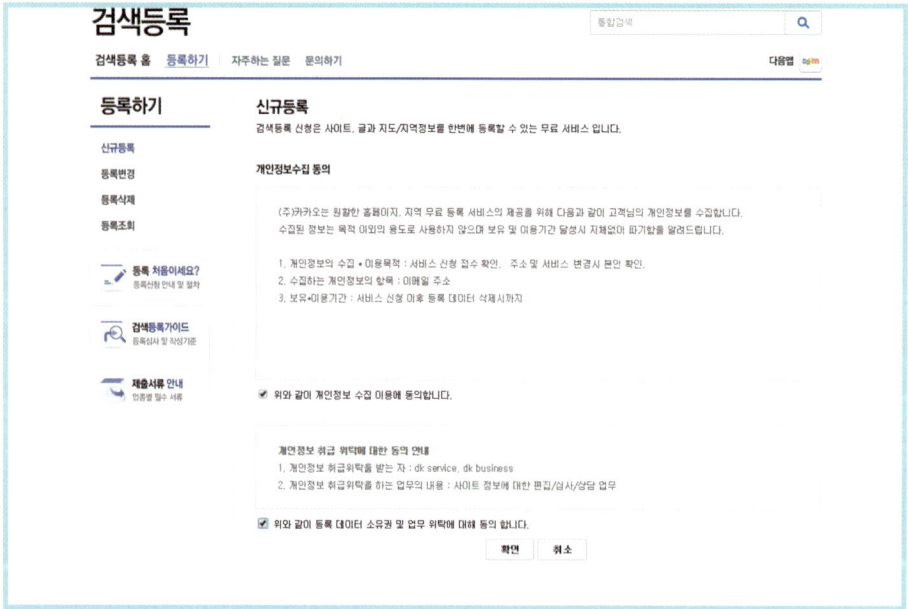

개인정보수집 동의에 체크한 뒤에 [확인] 버튼을 클릭하면 다음과 같이 화면이 변경된다.

등록자 정보에 자신의 메일 주소를 입력하고 [확인] 버튼을 클릭한다. "블로그를 등록하시겠습니까?"라는 메시지가 나오면 [확인] 버튼을 클릭한다.

블로그 등록신청이 완료되었다. 다음(Daum)의 심사를 거친 후 블로그 검색에 노출된다. 시간은 5일 정도 소요되며 처리 결과는 별도로 알리지 않는다.

검색등록이 완료되면 다음 검색창에서 "이창현"을 검색하면 위와 같이 사이트 영역에 필자의 블로그가 검색되는 것을 볼 수 있다.

2) 구글 검색등록(https://www.google.co.kr/intl/ko/add_url.html)

구글(Google) 검색등록은 앞선 두 포털에 비해 쉽게 등록할 수 있다. 먼저 구글에 로그인한다. 구글 아이디가 없다면 구글(Google)에 가입해야 한다.

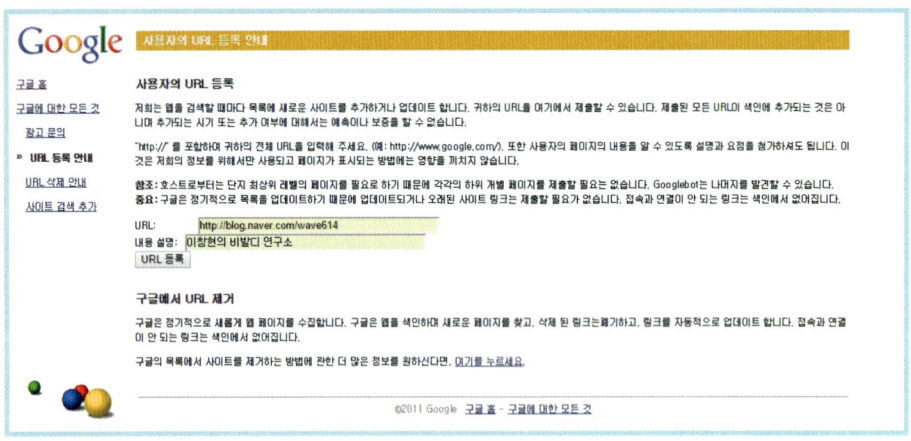

구글 검색 등록 사이트를 검색하거나 웹 브라우저의 주소 창에 구글 검색 등록 사이트의 주소(https://www.google.co.kr/intl/ko/add_url.html)를 입력한다. 등록 안내문을 읽고 URL란에 자신의 블로그 주소를 입력한다. 내용 설명란에는 사이트의 설명을 적고 [URL 등록] 버튼을 클릭한다.

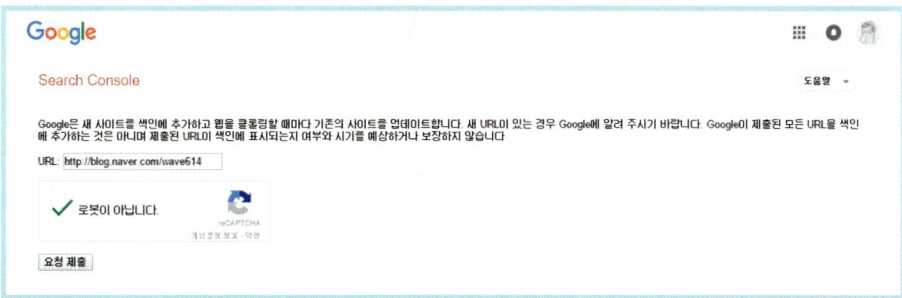

URL란에 자신의 블로그 주소를 한 번 더 입력하고 "로봇이 아닙니다."에 체크한 뒤에 [요청 제출] 버튼을 클릭한다. "요청을 접수했으며 곧 처리하겠습니다." 메시지가 나오면 접수가 완료되었다.

구글에서 한 가지 더 처리해야 할 것이 있다면 블로그 검색 핑이다. 네이버 블로그는 구글 검색에 노출되지 않기 때문에 블로그를 주소를 입력해주는 것이다. 블로그 검색 핑을 위한 주소(http://blogsearch.google.co.kr/ping)를 직접 입력하거나 구글에서 "블로그 검색 핑"을 검색한다.

블로그 주소에 자신의 블로그 주소를 입력하고 [블로그 전송] 버튼을 누르면 된다. 그러면 "블로그 공유해 주셔서 감사합니다. 가능한 한 빨리 색인에 추가하도록 최선을 다하겠습니다."라는 메시지가 나타난다. 일정 시간이 지나면 구글에서도 내 블로그 검색이 된다.

 ## 내 블로그 순위 알아보기

우리나라에는 많은 블로그가 존재하며 존재하는 모든 블로그에는 각 블로그의 가치에 따라 순위가 있다. 많은 방문자가 있거나 질 좋은 포스트가 있다면 블로그의 가치가 커지면서 순위가 높아진다. 그렇다면 자신의 블로그의 순위는 정도인지 알아보고 자신의 블로그가 성장하고 있는지 알아보자!

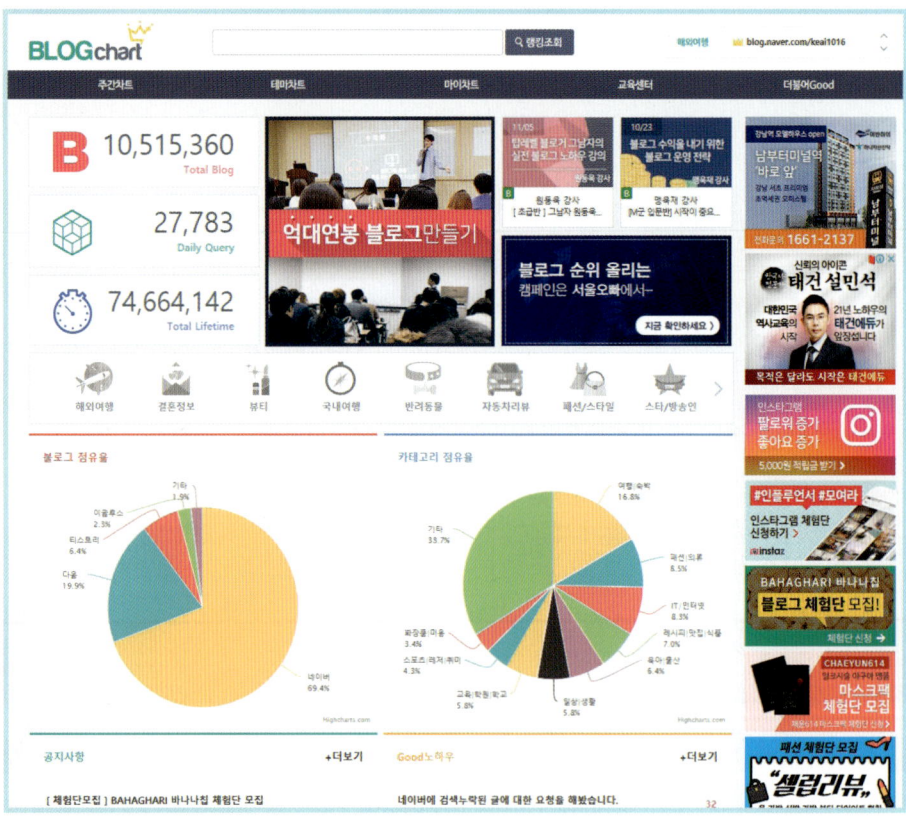

블로그 차트(http://www.blogchart.co.kr)는 한국 블로그들의 전체 순위, 주간 차트, 테마 차트 등 블로그의 순위를 볼 수 있다. 블로그 차트는 순위뿐만 아니라 유효 키워드를 볼 수 있는 유용한 사이트이다. 그 밖에 블로그 차트에는 블로그 점유율, 카테고리 점유율 등 블로그에 대한 다양한 정보도 얻을 수 있다.

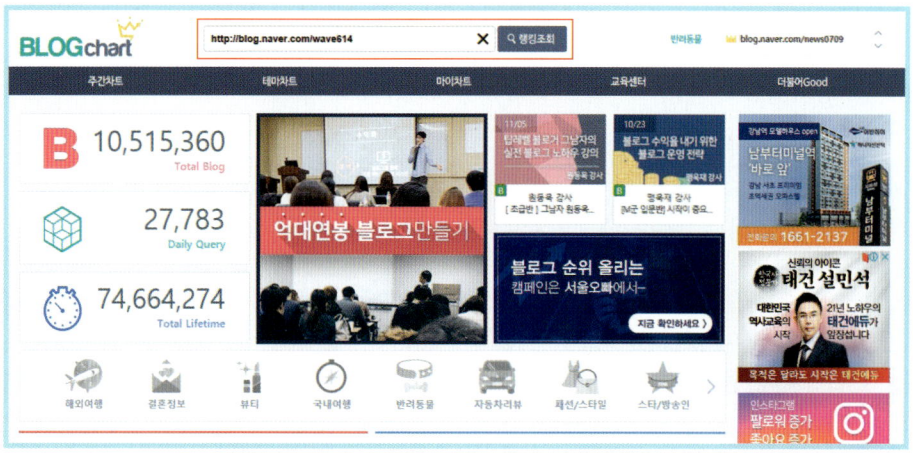

블로그 차트 상단 검색창에 자신의 블로그 주소를 입력한 뒤 [랭킹조회] 버튼을 클릭한다.

3주 동안의 순위 변동을 볼 수 있다. 필자의 블로그는 전체 약 1,000만 개 블로그 중 18,831등이라는 것을 알 수 있다. 순위 밑에는 "당신의 블로그는 상위 1%입니다."라는 문구가 있다. 랭킹 옆 오른쪽 창에는 유효 키워드 수가 약 50개를 나타내고 있다. 유효 키워드는 해당 키워드로 검색해서 블로그에 유입되는 키워드를 말한다. 유효 키워드에는 유입량이 큰 키워드 순서로 등수가 부여되어 있다. 키워드는 첫 글자만 노출되고 상세 키워드를 보는 것은 유료이다.

좀 더 자세한 사항을 알고 싶다면 블로그 차트 사이트에 회원으로 가입해야 한다.

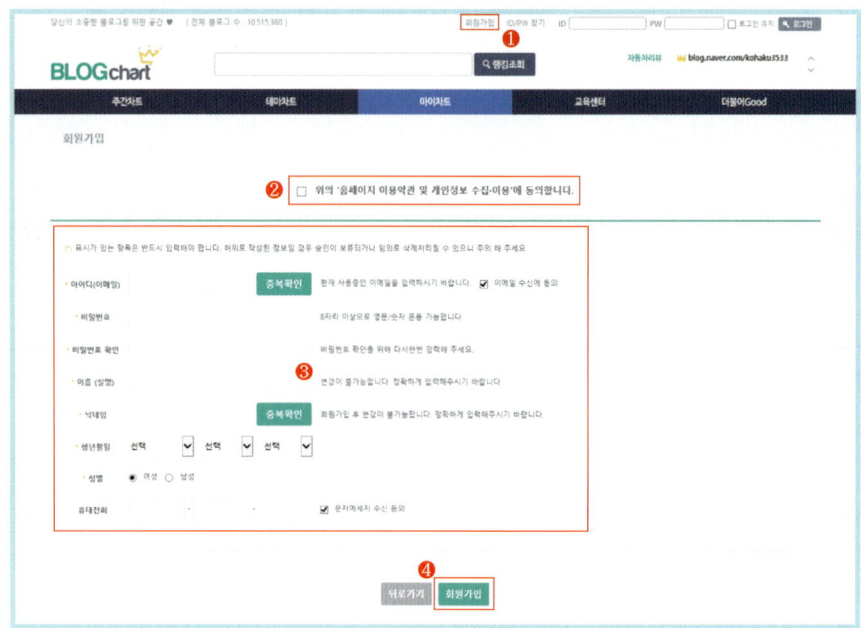

상단의 ❶ [회원가입] 버튼 → ❷ [약관 및 정보 수집에 동의] → ❸ [회원가입(ID, 비밀번호 등)] → 하단의 ❹ [회원가입] 버튼을 클릭하여 회원으로 가입한다.

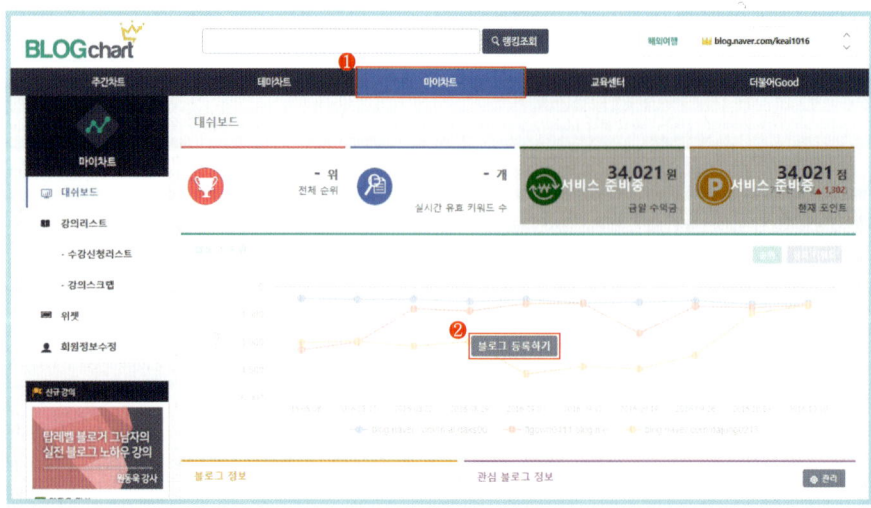

로그인 후 ❶ [마이차트] 버튼을 클릭한다. 아직 블로그가 등록되지 않아 ❷ [블로그 등록하기] 버튼을 클릭한다.

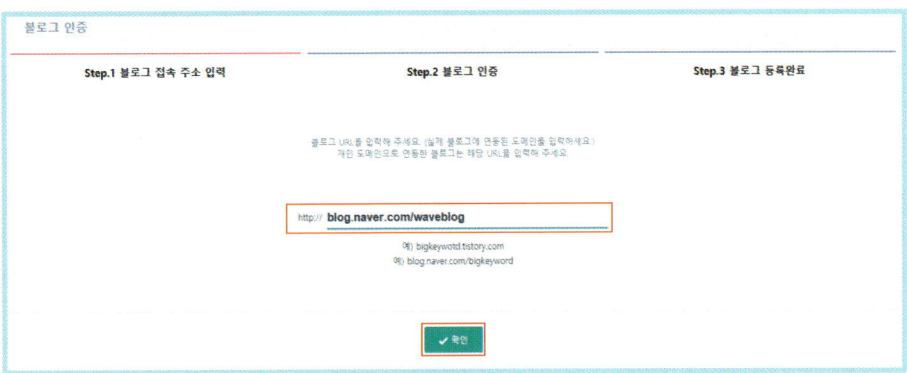

자신의 블로그 주소를 입력하고, [확인] 버튼을 클릭한다.

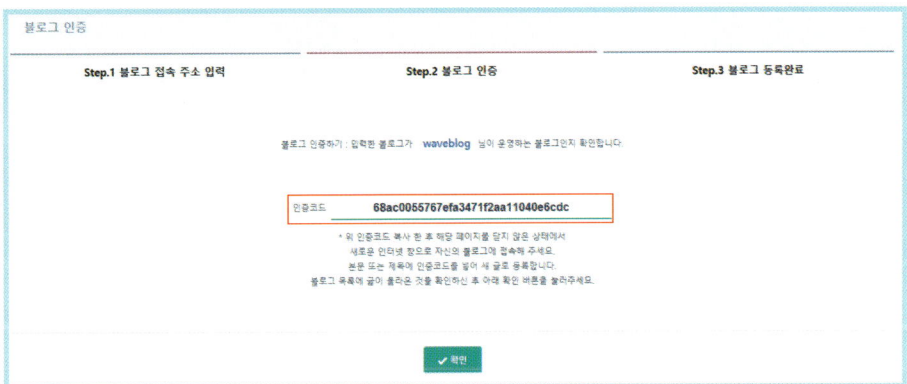

인증코드 부분을 드래그하여 복사(Ctrl+C)하고 자신의 블로그에서 [포스트 쓰기]를 누른다.

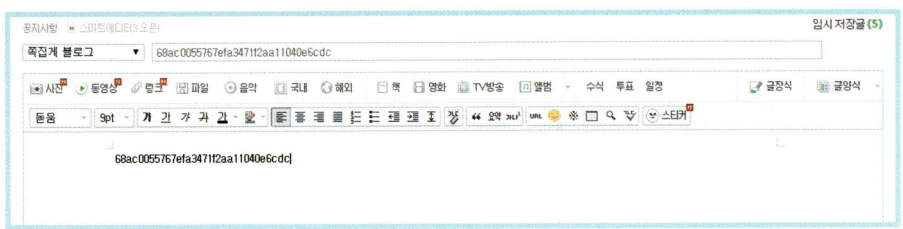

스마트 에디터의 제목과 본문에 붙여넣기(Ctrl+V)를 해서 인증코드를 입력하고 [확인]을 눌러 포스트를 발행한다.

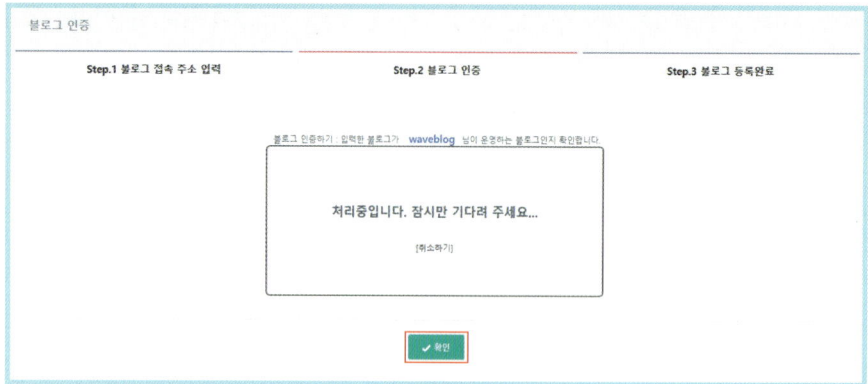

블로그 차트로 창을 전환한 뒤 [확인] 버튼을 클릭하면 "처리중입니다. 잠시만 기다려 주세요…" 메시지 창이 나타난다. 잠시 뒤 "블로그차트에 블로그 등록이 완료되었습니다." 라는 메시지가 나타난다.

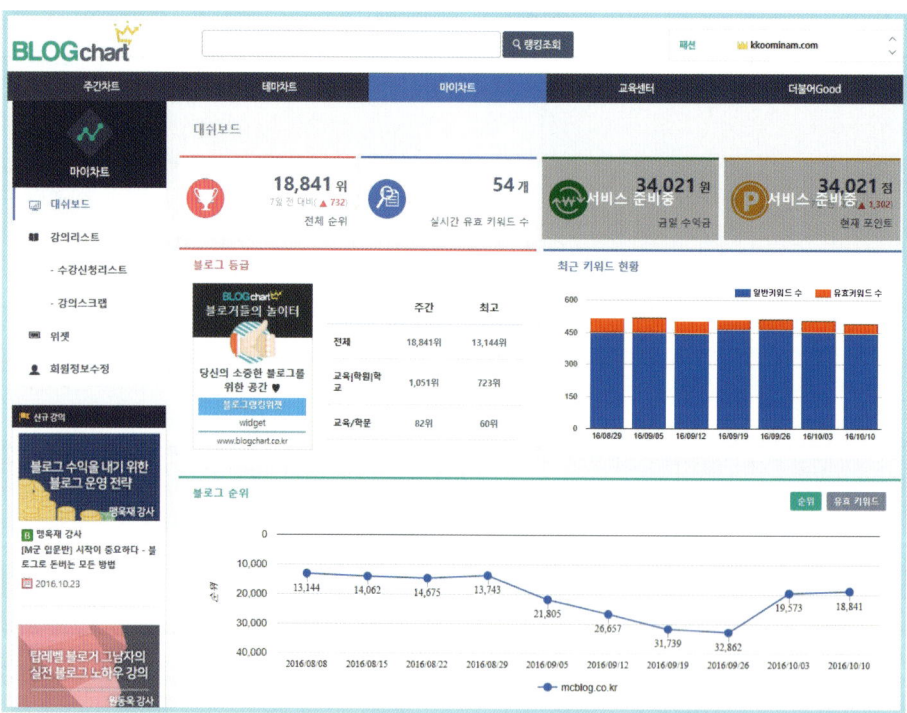

블로그차트 사이트에 가입한 뒤에 <마이차트>를 확인하면 더 상세한 내용을 볼 수 있다. 앞서는 3주 동안 순위를 볼 수 있었지만, 가입한 뒤 보면 10주 동안의 순위 변동을 한 눈에 알 수 있다. 유효 키워드도 마찬가지로 10주 동안 변동을 볼 수 있다. 블로그를 꾸준히 관리하면서 블로그 차트로 순위 변동의 재미까지 알 수 있다.

블로그 차트에는 〈주간차트, 테마차트〉를 통해 분야별 순위도 볼 수 있다. 순위가 높은 블로그를 찾아가서 그들의 블로그를 구경하는 재미도 있다. 블로그 차트를 통해 자신의 블로그 순위도 알아보고 블로그가 성장하는지, 자신의 블로그가 무엇이 문제인지 스스로 돌아보는 계기가 되었으면 한다.

Part 7

Q&A

 연속 사진 Q&A

Q.

예를 들면 한 페이지에 요리에 관한 포스트를 할 때 5장의 사진을 올린다고 합시다. 한 번에 5장 다 붙이고 맨 아래에 요리과정 설명하는 것이 아니라 한 장 한 장마다 무슨 내용인지 설명을 하려고 합니다. 커서를 찾으려 해도 어떨 때는 나왔다가 어떨 때는 안 나오고 정말 답답해서요. 블로그에 쓰신 포스트처럼 글 올리고 사진 올리고 글 올리고 사진 올리는 것처럼 교대로 섞어서 포스팅하는 방법은 없나요?

- 해버트(zoorang) -

A.

스마트 에디터 2.0을 사용하여 그림을 넣을 때 포토업로더를 사용하게 됩니다. 포토업로더를 사용하면 여러 장의 사진을 올릴 수 있습니다. 하지만 사진이 연속으로 붙어 업로드 됩니다. 그래서 사용하실 때 조금 불편하실 겁니다. 해결 방법은 스마트 업로더에 〈사진 간격 띄우기〉를 체크해서 사용하면 됩니다.

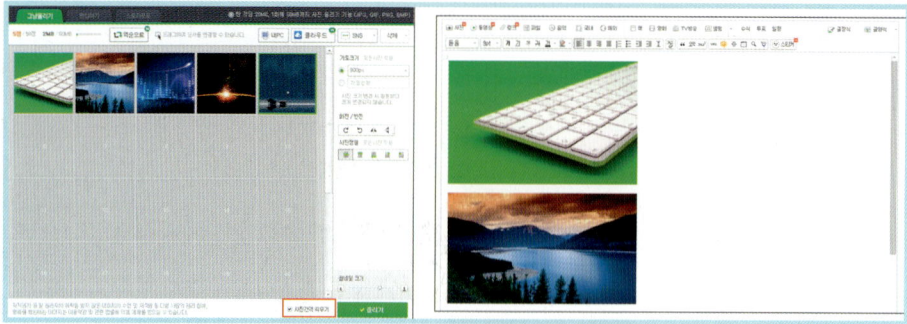

스마트 에디터 2.0의 [사진]을 선택해서 〈포토업로더〉에서 사진을 불러옵니다. 오른쪽 아래의 〈사진간격 띄우기〉에 체크를 설정합니다. (기본값이 체크가 되어 있음) 스마트 에디터에 사진이 업로드되면 사진 사이 간격이 자동으로 떨어져 있습니다. 사진 사이 공간에 커서를 위치합니다.

해당 위치에서 Enter 키를 여러 번 눌러 간격 늘리거나 텍스트를 입력하여 원하는 사진 아래에 글을 쓰면 됩니다.

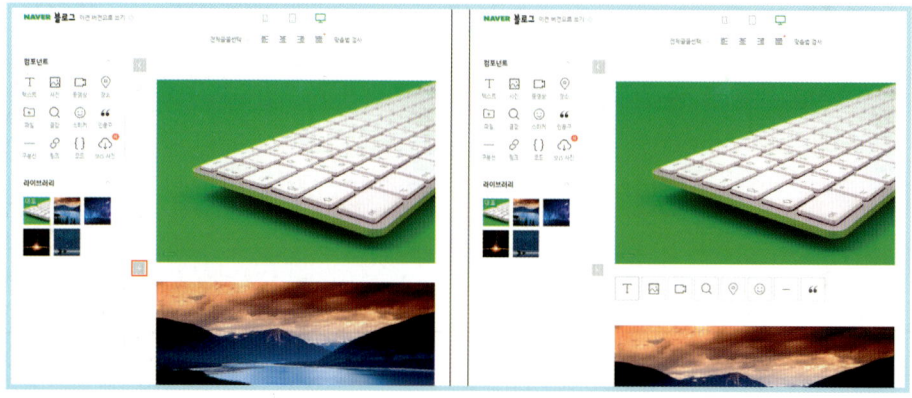

스마트 에디터 3.0에서는 사진과 사진 사이의 [+] 퀵 메뉴를 클릭한 뒤에 [T] 모양의 텍스트 도구를 선택하여 텍스트를 입력할 수 있습니다.

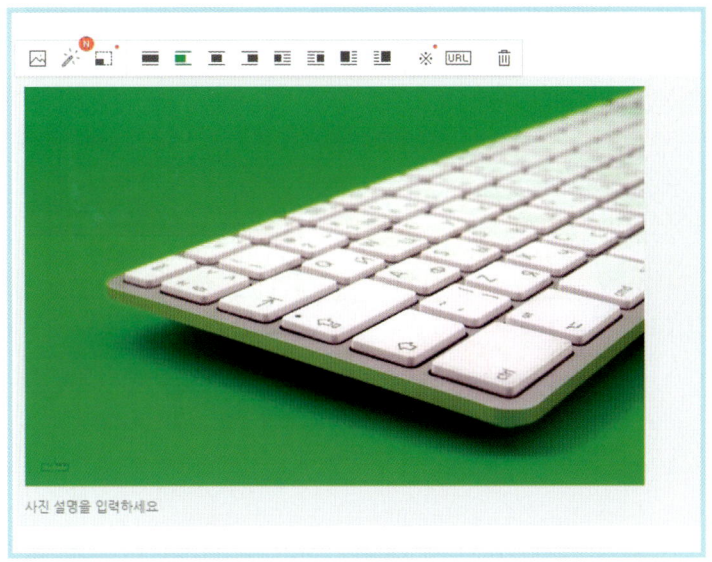

스마트 에디터 3.0에서 올린 사진을 선택하면 사진 하단에 "사진 설명을 입력하세요"라는 공간이 생성되며 이곳에 사진에 대한 설명을 입력하면 됩니다.

02 사진 업로드 Q&A

Q.
좋은 정보 감사합니다. ^^ 근데 사진 올릴 때 시간이 오래 걸리나요? 저는 사진 6장 올리는데 거의 10분 이상이 소모되는데 ㅠㅠ 뭔가 이상 있는 건가요?

-허버트(zoorang) -

A.
아닙니다. 저 같은 경우 사진을 올리는데 30초 내외로 여러 장의 사진을 올립니다. 허버트님의 문제는 둘 중의 하나인 듯합니다. 먼저 인터넷 속도가 느린 경우입니다. 다운로드 속도는 국내라면 빠릅니다. 하지만 오래된 아파트, 가정집의 경우는 조금 느릴 수도 있습니다. 혹은 사진의 용량이 크기 때문일 것 같습니다. 직접 찍은 사진은 3~10M 사이의 용량을 차지하고 있습니다. 이럴 때 사진의 용량을 미리 작게 만들어 업로드하면 속도는 빨라집니다.

사진 용량을 줄이는 방법은 여러 가지 방법이 있지만 알씨를 이용해 줄이는 방법에 대해서 알아보겠습니다. 알툴즈 홈페이지(http://www.altools.co.kr)에서 알씨를 다운받아 설치합니다.

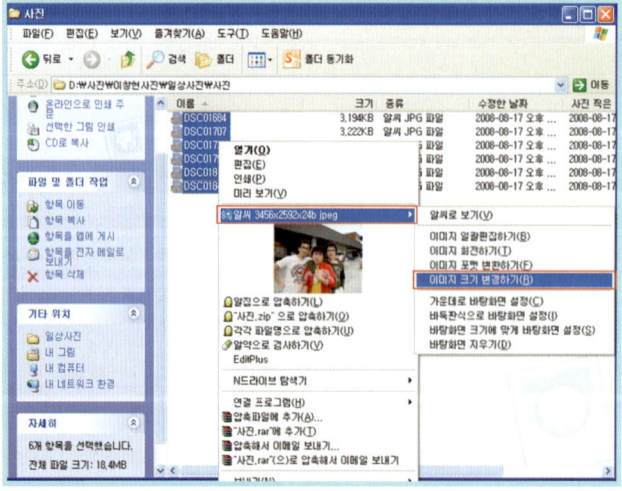

블로그에 올릴 사진을 여러 장을 선택한 뒤 [마우스 오른쪽 버튼] → [알씨 OOOO X OOOO X OOb jpeg] → [이미지 크기 변경하기]를 클릭하면 알씨 프로그램이 나타난다.

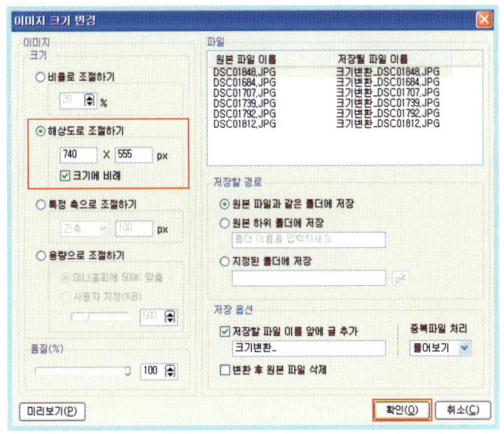

크기를 조절하는 방법에는 비율, 해상도, 특정 축, 용량으로 조절하기 방법 중 선택하여 사용하면 됩니다. 위의 그림에서는 블로그에서 많이 사용하는 가로 740px 해상도로 선택한 모습입니다. [확인] 버튼을 클릭하면 크기가 변형됩니다.

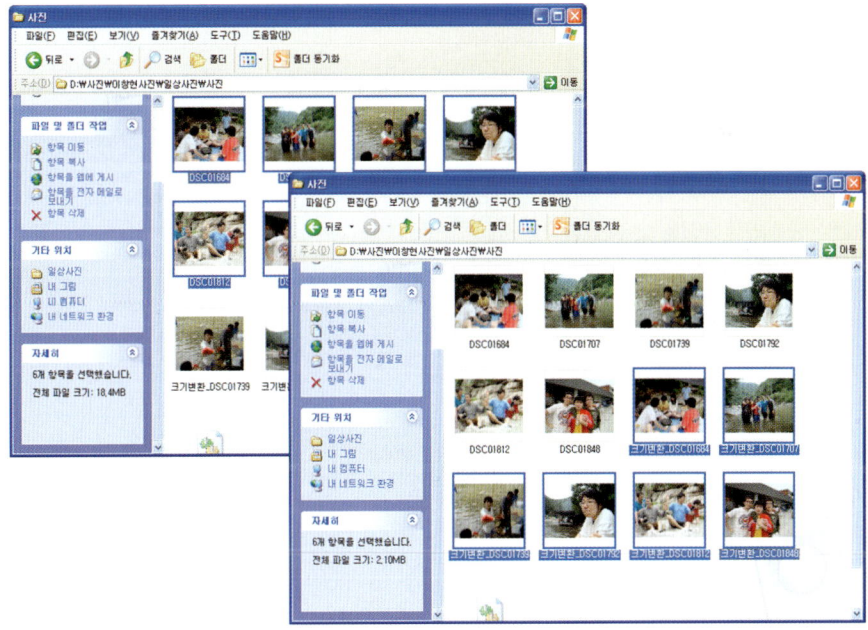

왼쪽 상단은 원본 파일의 크기가 18.4MB입니다. 반면 오른쪽 아래 크기 변형 파일은 2.1MB로 약 9배가량 크기 차이가 납니다. 이렇게 용량을 작게 해서 업로드 한다면 훨씬 빠른 속도로 사진을 업로드할 수 있습니다.

프롤로그 Q&A

Q.

저기 물어볼 게 있는데요. 저기 상단메뉴에 보면 프롤로그 블로그 같은 게 "prologue blog" 이렇게 영어로 적혀 있잖아요? 한글에서 영어로 바꾸는 법 좀 알려 주세요. ㅠㅠ;;

-주케이(ju_kay)-

A.

프롤로그와 블로그의 상단메뉴를 한글과 영문으로 바꾸는 방법에 대해서 궁금하시군요! 네~ 바꿀 수 있습니다.

[관리] → [꾸미기 설정] → [디자인 설정 : 레이아웃 · 위젯 설정]을 클릭합니다.

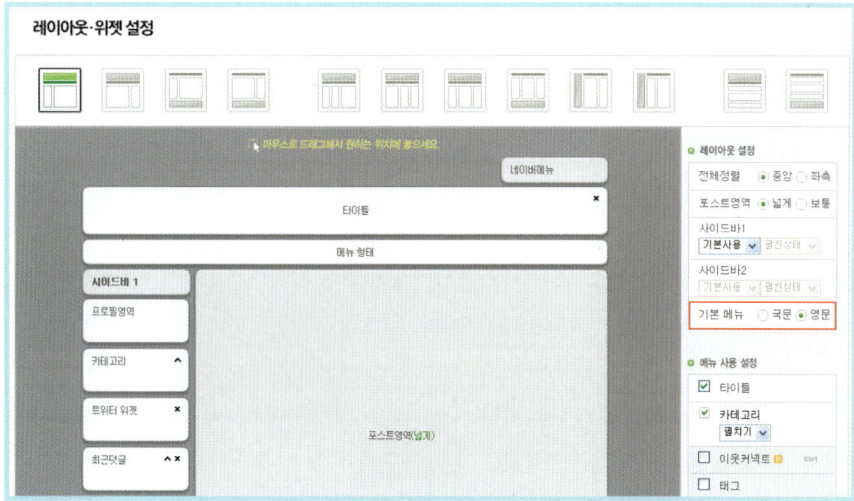

레이아웃 위젯 설정의 우측 기본 메뉴에서 국문과 영문 중 하나를 선택하고 [적용] 버튼을 클릭하면 블로그에 적용됩니다.

위쪽 그림은 영문을 선택했을 경우, 아래는 국문을 선택했을 때의 모습입니다.

 ## 대표이미지 Q&A

Q.
궁금한 것이 있는데요~ 포스팅을 할 때 사진을 여러 개 올리면 그중에 임의로 하나가 대표 이미지로 선정되던데, 그것을 제가 정할 수는 없는 건가요? ㅜㅜ 궁금합니다!

-21세기 신여성(surikkk) -

A.
프롤로그에서 이미지가 보이고 그 하단에 텍스트가 나오는 곳을 말씀하시는군요. 이미지가 하나일 경우는 신경 쓰지 않아도 되지만 여러 장의 이미지가 있을 때는 대표이미지를 선택하는 방법을 알려 드리겠습니다.

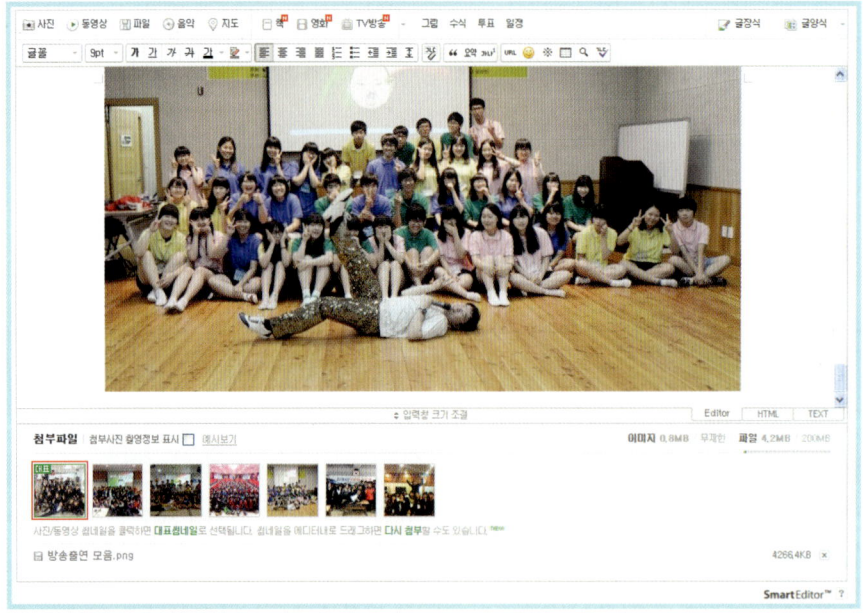

스마트 에디터 2.0에서 [사진]을 눌러 포토업로더로 사진을 업로드합니다. 스마트 에디터 하단에 사진이 첨부된 모습을 볼 수 있습니다. 그중 원하는 이미지를 클릭하면 사진 왼쪽 상단에 "대표"라는 작은 글자가 나타납니다. 원하는 사진을 선택하면 프롤로그의 대표 사진으로 등록됩니다.

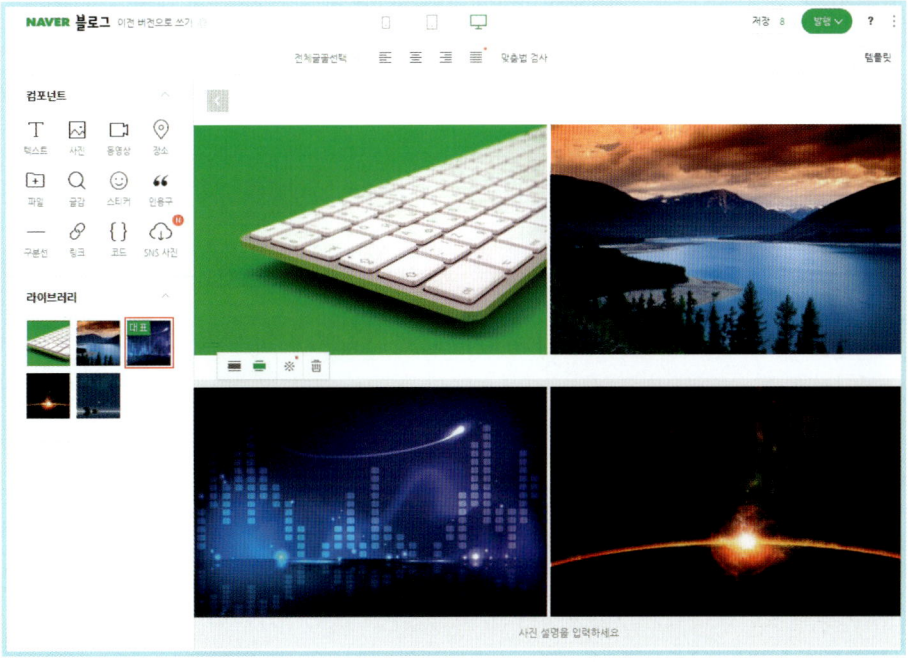

스마트 에디터 3.0에서도 같은 방법으로 왼쪽 〈라이브러리〉에 있는 사진을 클릭하여 선택하면 대표 사진으로 지정할 수 있습니다.

 **타이틀 텍스트 Q&A**

Q.
근데 스킨 위에 뜨는 아이디나 블로그의 이름은 어떻게 지우나요?

-세아 넘 -

A.

이처럼 자신의 타이틀을 올렸는데 텍스트로 자신의 블로그 이름이 나타나는 현상을 말씀하시는군요. 이런 경우는 간단합니다.

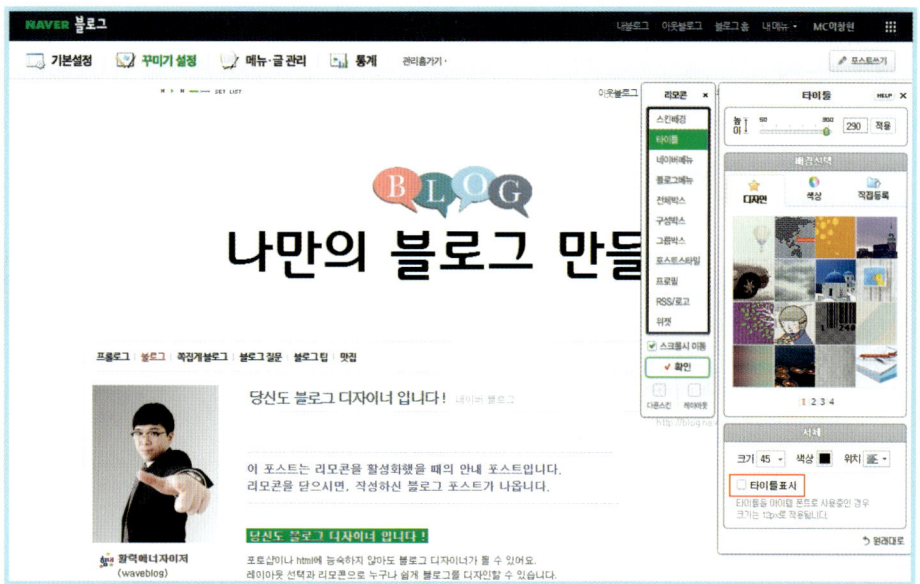

[관리] → [꾸미기설정] →[디자인 설정 : 세부 디자인 설정] → [타이틀] → [타이틀 표시]의 체크를 해제합니다. 그리고 [확인] 버튼을 누른 후 자신의 블로그 타이틀을 확인해 보시면 텍스트로 적힌 블로그의 이름은 사라집니다.

 **반복 타이틀 Q&A**

Q.
타이틀 직접 등록할 때 그림이 두 개로 반복되어서 나오는 것을 하나만 나오게 할 수는 없나요?

-홍(jhrbin) -

A.

타이틀을 하나만 올렸는데 2개 혹은 여러 개의 타이틀이 반복적으로 나오는 것을 질문해주셨습니다. 네이버 블로그에서는 타이틀의 가로 길이가 966px보다 작을 경우는 계속해서 반복되기 때문에 이런 현상이 일어납니다. 이런 현상을 방지하기 위해서는 가로 길이를 966px로 맞춰주면 됩니다.

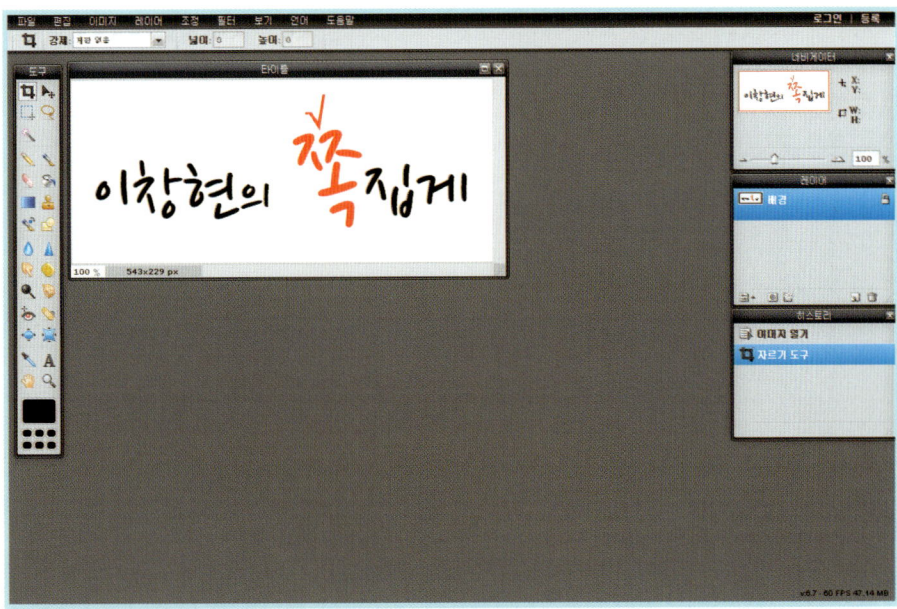

그림 편집 툴로 가로 길이를 966px로 맞추면 됩니다. PIXLR EDITOR(http://pixlr.com/editor)로 이미지를 편집하면 됩니다. [컴퓨터로부터 이미지 열기] → [이미지 선택]을 하여 블로그 타이틀에 사용하는 이미지를 불러옵니다.

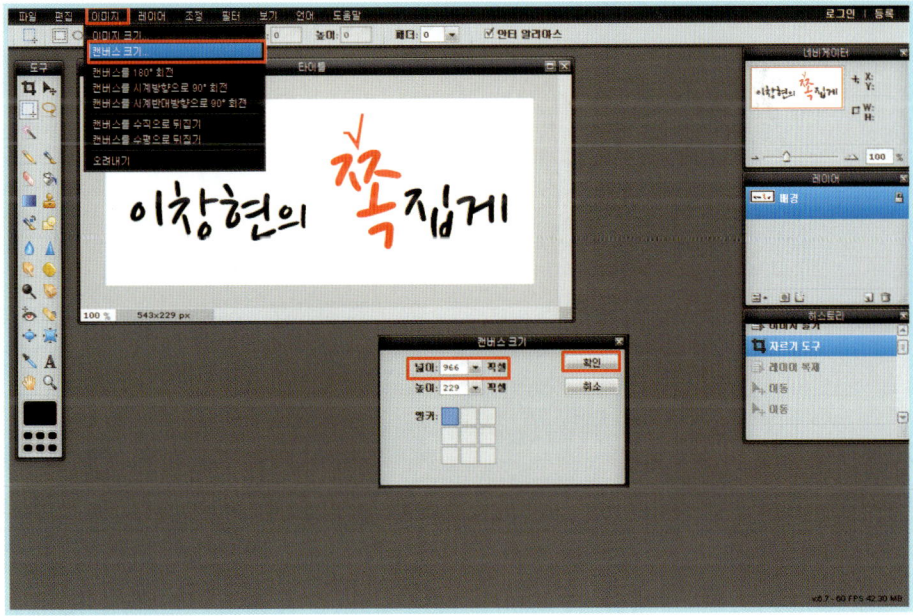

타이틀을 불러오면 가로 길이가 966px보다 작을 것입니다. [이미지] → [캔버스 크기] → [넓이 : 966] → [확인] 버튼을 클릭합니다.

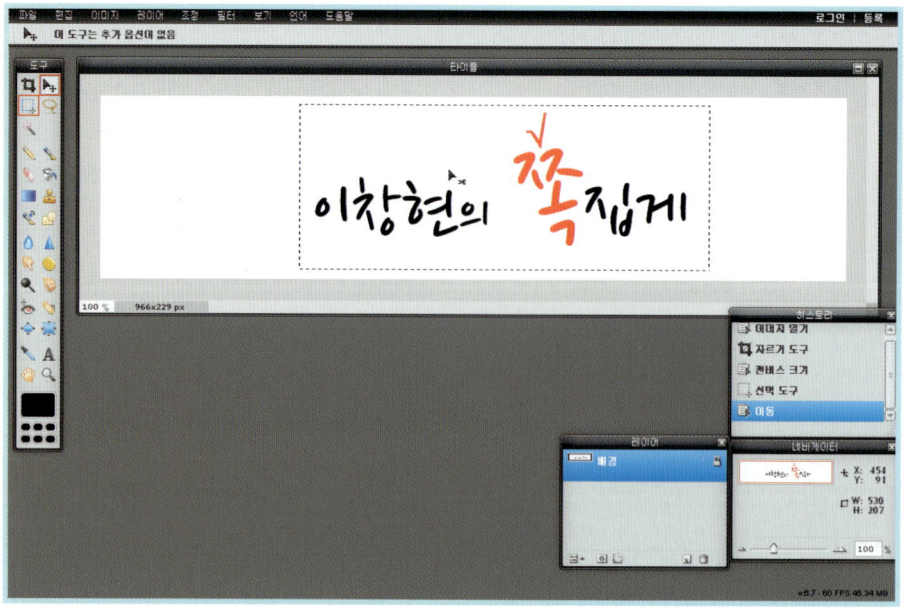

이미지의 크기가 커진 것을 볼 수 있습니다. 선택 도구(네모 아이콘)를 선택하여 이동할 이미지를 선택합니다. 그리고 이동 도구(마우스 커서 아이콘)를 선택하여 선택 영역을 원하는 위치로 이동합니다. 이미지 수정이 완료되었다면 파일로 저장합니다.

[관리] → [꾸미기 설정] → [디자인 설정 : 세부디자인 설정] → [타이틀] → [직접등록] → [찾기]를 클릭하여 편집한 이미지 파일을 등록합니다. [적용] 버튼을 누르면 위와 같이 반복되지 않는 타이틀로 꾸밀 수 있습니다.

 블로그 폐쇄 Q&A

Q.

블로그를 폐쇄하고 다시 만들고 싶은데 어떻게 하는지 모르겠어요 ;; 설명 좀 해 주세요!

- 소희(soheel148) -

A.

네~ 블로그를 폐쇄하는 방법을 알고 싶어 하시는군요! 네이버 블로그는 폐쇄하는 방법은 없습니다. 블로그를 폐쇄하기 위해서는 네이버에서 탈퇴하시면 가능합니다. 다시 만들고 싶다면 폐쇄가 아닌 초기화하는 방법이 있습니다.

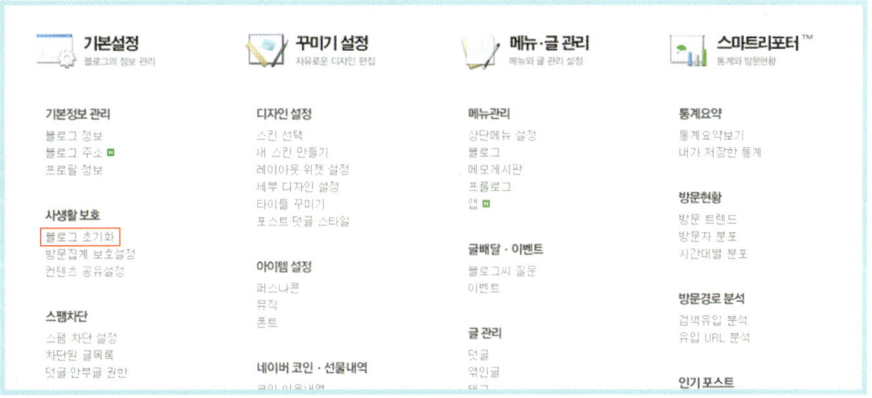

[관리] → [기본설정] → [사생활 보호 : 블로그 초기화]를 클릭합니다.

블로그 초기화는 〈7일 이내〉와 〈24시간 이내〉 두 가지 중 하나를 선택한 뒤 [블로그 초기화 신청] 버튼을 클릭합니다. 버튼을 클릭하면 비밀번호 재확인 및 휴대번호 인증을 합니다. 이 버튼을 클릭했다고 바로 블로그가 초기화되지는 않습니다. 해당 보류 기간을 거치게 되어 있습니다. 해킹이나 다른 문제로 주인이 아닌 다른 사람이 초기화를 할 때 혹은 초기화에 대한 마음이 바뀔 수 있는 이유로 해당 시간을 줍니다. 블로그 초기화를 할 때 블로그에 등록된 포스트, 사진, 댓글, 안부글 등이 모두 삭제되며 이웃도 같이 사라집니다. 이런 초기화는 신중하게 생각해서 하기 바랍니다.

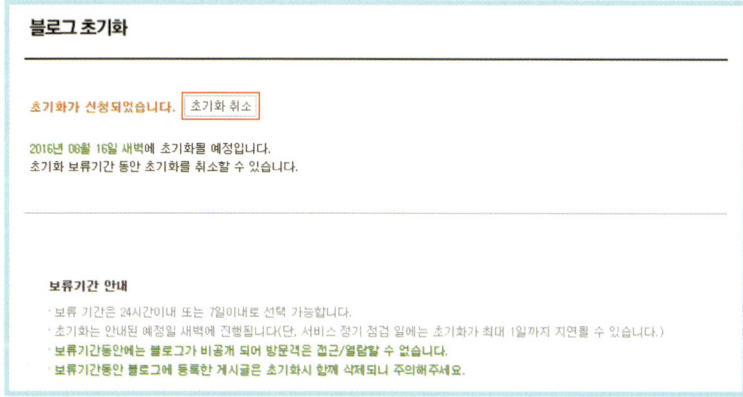

만약 초기화에 마음이 바뀌었을 경우 [초기화 취소] 버튼을 클릭하면 "초기화 신청을 취소하시겠습니까?"라는 창이 나타나고, [확인] 버튼을 클릭하면 초기화 취소가 가능합니다. 블로그를 초기화할 때 신중하게 하기 바랍니다.

 # 블로그 용량 Q&A

Q.
1. 네이버 블로그에서 1회 게시할 때 최대로 올릴 수 있는 사진의 용량은? 혹시 2M 정도로 제한이 있나요?
2. 네이버 블로그에서 1회 게시할 때 최대로 올릴 수 있는 기타파일의 용량은?
3. 네이버 블로그 전체로 용량의 제한이 있나요?

- dapysj -

A.
블로그의 용량에 대해서 궁금하신 거군요! 질문에 대해서 하나하나씩 알아보겠습니다.

1. 블로그의 사진 용량은 스마트 에디터 버전에 따라 조금 다릅니다.

스마트 에디터 2.0 버전의 포토업로더를 보면 나타나 있습니다. 포토업로더는 한 번에 50장의 사진을 올릴 수 있으며 50MB까지 올릴 수 있습니다. 그렇다면 사진은 50MB까지만 올릴 수 있는 건 아닙니다. [올리기] 버튼을 클릭해 한 번 올리고 계속해서 업로더를 통해 사진을 올리면 계속해서 업로드가 가능합니다.

스마트 에디터 3.0 버전은 용량의 제한은 없지만 한번에 50장까지 사진만 올릴 수 있습니다. 마찬가지로 한 번 올리고 다시 한 번 더 사진을 올리면 계속해서 업로드가 가능합니다.

2. 블로그의 포스트에 올릴 수 있는 파일은 3가지입니다. 사진이 첫 번째이며 동영상, 일반 파일 이렇게 3가지 종류를 업로드할 수 있습니다.

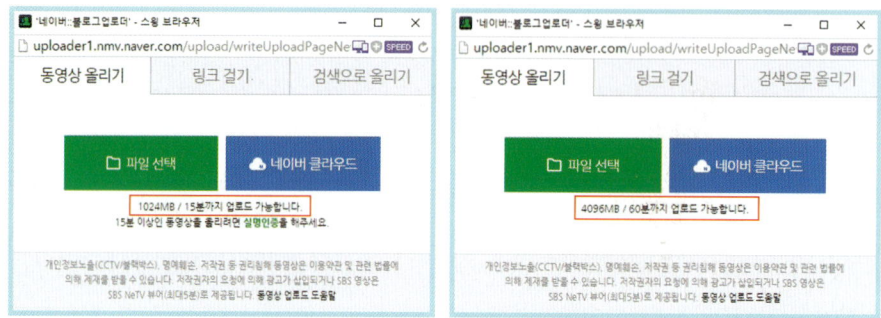

먼저 동영상에 대해서 알아보면 스마트 에디터에서 동영상을 클릭하면 위와 같이 블로그업로더 창이 나타납니다. 1,024M, 15분의 영상을 업로드 할 수 있습니다. 15분이 넘는 동영상은 자동으로 15분까지만 재생이 됩니다. 실명인증을 하면 용량이 4,096M, 시간은 60분까지 업로드 가능합니다.

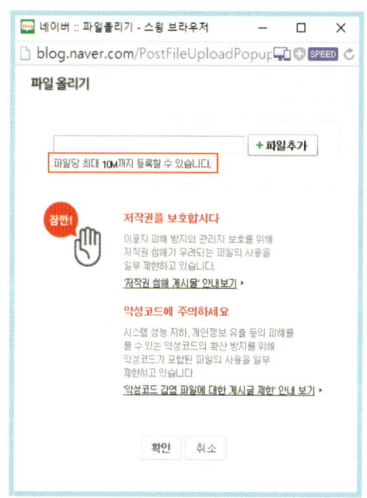

사진과 동영상을 제외한 다른 파일을 등록하면 스마트 에디터에서 파일을 선택하면 위의 화면과 같이 파일 올리기 창이 나타납니다. 파일의 경우에는 "파일당 최대 10M까지 등록할 수 있습니다."라는 메시지가 나타난다. 파일첨부는 200MB까지 가능합니다.

3. 네이버 블로그의 전체 용량은 무제한입니다. 아무리 많은 포스트를 쓴다고 해서 용량이 모자란 일은 없습니다. 블로그를 운영하다가 내 블로그의 용량이 모자라지 않을까! 하는 생각은 하지 않아도 됩니다.

스마트 에디터의 오른쪽 하단에 파일 용량과 이미지 용량에 대해서 나와 있습니다. 용량 때문에 고민하지 않아도 됩니다. 이것이 바로 블로그의 장점 중 하나입니다. 홈페이지의 경우 용량이나 트래픽 제한이 있지만, 블로그는 이런 제한이 없습니다. 용량 걱정하지 말고 멋진 포스트를 계속해서 올리기 바랍니다.

09 SNS에 포스트 연동 Q&A

Q.
블로그에 쓴 포스트를 다른 포스트와 연동하고 싶습니다. 어떻게 하면 되나요?

A.
블로그에 작성한 포스트를 다른 SNS에도 보낼 수 있습니다. 포스트를 쓸 때와 쓴 포스트 2가지 모두 가능합니다.

스마트 에디터 2.0에서는 옵션 하단의 〈☑페이스북 ☑트위터에 함께 등록〉를 체크합니다. 스마트 에디터 3.0에서는 [발행]에 트위터 마크와 페이스북 마크를 선택하면 됩니다. 블로그에서 포스팅 완료와 동시에 해당 SNS에도 업로드 됩니다. 해당 SNS의 인증을 하기 위해 아이디와 비밀번호를 입력하면 간단하게 다른 SNS로 해당 포스트를 보낼 수 있습니다.

이전에 쓴 포스트라면 포스트 하단의 [보내기]를 클릭합니다. 자신이 보내고 싶은 카페, 북마크, 메모, 폴라, 메일, 밴드, 트위터, 페이스북, URL 복사를 통해 해당 포스트를 SNS로 보낼 수 있습니다.

이렇게 2가지 방법을 통해 다른 SNS와 연동할 수 있습니다.

공지사항 Q&A

Q.
블로그 공지사항 띄우고 싶은데. 어디서 공지사항 설정할 수 있나요?

A.
블로그 공지사항은 아주 쉽게 올릴 수 있습니다.

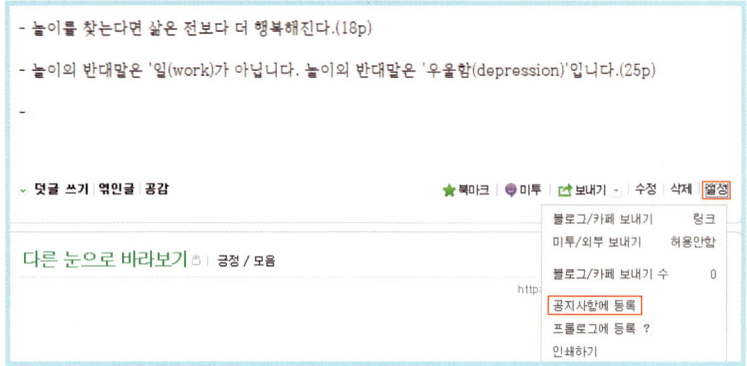

공지사항으로 지정할 포스트의 오른쪽 아래의 [설정]을 클릭합니다. 그리고 [공지사항에 등록]을 클릭하면 끝! 간단하게 공지사항으로 등록할 수 있습니다.

공지사항으로 등록된 모습입니다. 공지사항은 하나 이상의 포스트를 등록할 수 있습니다. 반대로 공지를 내리고 싶다면 공지 사항의 앞에 [-] 기호를 클릭하여 공지사항을 내릴 수 있습니다.

댓글 Q&A

Q.
로그인하지 않은 사람의 댓글을 쓸 수 없나요? 누구나 와서 많이 댓글을 써 줬으면 하는데~ 방법 좀 알려주세요!

A.
댓글을 쓰는 방법은 여러 가지 방법이 있습니다. 가장 기본으로 설정된 것은 로그인 한 사람만 댓글을 쓸 수 있게 되어 있습니다. 이 설정을 바꿔주면 간단하게 해결됩니다.

자신의 블로그에서 [관리] → [기본설정] → [스팸차단 : 댓글·안부글 권한]을 선택합니다.

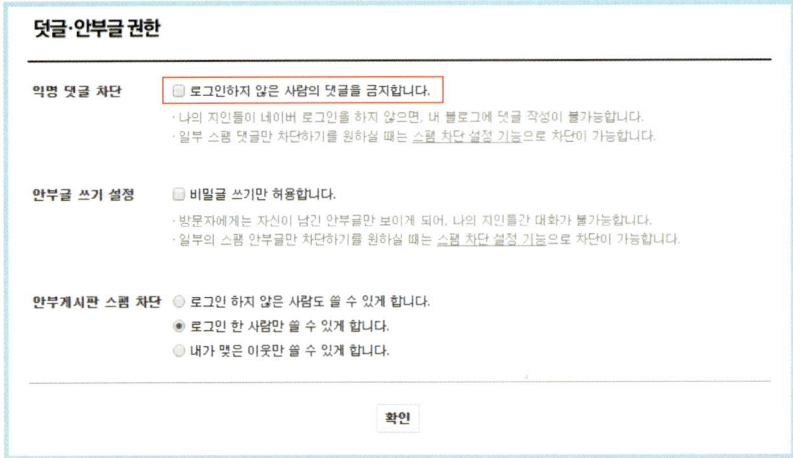

〈익명 댓글 차단〉에서 〈로그인하지 않은 사람의 댓글을 금지합니다.〉 항목의 체크를 해제한 뒤 [확인] 버튼을 클릭합니다. 이렇게 설정하면 누구나 자신의 블로그에 댓글을 달 수 있습니다.

12 서로이웃 받지 않기 Q&A

Q.

블로그를 운영하는데 서로이웃 추가가 계속 옵니다. 기본적인 메시지 "우리 서로이웃해요~"도 많이 오고, 아이디는 다른데 똑같은 문구가 오는 경우도 있어서 너무 귀찮아요. 스팸이웃은 필요 없는데 서로이웃을 받지 않을 수는 없나요?

A.

네! 스팸성 이웃 맺기가 많이 오죠? 저도 스팸성 이웃 맺기가 많이 와서 솔직히 귀찮습니다.

하루는 같은 문체로 3번의 서이추가 왔던 적도 있습니다.

이러한 서이추 문장은 초반에 문체가 같습니다. "블로그예요"라는 문체와 띄워쓰기가 같습니다. 모두가 거절했지만, 계속 비슷한 서이추가 왔습니다. 그래서 서로이웃 신청받기를 하지 않기로 했습니다. 대신 방명록으로 와서 서이추 하는 사람들은 받아줍니다.

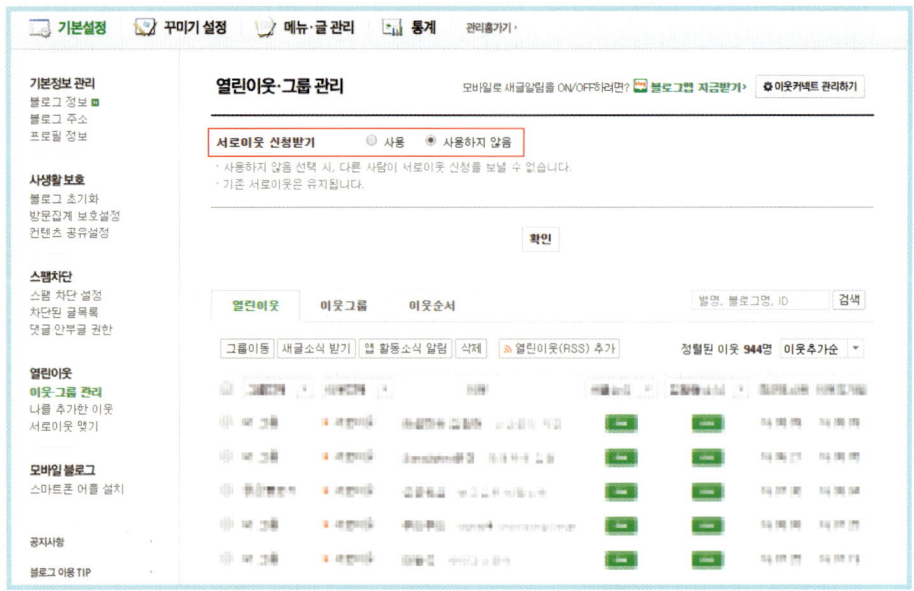

[관리] → [기본 설정] → [열린이웃 : 이웃그룹관리]에 들어오면 위의 창이 나타납니다. 〈서로이웃 신청받기〉에서 〈사용하지 않음〉을 선택하고 [확인] 버튼을 누르면 됩니다.

13 포스트 검색 Q&A

Q.

블로그를 운영한 지 얼마 안 된 초보입니다. 네이버 검색에서 제 포스트 제목을 복사해서 검색해도 제 블로그는 검색되지 않습니다. 저도 방문자가 많아지고 사람들이 제 글을 많이 봤으면 좋겠는데 왜 제 블로그는 검색되지 않는 걸까요?

A.

블로그를 운영하신지 얼마나 되셨나요? 만약 한 달 미만이라면 검색이 안 될 가능성이 큽니다. 네이버 검색엔진은 일정 수준의 포스트 양과 포스트 질을 바탕으로 블로그를 검색에 노출하고 있습니다. 혹자는 블로그 최적화라고 말합니다. 짧게는 2~3주, 길게는 3개월 정도 양질의 포스트로 운영하다 보면 검색이 나타날 것입니다.

많은 분이 자신의 블로그에 있는 해당 키워드가 상위 노출되기를 바라며 조급함을 가집니다. 그래서 홍보성 글을 쓰다 보면 블로그는 오히려 내림세로 방문자는 줄어들게 됩니다. 이렇게 '저품질 블로그'가 되면 검색 노출은 사라집니다.

여기서 말하는 양질의 포스트는 5~10장 사이의 이미지가 있어야 합니다. 이때 이미지는 선명하고 고품질의 이미지라면 더 좋습니다. 그리고 너무 긴 제목이나 낚시성(홍보성)의 제목을 사용하면 검색되지 않을 확률이 높아집니다. 계속해서 블로그를 운영하다가 보면 검색 노출이 후반부에서부터 점점 상위 노출로 이어질 것입니다.

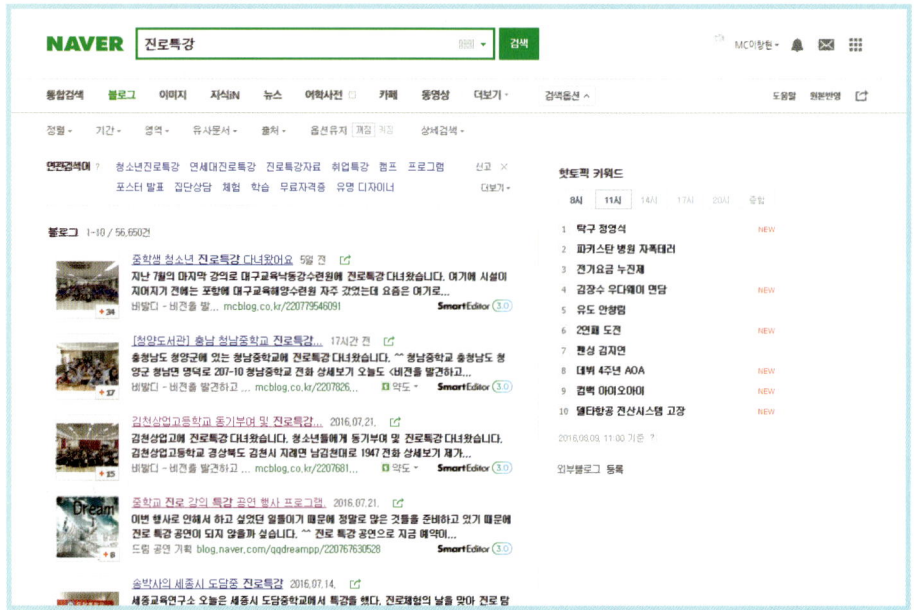

네이버 블로그에서 "진로특강"이라고 검색했습니다. 블로그를 운영하고 1년이 지났을 때는 상위에 없던 글을 꾸준하게 포스팅을 했습니다. 검색 상위 3개가 모두 제 블로그에 있는 포스트가 상위 노출되었습니다. 이렇게 될 수 있었던 가장 큰 이유는 제 블로그에는 해당 포스트 134개를 3년 동안 비슷한 키워드로 포스팅했기 때문이라 생각됩니다. 그리고 제 블로그에는 1,700개가 넘는 포스트를 운영하고 있습니다.

블로그는 하루아침에 성장하는 SNS가 아니라 꾸준히 운영하며 하나하나의 포스트를 정성스레 써 가다 보면 우리 모두 파워블로그가 될 것입니다.

인쇄 일자 : 2018년 3월 22일 3판 2쇄 인쇄
발행 일자 : 2018년 3월 29일 3판 2쇄 발행

펴낸곳 : 가메출판사(http://www.kame.co.kr)
발행인 : 성만경
지은이 : 이창현

주소 : 서울시 마포구 서교동 394-25 동양한강트레벨 504호
전화 : 031)923-8317
팩스 : 031)923-8327

ISBN : 978-89-8078-285-7
등록번호 : 제313-2009-264호

정가 : 17,000원

잘못된 책은 구입하신 서점에서 교환해 드립니다.
이 책의 무단 전재 및 복제를 금합니다.